언론본색

가려진 진실,
드러난 욕망

언론
본색

양상우 지음

인물과
사상사

차 례

1장   '너 자신을 알라', 언론에 관한 환상

2장   언론이 전하는 '진실'의 특징

진실과 거짓, 언론의 빛과 그림자

 "나는 내가 모른다는 것을 안다"

소크라테스의 말입니다. 지혜는, 자신이 모른다는 사실을 깨닫는 데서 비롯한다는 의미입니다.[1] 거꾸로 생각하면, 모르는 것을 안다고 여길 때 우리는 지혜에서 점점 멀어진다는 뜻입니다. 언론, 특히 한국의 언론에 대한 우리 사정이 그와 다르지 않습니다.

소크라테스

우리는 언론을 잘 모릅니다. 그런데도 "잘 모른다"는 사람은 드뭅니다. 당사자인 많은 언론인도 마찬가지입니다. 모르면서도 안다고 착각하는 가장 대표적인 분야가 언론입니다.

언론에 문제가 아무리 많다고 느껴도, 언론에 관한 원성이 하늘을 찔러도 언론을 모르면 언론을 바로 세우는 것은 처음부터 그른 일입니다. 언론을 조금이라도 더 나아지게 하는 일이 실패를 거듭해온 근본적 이유입니다.

이 책을 읽다 보면, '언론을 안다'고 생각했던 분들도 '이렇게 언론을 몰랐던가'하는 대목이 적지 않을 것입니다. 왜 그럴까요? 언론이 사회 모든 분야의 정보를 제공하지만, 정작 언론 자신에 대한 정보를 전하는 데는 태생적으로 몹시 인색하기 때문입니다. 또 우리 대부분이 언론에 관해서는 보고 싶은 것만 보는 것도 한몫합니다.

언론에 대한 비판을 쏟아내고 불만을 토로하는 사람들이 갈수록 많아집니다. 언론의 부조리를 개선하려는 노력이 수십 년 넘게 반복되고 있지만, 모두 부질없는 일이었습니다. 나아지기는커녕 되레 더 나빠지고 있다고 느끼는 이들이 적지 않습니다.

쉽게 꼽을 수 있는 이유는 언론 자신에 있습니다. 부조리한 행태에 대한 수많은 비판에도, 당사자인 언론이나 언론인들이 반성하고 있다는 낌새조차 느끼기 어렵습니다. 다른 이유도 있습니다. 일반인이나 언론인 모두, 한국 언론의 '환부患部'를 열어 언론의 병증을 이해하려 하지 않습니다. 대신 덮어놓고 비판만 해왔습니다. 그러다 지쳐 체념해왔습니다. 어제나 오늘이나 되풀이되는 일입니다.

언론의 본성을 직시하며 치료할 수 있는 병증과 개선이 어려운 언론의 태생적 생리가 무엇인지 생각해야 합니다. 그 과정에서 우리는 저마다 다른 생각에 도달할 수 있습니다. 하지만, 그것이 우리가 함께 살아야 하는 언론에 관한 지혜를 얻는 첫걸음입니다.

 ## 선과 악의 기이한 동거

근대 언론이 싹트던 시기, 토머스 제퍼슨Thomas Jefferson, 1743~1826이나 알렉시 드 토크빌Alexis de Tocqueville, 1805~1859은 언론 자유 사상의 금자 탑을 쌓았습니다. "우리의 자유는 언론의 자유 없이 지켜질 수 없다" 거나 "폭정을 막는 길은 (언론의) 무한한 자유"라고 외친 이들입니다. 특히 "'신문 없는 정부'보다 '정부 없는 신문'을 택하겠다"는 제퍼슨 의 말은 언론이 민주주의의 수호자임을 웅변한 명언으로 숱하게 인용 됩니다.

그런데 혹시 언론 자유에 관한 주옥같은 어록을 남긴 그들조차 언론의 부조리하고 잔인한 모습에 극도로 실망했다는 사실은 아시나 요? 많은 분에게는 뜻밖이겠지만, 제퍼슨의 신념은 시간이 지나면서 폭풍 속의 돛단배처럼 심하게 요동쳤습니다. 그전에는 미처 보지 못한 언론의 면모를 경험하고 나서의 일입니다.

말년의 제퍼슨은 언론에 대한 환멸과 개탄을 쏟아냈습니다. "늑 대가 어린 양의 피 앞에서 그러듯, 신문들은 (보도로 인한) 희생자들의 고통에 굶주려 있다"는 말에서는 섬뜩함마저 느껴집니다. "환한 대낮 에 있지도 않았던 것에 대한 신문들의 끔찍한 추측과 거짓을 40년간 경험했다"거나 "이제 신문에서 보는 것은 아무것도 믿을 수 없다"는 그의 토로는 또 어떻습니까?

　토크빌은 언론의 자유를 털끝만큼도 제한하지 말라고 주장한 인물입니다. 하지만 그조차도 악한 언론의 본성에 대해서까지 눈감지는 못했습니다. "(언론은) 대부분 증오와 시기심에 사로잡혀 있고, 이성적이기보다는 격정적으로 말하며, 거짓과 진실을 함께 퍼뜨린다"고 안타까워했습니다. 그는 결국 언론은 선과 악의 본성을 함께 지니고 있다고 결론지었습니다. 언론은 지킬 박사와 하이드 같은 양면성을 지니고 있다는 얘기입니다.

　언론의 역기능과 한계에 대한 우려는 그 후로도 이어졌습니다. 20세기 최고의 미국 언론인 중 한 사람인 월터 리프먼Walter Lippman은 "신문이 자신이 원하는 방향으로 대중을 설득한다는 것은 다른 의미로는 사악한 것이며 악의에 가득 차 있는 것"이라고 말했습니다. 특히 그는 "언론에 의한 민주주의는 과거에도 없었고 현재에도 없으며, 미래에도 없을 것"이라고 단언했습니다. 이런 얘기들은 모두, '언론은 항상 진실의 편'이라는 생각이 환상이라는 것입니다. 언론 때문에 세상이 혼란에 빠지는 이유도 이런 환상 때문이라는 얘기입니다.

　지금 시점으로 돌아와 보겠습니다. 지금 우리가 날마다 경험하는 언론은 어떻습니까? 200년 전 제퍼슨의 시대와 다른가요? 그보다 더 옛날인 토크빌의 시대와 다른가요? 또 리프먼이 경험한 20세기와는 무엇이 달라졌나요?

　그렇습니다. 본질적인 면에서 언론은 변함이 없습니다. 언론 자유의 주창자와 열렬한 옹호자들도 절감했던 언론의 부조리와 역기능,

그리고 한계는 시대가 달라져도 겉모습만 바뀌길 거듭했을 뿐 여전합니다. 그렇다면 언론은 왜 변하지 않을까요? 언론이 지닌 부조리하고 잔인한 면모는 결코 새로운 현상이 아니라, 인간과 언론이 지닌 뿌리 깊은 본성의 발로이기 때문입니다.

 두 얼굴의 인간

많은 사람이 언론의 보도를 접하며 울고 웃습니다. 때로는 세상을 바꾸는 언론, 진실을 전하는 언론이라며 손뼉 치지만, 때로는 진실을 왜곡하고 호도하는 언론에 실망하고 분노합니다. 하지만 이처럼 실망스럽고 개탄스러운 현실을 만들어내는 주역은 언론만이 아닙니다. "선과 악의 기이한 혼합체"라는 언론의 본성은 오직 언론만의 문제가 아닙니다. 언론의 시작과 끝에는 언론을 소비하는 사람들이 있기 때문입니다.

"발 없는 '말'(언어)이 천 리를 간다"는 속담이 있습니다. 그런데 말을 전하고 듣는 이들이 없다면 말은 천 리는커녕 한 치도 전달되지 않습니다. '말'을 뉴스로 바꿔 생각하면, 사람들이 알고 싶어 하지 않는 뉴스는 생겨나지 않고 생겨나더라도 곧바로 세상에서 사라진다는 뜻이 됩니다. 언론이 뉴스를 고르고 전하는 이유는, 이처럼 알고자 하는 인간이 있기 때문입니다.

이 과정에서 언론은 더 많은 사람의 눈과 귀를 잡기 위해 필연적으로 경쟁합니다. 사람들의 눈과 귀를 어떻게 먼저 잡을 수 있을까요? 방법은 간명합니다. 사람들이 원하는 정보를, 남보다 빨리 제공하는 것입니다. 그러면 사람들이 원하는 정보는 무엇일까요?

어떤 사람들은 "진실"이라고 쉽게 답할지 모릅니다. 그런데, 사람들이 원하는 것이 정말로 '진실'뿐일까요? 요즘 한국 사회에서는 누군가에게 '기레기'인 언론이 다른 누군가에게는 '참언론'이고, 누군가에게 '참언론'인 언론이 다른 누군가에게는 '기레기'라는 말을 듣습니다. 이는 저마다 생각하는 '진실'이 다르기 때문입니다.

사람들은 겉으로는 "진실을 전해달라"고 외치지만, 정작 원하는 것은 "내가 듣고 싶은 이야기"입니다. 그래서 사람들은 자기 생각을 대변해주는 언론을 더 좋아합니다. 언론도 사람들이 듣고 싶은 얘기를 들려주는 게 더 편합니다. 좌든 우든 한쪽 편을 드는 언론은 그 지지자들로부터 한결 쉽게 박수를 받습니다. 많은 언론이 그 길을 선택하는 이유입니다.

그러니 참언론의 길은 험하고 어렵습니다. 진실과 거짓을 끊임없이 구별해야 하며, 객관적 시각을 지니기 위해 쉼 없이 노력해야 하기 때문입니다. 게다가 원치 않는 진실을 접한 이들의 심한 반발과 비난도 감당해야 합니다. 예나 지금이나 진정한 '참언론'이 드문 이유입니다.

이처럼 '참언론'과 '기레기'가 생겨나는 배경에는 각기 다른 가치관과 경험을 가진 수많은 사람이 있습니다. 이들은 저마다 자신에게 맞는 언론을 기대합니다. 때문에 참언론을 위해서는 '언론' 이상으로 '언론을 접하는 사람들'이 중요합니다.

🔬 사람들은 언론으로부터 '먹고사는 데 필요한 정보'를 원한다고 답할 수도 있습니다. 그렇다면 그와 별 관계가 없는, 말초적 감각을 자극하는 '선정적인 뉴스'는 어떨까요? 만약 사람들이 실용적 정보만 원한다면, 유명인들의 사생활을 전하는 수많은 가십과 추문 기사들이 날마다 '많이 본 뉴스' 순위표 앞자리를 차지하는 현상은 어떻게 봐야 할까요?

알고자 하는 사람들의 욕구는 이성적이지만은 않습니다. 눈과 귀를 즐겁게 하는 정보를 본능적으로 추구하기 때문입니다. 그렇다고 말초적 감각을 자극하는 선정적 뉴스가 꼭 '무용지물'이거나 '사회악' 인 것도 아닙니다. 이런 뉴스들도 때로 큰 정치·사회적 변화를 낳습니다. 인간과 사회는 우리가 얼른 생각하는 것보다 훨씬 오묘합니다.

지난 세기말 미국 대통령 빌 클린턴Bill Clinton이 백악관 인턴 모니카 르윈스키Monica Lewinsky와 성적으로 부적절한 관계를 맺었다는 추문이 그런 예입니다. 이 추문 보도는 '대통령의 거짓 해명'으로 시작해서 결국 '대통령 탄핵 소추'라는 정치적 소용돌이로 이어졌습니다. 결국 성적 스캔들이 미국과 지구촌을 뒤흔든 정치적 사건이 되고 말았죠. 본문에서 소개하겠지만, 그런 사례는 드물지 않습니다.

🔬 이처럼 사람들은 이성적인 욕망에 부합하는 뉴스도 원하지만,

본능을 자극하는 선정적 뉴스도 원합니다. 또한 진실을 전하는 뉴스도 원하지만, 자신의 생각에 부합하는 편향된 뉴스도 원합니다. 언론의 행태에는 사람들의 바로 이런 양면성이 반영됩니다. 따라서 언론의 본모습이나 실체를 살펴보는 것은 언론을 소비하는 사람들의 본성을 이해하는 일이기도 합니다. "언론 보도가 기대에 못 미친다"고 언론만 탓할 일이 아니라는 것입니다. 언론은 바로 언론을 접하는 사람들의 거울이기 때문입니다.

문제의 원인을 오직 언론에 돌리는 절반의 인식으로는, 그 해법 또한 반쪽짜리에 머물 수밖에 없습니다. 더 나은 언론을 위해서는 언론인만이 아닌 모두의 자기 성찰이 필요한 이유입니다. 이 책은, 선과 악이 동거하는 언론의 DNA에는 뉴스를 만드는 언론인들과 언론을 소비하는 우리 모두의 '인간적 욕망'이 내재하고 있음을 보여줍니다.

 변함없는 변화 Unchanging change

언론이 아무리 부조리해도, 우리는 언론을 외면할 수 없습니다. 언론이 제공하는 뉴스와 정보는, 싫든 좋든 우리 삶과 사회를 영위하는 데 불가결한 까닭입니다. 세상에 뉴스 미디어가 전혀 없다면 어떤 일이 벌어질까요? 사람들은 자신의 삶에 필요한 모든 정보를 스스로 수집하고 판단해야만 합니다. 그러나 작은 마을이 세상의 전부라면 모를까, '지구촌'이라는 말이 어색하지 않은 현대 사회에서는 그런 일이 불가능합니다.

개개인이 정보를 수집하고 다른 이들과 주고받는 일은, 인파가 발 디딜 틈 없이 꽉 들어찬 초대형 쇼핑몰에서 이리저리 치이고 부대끼며 잃어버린 아이를 찾아 헤매는 것과 같습니다. 이런 상황을 경제학자들은 '정보 마찰information friction'이라고 부릅니다.[2] 뉴스 미디어는 개개인을 대신해 정보를 수집하고 전달함으로써 사람들의 이런 정보 마찰을 극적으로 줄여줍니다.

정보통신기술도 사람들이 겪는 정보 마찰을 감소시킵니다. 정보통신기술이 발전할수록 개개인의 정보 습득과 전달이 쉬워집니다. 뿐만 아니라, 정보통신기술의 발전은 전통 언론 같은 미디어에 대한 의존도 줄입니다. 하지만 정보통신기술의 눈부신 발전에도 불구하고, 아직은 뉴스 미디어가 없을 경우 사람들이 겪어야 할 정보 마찰은 감당할 수 없을 만큼 큽니다. 인터넷과 소셜 미디어 네트워크가 전 세계를 거미줄처럼 잇고 있는 지금도 전통 언론을 비롯한 뉴스 미디어가 여전히 필수적인 이유입니다.

그래서 언론을 향한 사람들의 요구와 기대는 변함이 없습니다. 이를 반영하는 언론의 본질도 마찬가지입니다. 그러나 언론의 전달 수단과 방식은 변신에 변신을 거듭했습니다. 정보통신기술과 그에 따른 사람들의 의사소통 방식이 발전과 진화를 거듭해왔기 때문입니다. 언론의 '본질'은 그대로지만, '형식과 '내용'은 끊임없이 변화했습니다. 변함없는 언론의 본질과 변화하는 언론의 형식과 내용은 '변함없는 변화unchanging change'라는 표현이 잘 어울립니다.

형식에서는, 16세기의 팸플릿 신문에서 17세기의 근대 신문, 20세기의 라디오와 텔레비전 방송, 그리고 디지털 미디어로 변모했습니다. 내용도 변화했습니다. 가장 대표적인 것은 언론의 보도 규범과 이념을 뜻하는 '저널리즘'의 변모입니다.

많은 사람이 잊고 있지만, 17·18세기의 근대 신문은 200년 가까이 매우 선정적이고 정파적이었습니다. 신문이 정당의 기관지 같았던 정파적 저널리즘의 시대였습니다. 그리고 정파적 편향을 탈피하려는 객관주의 저널리즘이 나타난 것은 고작 100여 년 전이었습니다. 언론을 둘러싼 기술적·경제적 환경의 변화로 덜 정파적일수록 독자와 수입이 늘어나는 새로운 신문 시장이 열린 까닭입니다.

객관주의 저널리즘은 탐사 저널리즘과 함께 지난 세기 최고의 전성기를 구가했습니다. 탐사 저널리즘은 사회적 비리와 부조리를 장기간에 걸친 깊이 있는 조사와 분석을 통해 폭로하며 각광을 받았습니다. 그러다가 지난 세기말부터는 객관주의 저널리즘도, 탐사 저널리즘도 내리막길을 걷고 있습니다. 실시간 온라인 뉴스 시대가 열린 까닭입니다.

그러나 디지털 시대에는 뉴스 공급자들의 경쟁이 유례없이 치열해지며, '받아쓰기 보도'나 '베끼기 보도'가 일상화되고, 정파성이나 선정성이 강한 자극적인 보도가 크게 늘었습니다. 반면, 탐사 보도나 심층 보도 같은 고비용 오리지널 콘텐츠는 갈수록 줄고 있습니다. 100년 전처럼, 선정적 저널리즘과 정파적 저널리즘이 오히려 확산하고 있습니다. 이런 현상은 나라마다 차이는 있지만, 사회의 정치적 양극화가 심화할수록 또 디지털 플랫폼에서의 뉴스 소비가 증가할수록 더욱 두드러집니다.

저널리즘은 미디어 기술과 언론을 둘러싼 경제적 환경에 따라 변화합니다. 언론은 언제나 사회적 소명에 충실해야 한다는 요구를 받지만, 언론의 우선 과제는 경제적 생존인 까닭입니다. 따라서 물질적 토대의 변화로 인한 언론의 변모는 피할 수 없는 일입니다.

저무는 전통 언론의 시대

역사를 돌아보면, 뉴스와 정보의 공급자와 소비자 사이의 힘의 관계도 끊임없이 변화해왔습니다. 정보가 자원만큼이나 희귀했던 원시 사회에서는 사람들이 함께 정보를 수집하고 공유했습니다. 정보의 공급자와 소비자가 아직 분리되지 않았던 시대입니다. 이 시대는 문자가 등장하며 막을 내렸습니다. 그런데 문자의 혜택은 극소수의 지배계층이 독점했습니다. 인류는 그런 상태로 수천 년을 살았습니다.

산업혁명 이후 뉴스가 담긴 신문을 사고팔 수 있는 신문 시장이 비로소 생겨났습니다. 정보의 생산 및 전달 비용이 급감한 덕입니다. 20세기에는 방송이 가세하며 정보 전달의 시공간적 한계가 사실상 사라졌습니다. 수백만, 수천만의 사람들에게 한꺼번에 뉴스가 전달되는 시대가 열린 것입니다.

그 결과, 신문과 방송 그리고 그에 종사하는 언론인들은 역사상 어느 군주나 독재자도 갖지 못한 힘과 위상을 얻었습니다. 언론인들이 대중에게 무엇이 뉴스이고 진실인지를 정해주는 이른바 '진실의 공인자公認者'로 떠오른 것입니다. 전통 언론과 언론인의 전성기였습니다.

디지털 시대에는 또다시 많은 게 바뀌었습니다. 가장 눈에 띄는 변화는 디지털 플랫폼을 기반으로 한 언론의 폭증입니다. 폭증한 뉴스 공급자들 간의 경쟁이 치열해지면서, 뉴스 소비자의 상대적 힘은 전과 다르게 커지는 역전 현상이 벌어졌습니다.

뿐만 아니라, 누구나 쉽게 정보나 뉴스, 의견을 디지털 플랫폼에 공급할 수 있게 됐습니다. 원시시대와 유사하게, 모든 이가 정보의 공급자인 동시에 소비자가 된 것입니다. 이제 사람들은 과거처럼 언론이 전해주는 대로 듣고 보지 않습니다. 언론의 보도를 교정하고 해석하며 새로운 사실들과 자신의 의견을 다른 이들과 공유합니다. 특히, '여론'을 만들려는 대중 언론의 의도를 간파하고 비판합니다.

나아가, 저변의 이런 변화는 유튜브를 주요 활동 기반으로 하는 이른바 '신흥 언론인'의 등장을 불러왔습니다. 이들 가운데 대표적 인물들은 여론 형성 과정에서 기성 언론인에 버금가는 영향력을 끼치고 있습니다. 이들은 사실의 취재와 보도보다는 이미 드러난 사실에 대한 해석과 의견 제시를 통해, 열성 구독자층의 요구에 거침없이 부응합니다. 그런 까닭에 이들은 적어도 특정 정치 진영 안에서는 '진실의 공인자'로 대우받습니다.

이처럼 달라진 세상에서는 전통 언론이 더 이상 유일한 '진실의 공인자'가 될 수 없습니다. 전통 언론인의 위상도 하염없이 추락하고 있습니다. 반면, 대중이 사회의 공인된 진실을 만드는 능동적 주체로 떠올랐습니다. 사람들이 고립된 채 전통 언론의 보도를 수용하기만 하는 게 아니라, 서로 활발히 소통하며 언론의 진실성을 검증하는 시대가 된 것입니다.

 ## '이상'과 '현실'

알고자 하는 인간의 욕망은 이중적이고 이율배반적입니다. 그 귀결은 '언론의 이상'과는 동떨어진 '언론의 현실'입니다. 또 언론의 어두운 본성은 인간의 본성, 즉, 우리의 생김새를 그대로 닮았습니다. 변치 않는 듯한 저널리즘에도 인간과 사회의 물질적 변화가 그대로 반영됩니다. 여러 저널리즘 사조가 등장하고 사라지는 것도 그 때문입니다.

따라서, 한국 언론이 더 나아지기 위한 일은 '과거'가 아닌 '오늘', '이상'이 아닌 '현실'에서 그 실마리를 찾아야 합니다. '이상'은 우리가 향해야 할 곳을 알려줄 뿐, 무엇이, 어디에 문제가 있는지는 알려주지 않습니다. 언론의 다양한 부조리 가운데 고칠 수 있는 것은 무엇인지, 고칠 수 없는 것은 무엇인지도 알려주지 않습니다.

언론에 관한 '이상'은 우리에게 밤바다의 '등대'와 같습니다. 칠흑 같은 어둠 속에서 그 불빛은 더없이 귀중하지만, 불빛만으로 험한 바다를 헤쳐나갈 수는 없습니다. 바다에서는 바람과 파도의 변화가 무쌍하듯, 인간과 사회 그리고 언론도 끊임없이 변화합니다. '이상'의 불빛을 기억하되, 현실의 파도와 바람을 언제나 직시해야 하는 이유입니다.

우리가 경험하는 언론의 부조리는 인간과 언론의 본성에서 기인하기에, 이에 대한 교정은 불가항력의 영역에 속한 경우가 많습니다. "해야 한다"는 이상적 접근만으로는 우리의 언론을 개선하는 데 한계가 있다는 말입니다. 물론, 지금 우리는 그 한계에도 다가가지 못하고 있습니다. 여기에는 '이상'만을 앞세울 뿐 현실을 직시하지 않은 탓이 큽니다.

언론의 본성과 현실을 설명하는 이 책을 읽다 보면 언론에 대한 실망만 커질 수도 있습니다. 알수록 모르겠다는 생각이 들 수도 있습니다. 그러나 그것은 나쁘지 않습니다. 우리 자신과 언론의 한계를 알수록, 우리는 언론에 관한 턱없는 기대를 줄일 수 있습니다. 부질없는 기대가 줄어들면, 언론에 대한 무의미하거나 과도한 비난도 줄어들 것입니다. 대신 현실적인 대안을 추구하는 일은 그만큼 쉬워질 것입니다.

이 책을 읽는 독자들의 일부는 책의 내용이 불편할 수 있습니다. 일반인에게는 언론의 개선이 불가능할 것 같은 무력감을, 언론인에게는 치부가 드러나는 듯한 불쾌감을 줄 수 있기 때문입니다. 그럴 때는 "입에 쓴 약이 몸에 좋고, 귀에 거슬리는 말이 나를 이롭게 한다"는 격언을 기억해 주시기 부탁드립니다.

언론에 실망하고 상처 입은 이들이나, 주어진 여건 속에서 최선을 다하고도 '기레기' 소리를 듣는 언론인들 모두에게 이 책을 권합니다. 불빛에 가려진 등잔 밑의 어둠을 보듯, 이 책이 전하는, 언론과 언론을 대하는 인간의 본모습을 이해해 볼 수 있기 바랍니다. 그리하여이 책을 접하고 난 독자들의 손에는 언론을 비추는 밝은 탐조등이 하나씩 들려 있게 되기를 바랍니다.

2025년 5월

양상우

'너 자신을 알라'
언론에 관한 환상

정직하지 않은 언론
'진실'에 무지한 언론인

"불편부당不偏不黨 정의 옹호正義擁護"(『조선일보』), "더 중앙에 두다"(『중앙일보』), "세상을 보는 맑은 창"(『동아일보』), "세상을 보는 균형"(『한국일보』), "세상을 보는 정직한 눈"(『한겨레』), "정론 직필 공명정대"(『경향신문』)……

한국 주요 신문들의 모토motto와 사시社是다. 한결같이 균형과 정직, 공정을 내세운다. 그 이유는 분명하다. 자신들을 통하면, 세상의 진실을 '제대로' 볼 수 있도록 하겠다는 다짐이다. 그러나 많은 사람이 신문들의 이 약속을 빈말로 여긴다. 어떤 사람들은 날마다 언론 보도에 귀 기울이면서도 "언론에 대한 기대는 이미 접었다"고 말한다. 어떤 이들은 "언론이 스스로 '편파 보도를 추구한다'고 할 수는 없겠지만, 내세우는 모토부터 거짓"이라고 비판한다. 실제로 많은 이가 언론에 냉소적이다. 과장, 축소, 왜곡 같은, 언론이 해선 안 될 일들을 저지

'너 자신을 알라', 언론에 관한 환상

르고 있다는 비판과 실망을 쏟아 낸다.

그렇다. 언론이 자신을 어떻게 내세우든, 우리가 경험하는 언론은 편파적이고 때로는 의도적으로 진실을 은폐하며, 실상을 과장하거나 축소한다. 그렇기에 세상의 광고 중에 가장 과장된 광고는 어쩌면 한국 언론들의 모토와 사시라 해도 틀린 말이 아니다.

그렇지만, "언론이 진실을 전해야 한다"는 것은 언론인이나 언론을 접하는 누구에게나 결코 포기할 수 없는 당위다. 언론의 소명과 규범을 다루는 언론학자들이 언제 어디서나 저널리즘의 제1원칙이 '진실의 추구'라는 점을 강조하는 이유다. 언론이 전하는 것이 진실이 아니라면, 그것은 소설fiction이나 선전propaganda에 불과하니, 바로 그 순간 언론은 언론이기를 포기하는 셈이 된다.

근대 이후, 민주주의 사회를 영위하기 위한 첫 번째 조건도 '언론'과 '언론의 자유'였다. 언론이 자유로워야 진실이 드러날 수 있고, 진실에 기반해야 민주주의가 바르게 작동할 수 있다는 굳은 믿음 때문이었다. 그런데, 우리가 마주하는 현실은 우리의 믿음과 기대를 저버리기 일쑤다. 언론의 현실은 이상과는 거리가 멀다고 느끼는 이들이 많다. 대체 '언론이 전달한다는 진실'은 어떤 것이기에 이런 일이 벌어질까?

사실, 사람들 대부분은 '진실이 무엇이냐?'는 질문에 "거짓의 반대말"이라는 것 외에 다른 답을 하기 어렵다. 물론, 이 말도 틀린 것은 아니다. 하지만, "진실이 거짓의 반대말"이라는 답변은 "동쪽이 어디냐"는 질문에 "서쪽의 반대"라고 답하는 것과 같다. 틀린 말은 아니지만 그것만으로는 실체를 전혀 알 수 없다.

그렇다면, 저널리스트들은 '언론이 전하는 진실'을 무엇이라고 답할까? '진실'을 늘 입에 달고 살며 '진실의 전달자'를 자처하는 언론인들은 그래도 좀 다르지 않을까? 그들이 생각을 직접 들어 보자.

언론인으로 살아온 필자에게도 '언론이 전하는 진실'은 오랜 기간 뇌리를 맴돈 화두였던 터라, 이 책을 쓰기로 작정한 뒤 동료 언론인들의 생각을 물어봤다. 대상은 종합일간지와 지상파 방송사의 전·현직 언론인 30여 명이었고, 질문은 "당신이 언론인으로서 추구하는 진실은 무엇이냐"는 것이었다. 그들은 대부분 바로 답변을 내놓았다. "당신이 하는 일이 무엇이냐"와 다름없는 질문에, 답변을 주저하기도 민망했을 것이다. 다행히 그들은 진실이 "거짓의 반대"라고 단순하게 답하지는 않았다.

다음은 그들의 답변 가운데 소개할 만한 것들이다. 체계적인 설문 조사를 한 결과는 아니지만, 언론인들의 생각을 엿보기에는 충분하다.

언론인이 추구하는 진실은 무엇인가?

- "최선을 다해 수집·검증한 사실들"(논설위원 역임·경력 24년)

- "사실의 총합"(에디터 역임·경력 27년)

- "사실의 총합이되 가치를 지향"(데스크·경력 18년)

- "사실들의 맥락을 짚어내는 것"(편집국장 역임·경력 27년)

이 답변들이 만족스러운가? 필자는 20명가량에게 대답을 듣고 나서는 더 물어보고 싶은 의욕이 사라졌다. 그만큼 만족스럽지 못했기 때문이다. 되레, 의문만 더 커졌다.

이를테면 '수집하고 검증한 사실'들이 곧 진실인가? 수집하지 못한 사실들도 있기 마련인데, 수집하고 검증한 사실들만으로 진실이 온전히 드러날 수 있는가? 아무리 언론인이라도 누락 없이 '사실의 총합'을 전한다는 게 가능한 일인가?

'사실'을 바탕으로 지향한다는 가치나, 사실들의 맥락을 짚어내는 기준이라고 언론인들이 말한 대목도 생각해 볼 사안이다. 그 가치나 기준은 언론인마다 같은가 다른가? 가치와 기준이 다르다면, 그들이 전한다는 진실도 서로 달라질 수밖에 없다. 그렇게 언론인마다 신념과 경험이 달라 전하는 진실도 다르다면, 대체 언론이 전한다는 진실은 어떤 것인가?

또한, '언론이 추구하는 진실'에 대한 언론인들의 답변들은 언뜻 한 방향인 듯해도, 엄밀히 보면 서로 달랐다. 소개를 생략한 답변들까지 포함하면, 중구난방이라 해도 지나치지 않다. 한마디로, 언론인들 사이에도 '언론이 전하는 진실'에 관해 분명하게 공유되는 내용은 없었다. 이처럼 '진실'에 관한 정의는 언론인들에게도 쉽지 않다. 사실, '진실'은 인류가 등장한 이래 수많은 이들의 탐구와 사색의 대상이었을 만큼 심오한 주제다. 따라서 날마다 진실을 얘기하는 언론인이라도, 자신이 전달한다는 '진실'에 대해 똑 부러지게 대답하지 못하는 것을 마냥 탓하기는 어렵다.

그래도 아쉬움은 남는다. 언론인 개개인의 생각에는 차이가 있을 수 있다. 그렇지만 개별 언론인이 아니라 언론계 차원에서 고민과 경험이 축적되고 공유되었다면, 언론인들의 진실관이 지금처럼 어설프지는 않을 테니 말이다.

이런 아쉬움을 일단 젖혀 놓아도, 한 번 더 실망스러운 현실에 맞닥뜨리게 된다. 그것은 언론인들은 '언론이 전하는 진실'에 관해 잘 모를 뿐만 아니라 자신들이 '잘 모른다'는 사실조차도 모르고 있다는 점이다. 이를 두고, 저명한 언론학자인 빌 코바치Bill Kovach와 톰 로젠스틸Tom Rosenstiel은 "저널리즘은 태생적으로 철학적이거나 성찰적이지 않으며, 반응적이고 실천적인 탓"이라고 설명한다. 하지만, 이들도 '언론이 전하는 진실'에 관한 언론인들의 무지와 게으름까지 감추지는 못한다.[1]

> "저널리스트들은 자기들이 얘기하는 진실함truthfulness이 무엇을 뜻하는지에 대해 스스로 명확하게 이해해 본 적이 없다.……이런 이슈를 다루는 저널리스트들의 진지한 저술들은 많지 않다. 게다가 저널리스트들 대부분은 얼마 없는 책들조차 읽지 않았다."

언론인들은 언제나 진실을 전한다고 자부해왔다. 하지만, 정작 그들은 그 진실이 무엇을 뜻하는지 모른다. 또한 알려고 들지도 않는다.

'너 자신을 알라', 언론에 관한 환상

'프로페셔널'하지 않은
'프로페셔널'

사람들의 예상이나 기대와는 달리, '언론이 추구하는 진실'에 관한 언론인들의 생각은 다양하다. 이런 다양함은 그들의 '행동 규범'이자 '지향하는 가치'인 저널리즘에 관한 이해가 언론인마다 다른 데서 연유한다. 대부분 언론인이 저널리즘에 관한 체계적인 교육과 훈련을 받지 않는다는 것도 또 다른 이유가 된다.

체계적인 교육과 훈련이 없으니 당연한 일이지만, 언론인을 위한 표준화된 교육·훈련 매뉴얼이나 시스템도 없다. 언론인들은 한결같이 '프로페셔널(전문 직업인)'이라 자처하지만, 실상은 딴판인 셈이다. 실제로, 필립 메이어Philip Meyer, 제임스 쿠란James Curran, 데이비드 할린David Hallin 같은 저명한 언론학자들도, "저널리스트들은 체계적 훈련이나 지식을 갖추지 않고 있고, 저널리스트가 되기 위한 요건도 제도적으로 구축되어 있지 않으며, 저널리스트 집단을 강제하는 자기 통제장치도 확실치 않다"고 지적한다.[2] 이런 현실은 의사, 변호사, 교사 등 우리 사회의 다른 전문 직업인들과 언론인의 분명한 차이다.

한국의 현실을 보자. 규모가 큰 유력 언론사라 해도, 전문 직업인인 언론인이 되기 위한 공식적인 교육은 입사한 뒤 길어야 6개월가량에 불과한 짧은 교육이 전부다. 기자 교육은 각 언론사 차원에서 이뤄지지만, 어느 언론사도 기자 교육을 전문으로 하는 인력을 두지는 않는다. 같은 언론사에서도 실무를 교육하는 교육자는 매번 바뀌고, 입사 시기에 따라 교육의 기간이나 세부 내용이 달라지는 일도 흔하다.

변치 않는 것은 교육과 훈련 방식이다. 한국의 언론사 대부분에서는 언론인의 길에 갓 들어선 기자들을 '견습 기자' 혹은 '수습기자'로 부른다. 호칭에서도 알 수 있듯이, 언론인 양성은 선배 기자들이 하는 일을 눈으로 보고 몸으로 익히는 도제徒弟식으로 이뤄진다.

도제식 교육은 표준화된 체계적인 교육과는 거리가 멀다. 교육목표를 두고 교육 내용을 체계적으로 편성한 계획, 즉 커리큘럼에 따라 이뤄지는 교육이 아닌 탓이다. 도제식 교육은 중세 시대 장인匠人을 길러내던 방식이다. 장인으로 인정받으려면 길게는 수십 년이 걸린다. 하지만, 같은 도제식 교육을 받는 한국의 언론인은 '수습'이나 '견습' 두 글자를 떼기까지 불과 몇 개월이 걸릴 뿐이다. 그 뒤로 오랜 기간 이들의 스승은 날마다 쏟아지는 사건들과 선배 언론인들의 판단이다. 이런 언론인 교육 방식은 한국에 근대 언론이 도입된 이래 지금까지 변함이 없다.[3]

더욱이 최근에는 이런 교육마저도 대안이 마련되지 않은 채 약화되고 있다. 도제 관계를 뒷받침하는 서열문화와 일상적인 초과노동이 21세기의 수평적 의사소통과 자율을 중시하는 시대 정신과는 어울리지 않는 탓이다.[4] 이에 따라 도제식 교육을 고수해온 한국의 전통 언론은 기존의 교육은 물론, 채용 방식까지 근본적으로 개선해야 한다는 요구에 직면해 있다.

게다가 디지털 시대 이후에는 디지털에 기반한 소규모 언론사들이 우후죽순처럼 등장했다. 여기에 사실상 언론의 역할을 하는 유명

유튜버와 블로거 등 인플루언서influencer까지 포함하면, 이른바 언론인의 그 숫자는 헤아리기 힘들 정도로 많다. 그러나 이들 대부분은 기존의 언론인들이 받아온 도제식 교육은 물론, 언론에 관한 어떤 교육도 제대로 경험해 보지 못했다.

요컨대, 언론인들은 스스로 '프로페셔널'이라 자부하지만 정작 프로페셔널에 걸맞은 전문 교육과 훈련은 거의 이뤄지지 않고 있는 것이 우리 현실이다. 전체 언론계 차원의 경험이 체계화되어 전수되거나 공유되지도 않는다. '진실을 전달한다'는 이들이 자신들이 전달하는 진실에 대한 최소한의 개념적 이해도 부족하거나 아예 없는 것은 이 때문이다. 원인이 무엇이든, '사람들을 깨우친다'는 언론인들이 자신의 일과 처지를 제대로 알지 못하는 것은 아이러니한 일이다.

금성의 독자
화성의 언론인

'언론이 전해야 할 진실'을 제각각 중구난방식으로 이해하는 것은 언론인들만의 문제가 아니다. 뉴스 소비자인 일반인들도 '언론이 전해야 할 진실'에 관해 저마다 생각이 다르다.

먼저 '진실'의 속성에 대한 이해가 사람마다 다르다. 이는 주변에서 쉽게 확인할 수 있다. 몇 년 전, 대학원에서 '뉴스 미디어 경제학'을 강의하며, 수강생들에게 "언론이 전하는 진실이 어떤 것인지 짧게

답해 보라"고 한 적이 있다. 그랬더니 수강생 40여 명이 무려 20가지가 넘는 서로 다른 답안을 제출했다. 이 답변들을 키워드별로 묶어 범주화해도, 객관·사실, 사건의 본질·맥락, 공익, 폭로, 왜곡, 독자의 구미 맞추기 등 6가지나 됐다. 언론이 전하는 진실에 대한 일반인들의 생각이 제각각임을 보여주는 생생한 사례였다.

사람들은 언론이 전하는 진실의 속성만이 아니라, 특정 현안에 관해 언론이 전하는 진실도 서로 다르게 받아들인다. 인간이면 누구나 지닌 확증 편향 때문이다. 확증 편향이란 사람들이 자신의 기존 신념이나 가치관에 부합하는 정보만을 받아들이고, 반대되는 정보는 무시하거나 배척하는 심리적 경향을 가리킨다. 사람들은 이런 확증 편향을 바탕으로 뉴스의 진실성 여부를 판단한다. 또 특별한 계기가 있지 않은 한, 자신의 편향에 대해서는 성찰하지 않는다. 이 때문에 사람들은 자신의 생각에 부합하는 내용일수록 진실이라 여긴다. 동일한 사건이나 사실에 대한 언론 보도를 두고도 서로 다른 판단이 나오는 이유다.

이는 언론인도 예외가 아니다. 언론인 역시 자신이 가진 확증 편향에 따라 사실을 수집하고 맥락을 선택해 보도하기 때문이다. 특히 대부분 언론인은 자신이 보도한 내용을 진실이라고 믿으며, '정상적인' 독자나 시청자라면 당연히 이를 진실로 받아들일 것이라고 생각한다.

이처럼 언론이 전하는 진실의 속성이나 구체적 현안과 관련한 진실에 대한 생각은 언론인과 언론 소비자 사이에도 차이가 있고, 각 집단 안에서도 다르다. 즉, 뉴스의 생산자들이나 소비자들 모두 뉴스라는 '그릇'에 담겨야 하는 진실에 대해 서로 다른 이해와 기대를 지니고 있다는 것이다.

무엇인가를 주고받기로 한 말과 약속이 모호하면, 사람들 사이에 분쟁이 생기기 마련이다. 언론에 대한 언론 수용자의 불신이 커지는 이유도 이와 비슷하다. 주고받을 '진실'이 무엇인지에 관해 서로 분명하게 합의하지 않아 생기는 현상이라는 뜻이다.

이처럼 많은 언론인과 수많은 언론 수용자 사이에는 확증 편향과 인간적 한계로 인해 생겨난 간극들이 있다. 하나하나가 모두 극복이 쉽지 않은 간극이다. 풀어 설명하자면, 이 간극들은 한데 모이면 수

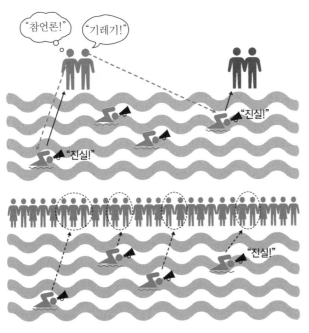

[그림 1] 확증 편향과 진실을 향한 엇갈리는 시선

많은 물줄기가 하나로 합쳐진 거대한 강처럼 깊고도 넓다. 또한 이 강에서는 새로운 사건들이 쉼 없이 흘러가는 물결처럼 넘실댄다. 언론이 그 강을 건너 진실을 전하기는 쉬운 일이 아니다.

강 건너편의 언론 수용자들이 한곳에 모여 있는 것도 아니다. 사람들은 저마다의 확증 편향에 따라 긴 강가에 흩어져 자리 잡고 있으면서 자신에게 가깝게 들리는 언론의 소리를 진실이라 여긴다. 입으로는 '진실'을 전해 달라고 하지만, 머릿속으로는 자기 생각에 부합하는 '편향적 보도'를 기대하면서 말이다. 요즘의 한국처럼 나에게 '참언론'이 다른 사람에게는 '기레기'이고, 나에게 '기레기'인 언론이 다른 사람에게는 '참언론'인 세상에서는, 서로 다른 정치적 견해를 지닌 일반인과 언론인 사이의 간극은 더욱 커진다고 할 수 있다.

언론이 전하는 진실에 관한 이런 동상이몽에서 언론인과 언론

잠깐!

사라지지 않는
사람들의 편향적 인식

학자들에 따르면, 이런 확증 편향이 생겨나는 이유는 세 가지다. (1) 인간의 뇌는 인지 과정의 에너지 소모를 최소화하는 쪽으로 작동하는 까닭에 자신의 신념과 경험에 일치하는 정보를 더 쉽게 받아들이고, (2) 자신의 신념과 다른 정보를 받아들여 자기 존중감이 낮아지는 것을 원치 않으며, (3) 소속된 집단의 신념과 가치를 공유해 집단 내의 인정과 유대감을 강화하려 하기 때문이라는 것이다.

빌딩은 어느 쪽?

"동쪽에 있네"

"서쪽에 있네"

서(西)　　　　　　　　　　　　　동(東)

수용자가 벗어날 길은 있을까? 안타깝지만, 언론의 역사를 반추해봐도, 그 길을 찾는 것은 쉬운 일이 아니다. 다만, 언론인이든 언론 수용자이든, 모두가 지닌 인식과 편향의 한계를 깨닫는다면, 기대가 지나쳐 실망이 더 커지는 일만큼은 줄일 수 있을 것이다.

　인간은 확증 편향을 떨쳐낼 수 없다. 인간이 확증 편향에서 벗어날 수 없다면, 사람들이 확증 편향에 입각해 각기 평가하는 '언론의 편향'도 사라지지 않는다.[5] 사람들이 언론의 편향을 인식하는 것은, 건물 동쪽에 있는 사람은 건물이 "서쪽에 있다"고 하고, 건물 서쪽에 있는 사람은 건물이 "동쪽에 있다"고 여기는 것과 같다. 이때 건물은 언론이고, 사람들의 '위치'는 그들이 지닌 '확증 편향'이다. 언론의 편향에 대한 이런 정반대의 인식은, 정치적 견해를 달리 하는 사람들 사이에서 더 분명하다.

언론의 빈약한
사전 검증은 숙명

혹자는 언론과 언론 수용자의 간극이 언론의 규범을 더 잘 지키려는 언론인의 노력으로 극복 가능한 게 아니냐고 생각할 수도 있다. 예컨대 더 광범위한 사실 수집, 더 철저한 검증, 배경과 맥락에 더 정확한 보도를 위한 노력을 통해서 말이다. 그러나 여기엔 구조적 한계가 있다. 이를테면, 보도 내용에 대한 사전 검증은 완성도 높은 뉴스를 위해 매우 중요한 과정이다. 그렇지만 언론의 사전 검증은 우리가 막연히 기대하는 것과는 크게 다르다.

학자들이 발표하는 학문적 진실은 대부분 공개에 앞서 눈에 쌍심지를 켜고 문제점을 찾아내려는 다른 학자들의 엄밀한 검증을 거친다. 연구자가 누구인지 모르는 채 심사를 하는 경우가 대부분이다. 즉, 검증을 하는 이들은 연구 결과를 내놓은 이들과 이해관계가 전혀 없는 이들이다. 특히 기존의 통설이 아닌 새로운 진실 혹은 사실이 담긴 연구일수록 연구 결과에 대한 검증은 더욱 철저하다.

언론은 이와 다르다. 사람들은 언론의 보도에도 학술지에 발표되는 연구 결과만큼이나 철저한 사전 검증을 바란다. 하지만, 언론의 사전 검증은 그런 기대에 크게 미치지 못한다. 같은 언론사의 뉴스룸 안에서, 생각이나 경험이 엇비슷한 동료 언론인의 검증이 전부이기 때문이다. 즉, 대부분의 언론 보도에서는 학문적 진실이 발표될 때만큼 객관적이고 엄밀한 사전 검증이 이뤄지지 않는다.

디지털 시대에는 언론의 사전 검증이 더 빈약해지고 있다. 실시간 온라인 뉴스 시대를 맞아 언론은 역사상 유례없는 속보 전쟁을 벌이고 있다. 주목받을 만한 첫 보도가 나오면, 이를 베낀 보도가 분초를 다투며 홍수처럼 쏟아지는 것도 이 때문이다. 결국 언론을 향해 '신속한 보도' 못지않게 '정확한 보도'가 중요하다고 아무리 강조해도, 갈수록 '쇠귀에 경 읽기'가 되고 만다.

게다가 언론은 대중을 향해 "이게 진실"이라고 단언하는 경우가 대부분이다. 책의 서두에서 소개한 한국 신문사들의 모토들부터 그렇다. 학자들이, 자신이 발견한 '진실'을 언론만큼 단정적으로 표현하지 않는 것과는 차이가 있다. 언론은 자신이 전하는 정보의 신뢰도를 일상적으로 과장하고 있다 하겠다.

사실, 뉴스 보도에 대한 빈약한 사전 검증은 언론인이 지닌 태생적 한계다. 언론인은 신속성과 정확성이라는 두 마리의 토끼를 잡아야 하는 숙명을 지니고 산다. 그러나 현실은 이를 허락하지 않는다. 더 정확한 보도를 위해서는 신속한 보도를 포기해야 하고, 더 신속한 보도를 위해서는 정확한 보도를 포기해야 하기 때문이다. 이런 상황에 맞닥뜨린 언론인들은 덜 정확하더라도 신속한 보도를 선택하는 경우가 훨씬 더 잦다. 경쟁 언론보다 먼저 뉴스 소비자의 눈과 귀를 사로잡으려면, 부정확한 보도라도 신속하게 내보내는 편이 유리하기 때문이다. 근대의 여명기이자 신문의 초창기, 한 언론인이 말했다고 전해지는 토로는 이런 언론인의 숙명을 잘 보여준다.

"시간은 진실의 어머니다. 그런데 시간은 뉴스를 다루는 사람이 한 번도 가져보지 못하는 사치품이다."[6]

미궁에 빠지는
진실

거장 구로자와 아키라黑澤明, 1910~1998 감독의 일본 영화 〈라쇼몽 羅生門〉(1950)은 영화사에서 손꼽히는 걸작이다. 살인 사건을 두고 등 장인물마다 전하는 '사실'과 '진실'이 달라, 우리가 경험하는 '진실'의 의미를 얘기할 때 단골로 언급되는 영화다. 영화의 줄거리는 다음과 같다.

8세기 무렵 일본의 헤이안平安 시대. 한 사무라이가 아내와 함께 녹음이 우거진 숲길을 지나가고 있었다. 이때 산적이 나타난다. 산적은 사무라이를 제압한 뒤 포박하고, 그의 아내를 겁탈한다. 얼마 뒤 숲속에 들어선 나무꾼이 칼에 찔려 숨진 사무라이의 주검을 발견하고 관청에 신고한다.

관청에서는 사건의 진상을 밝히려 관계자들을 심문하는데, 목격

영화 〈라쇼몽〉의 포스터(1950년)

'너 자신을 알라', 언론에 관한 환상

자인 나무꾼, 산적, 사무라이의 아내, 그리고 무당이 불러낸 사무라이의 혼까지, 이 일을 경험한 이들은 모두 서로 다른 이야기를 한다. 그러나, 벌어진 일과 범인에 대한 이들의 진술에서는 이치에 안 맞는 빈틈은 찾아보기 힘들다. 이들의 진술은 이렇다.

■ 나무꾼

나무를 하러 가다가, 사무라이의 주검을 발견했다. 그를 숨지게 한 칼은 보이지 않았고, 여자의 모자, 사무라이의 모자, 잘린 밧줄이 있었다.

■ 잡혀 온 산적 [진실 1]

사무라이의 아내를 빼앗으려 했지만, 사무라이를 죽일 생각은 없었다. 사무라이를 포박하고, 그 앞에서 그의 아내를 겁탈했다. 그러자 (정절을 잃은) 그녀는 나와 사무라이 중 하나는 죽어야 한다면서, 싸워 이긴 쪽을 따라가겠다며 결투를 부추겼다. 나는 정정당당하게 싸워 그를 죽였다. 그런데, 그 사이 그녀는 사라졌다.

■ 사무라이의 아내 [진실 2]

산적은 나를 겁탈하고 달아났다. 나는 남편에게 단도를 내밀며 차라리 "나를 죽여 달라" 말했다. 하지만, 남편은 싸늘한 눈빛으로 나를 경멸했다. 이성을 잃고 단도를 든 채 날뛰다 정신이 들고 보니, 남편의 가슴에 단도가 꽂혀 있었다. 숲을 나와 연못에 몸을 던지려 했으나 차마 목숨을 끊지 못했다.

아내를 겁탈한 산적은 그녀를 꼬여 같이 도망치려 했다. 그러자 아내는 산적에게 나를 먼저 죽이라고 다그쳤다. 산적은 그런 아내를 오히려 괘씸하게 여겼고, 내게 아내를 죽일지 살릴지 택하게 했다. 하지만 나는 답하지 않았다. 그 사이 아내는 도망쳤고, 산적은 나를 풀어줬다. 나는 산적은 용서했지만 아내의 배신에 괴로워하다 떨어져 있던 아내의 단도로 자결했다. 그 뒤 누군가가 내 몸에 꽂힌 단도를 뽑는 것을 느꼈다.

사건의 진실은 무엇일까? 산적은 살아남은 사람을 선택하겠다는 여자의 꼬드김에 정당한 결투로 사무라이를 죽였다고 말했다. 그러나 사무라이의 아내는, 겁탈당한 게 자신의 잘못이 아님에도 남편이 자신을 경멸하는 바람에 이성을 잃고 남편을 죽였다고 말했다. 반면, 무당에게 빙의한 사무라이의 혼은 아내의 배신이 치욕스러워 자결했다고 말했다.

눈치 빠른 독자라면 '정당한 결투'(산적), '무고한 자신을 경멸한 남편'(사무라이의 아내), '자결'(사무라이) 같은 엇갈리는 진술에서 이들이 각기 자신의 명예를 지키려 하고 있음을 감지할 수 있을 것이다. 그렇지만, 누구도 엇갈리는 진술에서 사건의 진실을 파악하기는 어렵다.

바로 그때, 사무라이의 주검을 발견했던 나무꾼의 추가 증언이 나온다. 주검만 발견한 게 아니라 사건의 전 과정을 지켜봤다고 뒤늦게 실토한 것이다.

■ 나무꾼의 두 번째 증언 [진실 4]

산적에게 겁탈당한 사무라이의 아내는 산적과 사무라이가 싸워 살아남은 쪽을 따르겠다고 했다. 산적과 사무라이는 모두 그녀의 태도에 실망해 그녀를 버리려 했다. 그러자 여자는 두 남자를 이간하며 결투를 부추겼고, 결투에 나선 두 남자는 겁에 질려 보기에도 민망하게 싸웠다. 결국 사무라이가 산적의 칼에 찔려 죽었다. 산적은 여자를 데려가려 했지만, 그녀는 결투로 지친 산적을 뿌리치고 도망쳤고 산적도 달아났다.

목격자인 나무꾼의 증언으로 드디어 진실이 드러나는 듯했지만, 영화에서는 또 한 번 반전이 일어난다. 여러 진술에 등장했지만, 행방을 알 수 없었던 여자의 단검을 나무꾼이 슬쩍한 사실이 드러난 것이다. 목격자인 줄만 알았던 나무꾼도 사건 당사자 중 한 명이었던 것이다. 이처럼, 나무꾼의 증언도 온전히 믿을 수 없다는 깨달음을 관객들에게 주면서 영화는 끝이 난다. 도대체 진실은 무엇일까?

영화 〈라쇼몽〉이 보여준 것은 빈틈을 찾을 수 없는 '그럴듯한 진실'들 속에서 '진정한 진실'이 미궁에 빠지는 상황이다. 이를 통해 전하는 메시지는, 진실은 하나일지라도 사람마다 진실을 경험하고 해석하는 데에는 차이가 있으며, 진실이 왜곡되는 이유는 인간이 자신에게 유리한 방식으로 사실을 인식하고 해석하는 데 있다는 것이다. 이 영화를 계기로 '라쇼몽 효과'라는 말도 생겨났다. 같은 사건을 두고도 각자의 입장에 따라 달리 해석하는 현상을 뜻하는 용어다.

뉴스를 접하는 이들은 이런 '라쇼몽 효과'를 날마다 경험한다.

다른 내용의 보도를 하면서도 각기 "진실"이라고 말하는 언론들을 통해서다. 어느 누구도 언론에 서로 다른, 때로는 양립하기 어려운, 복수複數의 진실들을 기대하지는 않았는데 말이다.

사실 뉴스를 접하는 이들보다 앞서 '라쇼몽 효과'를 경험하는 이는 언론인이다. 취재에 나선 언론인 앞에도 산적, 사무라이, 사무라이의 아내, 나무꾼이 있기 때문이다. 언론인이 이들 중 일부의 얘기만 듣고 전하는 일도 다반사다. 설령 모두의 얘기를 듣더라도, 언론인은 자신의 확증 편향 때문에 어느 한쪽의 진술에 치우친 보도를 하는 경우도 흔하다.

비근한 예로, 미국에서 민주당 성향으로 평가되는 『뉴욕 타임스The New York Times』와 공화당 성향의 폭스 뉴스Fox News, 그리고 한국의 좌파 성향 『한겨레』와 우파 성향 『조선일보』는 같은 사건과 사안을 놓고도 다른 논조를 보이는 경우가 잦다.

언론은 상반된 주장을 단순히 나열하는 보도도 자주 한다. 예를 들어, A가 제기한 B의 비리 의혹과 이를 부인하는 B의 반박을 나란히 전하는 것이다. 이른바 '따옴표 저널리즘'이라고 불리는 보도 행태다. 이런 보도에서도 사람들이 진실을 파악하는 것은 〈라쇼몽〉의 관객들처럼 어렵다. 언론이 "사실을 성실히 보도하는 것만으로는 부족하며 '사실에 대한 진실'을 보도해야 한다"는 언론의 규범[7]을 외면했기 때문이다. 이처럼 언론인이 진실 찾기를 포기하고 사실 나열만 할 때, 사람들은 보도의 행간을 읽으려 애쓰다 결국 각자의 확증 편향에 따라 판단하고 만다.

요컨대, 사람들은 언론을 통해서도 〈라쇼몽〉의 상황을 반복적으로 접한다. 어떤 이들은 한쪽의 얘기만을 전하는 언론의 보도를 진실이라 여기고, 또 어떤 이들은 영화 〈라쇼몽〉의 관객처럼, 엇갈리는 보도 속에서 온전한 진실을 파악하지 못한다. 나아가 모든 언론의 보도를 본다고 해도 진실을 찾지 못할 수 있다. 또, 단순히 모아 전달하는 사실들로는 진실에 이르는 게 쉽지 않고, 사실들이 풍부해도, 사실을 취합하는 사람에 따라 진실과 더 멀어질 수도 있다.

잠깐!

객관주의 저널리즘과 〈라쇼몽〉의 현실

'객관주의 저널리즘'은 현대 언론에 가장 강력한 영향을 끼치고 있는 저널리즘 사조思潮다. 그러나, 이 사조에서는 영화 〈라쇼몽〉에서처럼 진실이 미궁 속으로 빠지는 상황은 상정하지 않는다. 보도 경위와 내용을 제대로 따져 볼 수만 있다면, 진위를 가려낼 수 있다고 믿기 때문이다.

하지만, 현실은 〈라쇼몽〉의 상황에 더 가깝다. 언론들은 흔히 같은 사안을 두고도 서로 다른 잣대와 내용으로 보도한다. 그런데도 저마다 자신의 보도가 '진실'이라고 주장한다. 대부분 언론이 동일한 취재원의 얘기만 듣고 오보를 함께 내는 경우도 드물지 않다. 만약, 이런 일들이 계속된다면, 객관주의 저널리즘은 다다를 수 없는 '이상'이자 실천되지 않는 '규범'에 그칠 뿐이다.

대부분 언론인과 언론학자들은 외면하지만, 〈라쇼몽〉의 현실이 사라지지는 않는다. "진실"이라며 전해지는 수많은 뉴스에 대한 의구심이 유례없이 커진 요즘의 상황에서는 더더욱 그렇다.

세계적 언론들조차
엇갈리는 진실[8]

영화 〈라쇼몽〉이 현실에서 재현되는 것은 한국의 언론과 언론인에게만 해당되는 일이 아니다. 나라마다 정도의 차이는 있지만 지구촌 대부분 언론이 사실을 서로 다르게 전달하고 해석한다. 세계적인 유력 언론들의 사례를 보자.

이라크 전쟁 당시인 2003년 12월 2일, 미군은 이라크의 한 도시 사마라Samara에서 전투를 치렀다. 당시 폭스 뉴스와 『뉴욕 타임스』 그리고 『알 자지라Al Jazeera』는 이 소식을 다음과 같이 전했다.[9]

- 폭스 뉴스: 사담 후세인 정권이 무너진 이후 이라크(전쟁)에서 알려진 가장 격렬한 총격전의 하나로, 지난 일요일 북부 도시 사마라에서 벌어진 전투에서 미군은 호송대에 대한 동시다발적인 매복 공격을 막아내며 적어도 54명의 이라크인을 사살하고 8명을 생포했다.

- 뉴욕 타임스: 미군 지휘관들은 월요일, 이라크 중심부에서 54명이나 되는 저항세력을 사살한 것은 미국에 대항해 싸우는 이들에게 교훈이 될 것이라고 다짐했다. 그러나 이라크인들은 사망자 수에 이의를 제기하면서 미국에 대한 분노만 커질 것이라고 말했다.

- 알 자지라: 미군은 매복 공격을 해온 54명의 이라크인을 사살했다고

밝힌 뒤 공격적인 전술을 계속 전개할 것을 다짐했다. 그러나 미군 지휘관들은 자신들의 주장을 뒷받침하는 증거는 없다고 인정했다. 사마라의 병원에 안치된 주검들은 이란인 노인 2명과 어린이 1명을 포함한 민간인들의 시신이 전부였다.

세 언론의 보도는 모두 동일한 기본 사실에 기초했다. 그러나 꼼꼼히 보면, 세 언론은 사실(들)의 선택적 누락, 단어의 선택, 정보 출처에 대한 신뢰 부여 수준 등을 통해 근본적으로 다른 인상을 전했다. 40~48단어(영어 원문 기준)의 짧은 기사 안에서도 취재한 사실들 가운데 보도할 사실들을 제각기 선별filtering해 제시했고 서로 다른 프레임frame으로 사건을 보도했다.

전투에서 숨진 사망자 수를 표현하는 데서부터 차이가 있었다. 폭스 뉴스는 "적어도 54명at least 54"으로, 『뉴욕 타임스』는 "54명이나 되는as many as 54"이라며 "사망자 숫자에 이견이 제기되고 있다"고 썼다. "54명54 Iraqis"으로만 표현한 『알 자지라』는 이 숫자를 "뒷받침할 증거가 없다"고 보도했다.

기사에 담긴 사실들에도 차이가 있었다. 『알 자지라』는 "병원에는 노인 2명과 어린이 1명 등 민간인 주검이 전부였다"고 전했지만, 『폭스 뉴스』나 『뉴욕 타임스』에는 병원의 주검들에 대한 사실이 없고, 『뉴욕 타임스』와 『알 자지라』에는 "8명을 생포했다"는 사실이 보이지 않는다. 미군의 교전 상대를 보는 프레임도 달랐는데, 폭스 뉴스는 그저 "이라크인들Iraqis"로 부른 반면, 『뉴욕 타임스』는 "저항 세력

insurgents"으로 표현했다.

전체 문맥에서는,『폭스 뉴스』가 "후세인 정권 몰락 이후 가장 격렬한 총격전"이라며 미군의 전과를 강조했다. 반면,『뉴욕 타임스』는 '이라크인들의 분노'를 전했고, 병원의 주검을 보도한『알 자지라』는 독자들에게 '민간인의 무고한 죽음'을 떠올리게 했다.

이처럼 세 언론의 보도에는 미국의 이라크 전쟁에 대해 비판적이었던『뉴욕 타임스』와『알 자지라』그리고 그렇지 않은 폭스 뉴스의 정치적 편향이 고스란히 담겨 있다. 이렇듯 높은 품질과 신뢰도를 인정받는 세계적인 유력 언론들도 진실을 온전하게 전달하지 못한다.

이유를 살펴보면, 먼저 언론인이라면 누구나 취재·보도 과정에서 공통적으로 겪는 시간과 인식의 한계다. 정확한 사실관계를 확인할 시간은 부족하고, 사건의 맥락을 종합적으로 인식할 수 있는 시야가 협소하며, 긴요한 취재원들에 접근할 수 있는 여건도 갖춰지지 않아 생겨나는 결과다.

이와는 별개로, 보도가 서로 달라지는 결정적 이유는 언론인들의 서로 다른 확증 편향에 있다. 확증 편향은 사건과 사실을 보는 언론인의 관점과 시야를 결정한다. 앞서 설명했듯이, 언론인 대부분은 표준화된 교육이나 훈련 없이 경험과 관행으로 양성된다. 이 때문에 사실의 취재와 기사 작성의 기준들도 저마다의 경험과 가치관, 소속된 언론사 뉴스룸의 분위기 등에 의해 개인화된다. 언론인들이 들고 있는 잣대가 서로 다를 수밖에 없는 까닭이다.

이런 현상은 서구의 유력 언론에 비해 한국 언론에서 더 심했으면 심했지 덜 하지 않다. 특히 한국에서는, 언론사의 이념적 시각이나 성향이 소속 언론인들에게 더 강한 영향을 끼친다. 서구에 비해 한국의 언론인들은 한 언론사에 더 오래 재직하며, 그 언론사의 성향에 더 깊이 동화되는 탓이다.

잠깐!

뉴스의 본질은 '왜곡'?

경제학자 앤서니 다운스Anthony Downs는 민주주의 정치 과정을 경제학으로 해석해 사회과학 전반에 지대한 영향을 끼친 학자다. 그는 민주주의 정치에 필수적인 언론에 대해 언급하며 "기자는 현존하는 사실 중 일부만을 선택해야 하기 때문에 모든 뉴스 보도는 (언제나) 편향되어 있다"고 얘기했다.

다운스에 따르면, 사람들이 정보를 수집하는 기준은 사람마다 다르다. 무작위로 선택(수집)할 때조차 마찬가지다. 따라서, (사람들이 저마다 수집한) 모든 정보는 언제나 방대한 양의 데이터 가운데 일부에 불과한 탓에 본질적으로 편향되어 있다. 즉, (누구든지) 특정 데이터를 선택할 때는 (주관적) 가치 판단이 수반된다. 따라서 어떤 상황이나 사건들에 대해 순전히 객관적인 보도 같은 것은 존재하지 않는다는 것이다.[10]

이런 견해는 월터 리프먼도 마찬가지였다. 그는 저서 『여론Public Opinion』(1922)에서 숫자로 표시되는 스포츠 경기의 점수를 뺀 모든 기사는 어떤 형식으로든 선택과 배제의 과정을 거친다고 말했다.

인간이 수집할 수 있는 사실(들)은 실상의 편린들에 불과하다. 게다가 이들 중 일부를 선택해 만들어지는 뉴스는, 이를 선택하는 사람의 의도나 확증 편향에 따라 가장 그럴듯한 거짓이 될 수도 있다.

2장

언론이 전하는
'진실' 의 특징

언론인들은 "진실을 전달한다"면서도 그들이 얘기하는 '진실'이 무엇을 뜻하는지 스스로 명확하게 이해해 본 적이 없다. 잘 모를 뿐만 아니라, 자신들이 잘 모른다는 사실조차도 모른다. 그렇다면, 언론은 아예 진실을 전하지 않는 걸까? 결론부터 말하자면, 꼭 그렇지는 않다. 단지, 언론이 전하는 진실은 철학적 진실이나 과학적 진실, 혹은 종교적 진실과 다를 뿐이다. 언론이 전하는 진실에는 고유의 독특한 특징이 있다. 이번 장에서는 그 특징들에 관해 설명하려 한다. 이른바 '저널리즘적 진실'의 특징이다.

첫 번째 특징은 언론이 존재하는 근본 이유에 기인한다. 사람들에게 전할 새로운 뉴스가 없다면, 언론은 있어야 할 이유가 없다. 언론은 사람들에게 이미 드러나 있는 사안에는 관심을 두지 않는다. 언론은 태생적으로 '드러나지 않은 일'을 세상에 드러내려 한다. 따라서 언론이 전하는 진실, 즉 저널리즘적 진실은 그게 무엇이든 사람들이 몰랐던 일들을 공개하는 데서 시작한다.

두 번째 특징은 언론을 통해 사람들이 얻는 진실은 언론과 사람들이 함께 만드는 진실이라는 것이다. 저널리즘적 진실은 한정된 숫자의 전문가들이 고도의 이성적 추론과 실증을 통해 얻어지는 과학적 진실과 다르다. 사람들은 누구나 언론 보도를 접하기 전부터, 보도의 진위를 따지는 저마다의 잣대를 지니고 있다. 각자가 지닌 견해와 신념, 경험에 의해 형성된 확증 편향의 잣대다. 사람들은 이 잣대를 들고 언론의 보도를 접하며 사회적으로 공인되는 진실을 형성한다.

사람들은 언론이 아무리 "이것은 진실"이라고 외쳐도, 그 내용이 자신의 확증 편향에 얼마나 부합하는지를 따진다. 자기 생각에 부합하면 곧바로 '맞아! 이건 진실이야'라고 생각하지만, 자기 생각과 반대일 때는 보도의 진실성에 대한 의구심을 거두지 않는다. 더구나 언론 매체들이 서로 다른 진실을 전할 때는 공론의 장이 뜨겁게 달궈진다. 이럴 때는 전 사회적 차원에서 진실의 공인은 유보되고, 언론이 전하는 서로 다른 진실은 특정 진영이나 집단 안에서만 진실로 믿어질 뿐이다.

다시 말해, 언론의 보도는 그 자체로 진실의 지위에 오르지 못한다. 언론의 보도가 사회적으로 공인된 진실이 되려면, 보도를 접한 사람들의 긍정적 평가와 동의가 필요하다. 사람들이 주체가 되어 반응하는 '사회적 과정Social process'을 거쳐야 '진실'이 된다는 것이다. 이 과정에서는 언론의 보도 내용에 대한 사람들의 컨센서스가 가장 중요하다. 10명이 믿는 진실과 1,000명이 믿는 진실은 그 무게가 다르다는 얘기다. 언론은 당연히 후자를 추구한다.

세 번째로 저널리즘적 진실에는, 공익에 기여하려는 언론인들의 의지와 노력이 반영된다. 사람들에게 '더 나은 삶'을 위한 '행동의 근거'를 제공하려는 언론인들의 선한 의지와 노력도 담긴다는 이야기다. 이 특징은, 언론인들에게 그 의지가 얼마나 강한지, 그 의지가 실천으로 이어질 수 있는 언론 환경이 얼마나 건강한지에 따라 발현되는 수준이 다르다. 그러나 소명 의식을 지닌 언론인이 있는 한, 사라지지 않는 저널리즘적 진실의 특징이다.

끝으로, 이런 특징들을 지닌 저널리즘적 진실은 상대적이다. 사회 공동체에 따라 통용되는 진실이 다를 수 있다는 것이다. 영유권 분쟁이나 전쟁 중인 나라들 사이에서 정반대의 진실이 각기 존재하는 경우는 좋은 예다. 같은 나라 안에서도 특정 사안을 둘러싼 진실은 지역에 따라 다른 경우가 적지 않다. 따라서 언론이 전하는 진실의 상당수는 언제 어디서나 한결같은 불변의 진실이 아니다.

이처럼 저널리즘적 진실에는, 사람들의 눈과 귀를 잡으려는 언론 본연의 행태와 이에 대한 사람들의 반응이 어우러져 담긴다. 이를 파악하면, 현실에서 우리가 언론을 통해 얻는 진실의 실체에 한층 더 가까이 갈 수 있다. 무엇보다, 언론이 '왜' '그렇게' 보도하는지 가늠할 수 있게 해준다. 언론에 대해 우리가 지닌 필요 이상의 기대와 실망을 줄이는 데도 도움을 줄 수 있다.

지금부터 이런 저널리즘적 진실의 특징들을 하나씩 살펴보자. 이성적 사색의 결과인 '철학적 진실'이나, 만유인력의 법칙 같은 '과학적 진실', 혹은 시대와 사회를 초월하는 '종교적 진실'과는 다른 '저널리즘적 진실'의 세계로 들어가 보자.

'진실'에 관한
수많은 이론

'진실'은 인류의 가장 근본적 탐구 대상이었다. 학문의 시작이 철학이었고, 철학의 첫 번째 주제는 '진실'이었다. 그만큼 '진실'은 인류가 깊이 사색하고 연구해온 주제다. 일상에서는 가볍게 쓰는 말이지만, '진실'만큼 심오한 의미를 지닌 개념도 드물다.

이런 사정을 반영하듯, '진실'과 관한 문헌은 모든 학문적 주제들 가운데서도 가장 방대하다. 『스탠포드 철학백과사전Stanford Encyclopedia of Philosophy』에는 '진실Truth'에 관한 주요 이론들의 대분류만 5개이고 하위분류는 26개나 된다. 『위키피디아Wikipedia』의 항목에도 '진실'에 관한 철학 이론들을 분류한 목차가 49개에 이른다. 철학만이 아니라 법학이나 저널리즘 같은 실용학문까지 포함하면, 진실에 관한 정의나 견해와 이해 방식은 셀 수 없이 많다.[1]

진실에 관한 이론과 견해가 많다는 데는 두 가지 함의가 있다. 먼저 우리가 철학, 자연과학, 종교, 사회학, 커뮤니케이션학 등 모든 분야에서 다루는 '진실'을 하나로 설명하는 게 쉽지 않다는 뜻이다. 아니, 쉽지 않은 게 아니라 사실상 불가능하다는 얘기다. 실제 진실에 관한 수많은 이론과 견해들이 있지만, 적어도 지금까지는 모든 영역에 걸쳐 받아들여지는 이론과 견해는 없다.

또 다른 함의는, 모든 시대와 분야를 관통하는 진실론은 없더라도 특정 시대나 분야에서 통용되는 진실-혹은 진실의 기준-은 있을

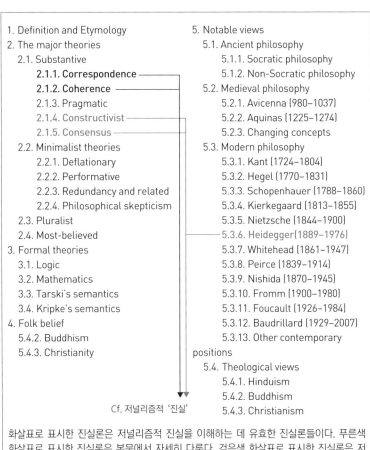

1. Definition and Etymology
2. The major theories
  2.1. Substantive
    2.1.1. Correspondence
    2.1.2. Coherence
    2.1.3. Pragmatic
    2.1.4. Constructivist
    2.1.5. Consensus
  2.2. Minimalist theories
    2.2.1. Deflationary
    2.2.2. Performative
    2.2.3. Redundancy and related
    2.2.4. Philosophical skepticism
  2.3. Pluralist
  2.4. Most-believed
3. Formal theories
  3.1. Logic
  3.2. Mathematics
  3.3. Tarski's semantics
  3.4. Kripke's semantics
4. Folk belief
  5.4.2. Buddhism
  5.4.3. Christianity

Cf. 저널리즘적 '진실'

5. Notable views
  5.1. Ancient philosophy
    5.1.1. Socratic philosophy
    5.1.2. Non-Socratic philosophy
  5.2. Medieval philosophy
    5.2.1. Avicenna (980–1037)
    5.2.2. Aquinas (1225–1274)
    5.2.3. Changing concepts
  5.3. Modern philosophy
    5.3.1. Kant (1724–1804)
    5.3.2. Hegel (1770–1831)
    5.3.3. Schopenhauer (1788–1860)
    5.3.4. Kierkegaard (1813–1855)
    5.3.5. Nietzsche (1844–1900)
    5.3.6. Heidegger(1889–1976)
    5.3.7. Whitehead (1861–1947)
    5.3.8. Peirce (1839–1914)
    5.3.9. Nishida (1870–1945)
    5.3.10. Fromm (1900–1980)
    5.3.11. Foucault (1926–1984)
    5.3.12. Baudrillard (1929–2007)
    5.3.13. Other contemporary positions
  5.4. Theological views
    5.4.1. Hinduism
    5.4.2. Buddhism
    5.4.3. Christianism

화살표로 표시한 진실론은 저널리즘적 진실을 이해하는 데 유효한 진실론들이다. 푸른색 화살표로 표시한 진실론은 본문에서 자세히 다룬다. 검은색 화살표로 표시한 진실론은 저널리즘이 추구하는 '정확성'의 근거가 되는 두 이론으로 '사람들의 행동의 근거가 되는 진실' 부분에서 소개한다.

표 1 진실에 관한 이론

출처: 위키피디아 영문판

수 있다는 것이다. 즉, 한 분야에서 진실이 될 수 없지만 다른 분야에서는 진실이 될 수 있고, 어떤 시대에는 진실이었지만 다른 시대에는 진실이 아닐 수 있다는 말이다.

이를테면, 법정에서는 "유죄이며 무죄"라는 이율배반적 판결이 진실이 될 수 없다. 양자택일만이 진실을 찾는 유일한 길이다. 반면, 양자역학을 다루는 물리학자들의 세계에서는 빛은 파동인 동시에 입자라는 양립 불가능해 보이는 주장도 진실이라고 받아들여질 수 있다. 종교와 신앙의 세계에서는 신의 존재와 교리만이 유일한 진실이다.

구체적 사안에 관한 진실은 쉼 없이 새로이 등장했고, 시대와 사회에 따라 진실과 거짓이 극과 극의 모습으로 자리바꿈을 한 일도 적지 않다. 예컨대, 고대와 중세 사회에서는 '태양이 지구를 돈다'는 천동설天動說이 너무나 당연한 진실이었다. 그 시대 사람들에게 '지구가 태양을 돈다'는 지동설地動說을 주장한 코페르니쿠스Copernicus는 세상의 질서를 뒤집고 '가짜 뉴스'를 전파하는 궤변론자였다. 하지만 지금은 정반대다. 지동설은 확고한 진실이고, 천동설을 주장하는 이는 제정신이 아닌 사람으로 간주된다. 자연과학의 영역 밖에선 더 많은 진실이 등장하고 사라졌다. 전근대 사회에서는 신민臣民은 신이 정한 왕에게 절대 복종해야 한다는 왕권신수설王權神授說이 진실로 여겨졌다. 그러나 현대 민주주의 사회에서는 절대 받아들여지지 않는 이야기다.

이렇듯, 언제 어디에서나 통용되는 '진실'에 대해 말하기는 어렵다. 하지만, 특정 '시대'나 '분야'에서 통용되는 '진실'에 대해서는 그렇지 않다. 그렇다면, 이 시대, 언론이 추구하는 '진실'은 어떤 것일까?

'망각의 강'에서
깨어나는 진실

　어떤 개념어의 뜻을 정확하게 이해하기 위해서는 그 말의 어원을 따져보는 게 가장 실용적인 접근 방식이다. '진실'에 관해서도 마찬가지다. 인류가 '진실'이라는 개념을 만들어 낸 생각의 원형을 파악할 수 있기 때문이다. 특히, 언어를 가장 중요한 매개체로 삼는 언론과 저널리즘에 관한 논의에서는, 이런 접근 방식이 더욱 유의미하다.

　근대 언론과 저널리즘이 서구에서 태동했으니, '진실'이라는 개념어의 어원도 서구 언어의 뿌리인 라틴어와 고대 그리스어에서 찾아볼 필요가 있다. 우리말의 '진실'이나 영어의 'Truth'에 해당되는 라틴어는 베리타스Veritas다. 로마 신화에 나오는 '진실의 여신'의 이름에서 유래한 단어다. 베리타스는 그리스 신화에 나오는 진실의 여신 알레테이아Aletheia·αλήθεια를 그대로 가져온 것이었다. 따라서 어원을 따지려면 알레테이아의 의미를 살펴야 한다.

　알레테이아, 즉 Aletheia는 반대말을 만드는 접두어 'A'와 명사를 만드는 접미사 'ia'가 'lethe'에 붙어 만들어진 단어다. 그리스 신화에서 '레테lethe'는 '망각의 여신'의 이름이다. 신화에 따르면, 사람이 죽어 저승으로 가는 길에 레테가 주관하는 '망각의 강'이 흐른다. 망자들은 모두 이 강물을 마셔야 하는데, 이 강물을 마시면 이승의 기억을 모두 잊는다고 한다. 여기에는 강물을 마시고 강을 건넘으로써 진실을 잊고 은폐한다는 뜻도 담겨 있다.

진실의 여신, 알레테이아   망각의 여신, 레테   저승 길에 놓인 레테의 강

    따라서 진실 즉 알레테이아를 어원으로 이해하면, '망각'을 뜻하
는 '레테'의 반대말인 알레테이아는 '망각과는 반대인 상태', 즉 '잊히
거나 감춰진 것이 없는 상태'나 '증거와 함께 드러난 상태'를 뜻한다.

    이 알레테이아를 진실에 대한 철학적 논의로 끌어낸 이는 현대
실존주의 철학의 대가 마르틴 하이데거Martin Heidegger, 1889~1976다.[2] 그
는 진실의 원래 의미와 본질을 사물이나 사건이 세상에 실체를 드러내
는 방식과 관련 지어 이해했다. 그리고, 진실은 알레테이아의 어원이
가리키듯 "감춰져 있던 것이 증거와 함께 드러난 것"이라고 설명했다.

    하이데거의 이런 진실관을 뉴스나 언론의 속성에 비춰보면, 알
레테이아만큼 언론이 추구하는 진실에 잘 부합하는 설명도 없다. 실제
언론은 드러나지 않아 사람들이 몰랐던 것을 찾아 전하려 한다. 언론
인들에게는 새롭지 않은 것, 이미 드러나 있는 것은 환영을 받지 못한
다. 당연히 뉴스가 되기도 어렵다. 그만큼 알레테이아는 언론이 추구
하는 진실의 특징을 잘 표현한다.

하이데거의 관점은 월터 리프먼의 언급 에도 등장한다. 리프먼은 저서 『여론』에서 언론이 추구하는 진실은 "감춰진 사실들을 밝혀 내"는 데서 시작된다고 말했다.[3]

마르틴 하이데거

『워싱턴 포스트Washington Post』의 슬로건 도 유사한 예다. 이 신문은 2017년 2월 도널 드 트럼프 전 미국 대통령 취임 직후, "민주주 의는 어둠 속에서 죽는다Democracy dies in darkness"라는 슬로건을 채택했 다. 어떤 사실, 특히 권력에 관한 사실들이 어둠 속에 은폐될 때 민주주 의가 제대로 작동할 수 없다는 뜻을 담은 것이었다. 은폐된 일에 빛을 비춰 시민들이 알 수 있도록 하는 것이 언론의 소명이라는 다짐이었다.

요컨대, '감춰진 것이 없이 드러난 상태', 즉 '폭로' 혹은 '공개' 를 뜻하는 알레테이아는 언론이 추구하는 진실의 타고난 특성이라 하 겠다.

악처를 낳은
톨스토이의 진실

알레테이아적 진실과 관련해 독자들의 이해를 돕는 흥미로운 일 화가 있다. '진실함은 감춰진 것이 없는 상태'라는 믿음을 평생 실천한 러시아의 문호 레프 톨스토이Lev Tolstoy, 1828~1910의 얘기다.

'진실'을 낳는 '시간'
'진실'을 닮은 '거짓'

그리스 신화의 신들의 관계나 일화에는 무릎을 치게 하는 고대 그리스인들의 지혜가 가득하다. '진실의 여신' 알레테이아는 '시간의 신'인 크로노스Chronos 가 낳은 딸이라는 것도 그렇다. 진실은 시간이 흘러야 비로소 본 모습이 드러난 다는 혜안이다.(☞ p. 152. '시간이 흘러야 드러나는 진실')

신화에서 '진실의 여신'의 대척점에 있는 신은 '거짓의 신'인 돌로스Dolos가 아 니라 '망각의 여신'인 레테다. 여기에는, 거짓은 진실을 가릴 뿐이지만, 망각은 진실이 드러날 기회조차 아예 없애버릴 뿐만 아니라 드러난 진실조차 기억 저 편으로 사라지게 한다는 뜻이 담겨 있다.

고대 그리스인의 안목은 '거짓의 신'인 돌로스의 일화에도 깃들어 있다. 돌로 스는 사람들을 속이려 알레테이아의 가짜 조각상을 만들었다. 그러나 가짜를 만든다는 두려움에 떨다가 조각상의 발을 미완성 상태로 남겨두고 말았다. 그 런데도 조각상은 놀라울 만큼 알레테이아를 닮아 있었다. 그런 까닭에, 인간을 빚었던 프로메테우스Prometheus도 가짜 조각상에 생명을 불어넣었다고 한다. 해악이 큰 거짓일수록, 진실을 더 쏙 빼닮는다는 지혜가 담긴 기막힌 은유다.

톨스토이는 부족할 것 없이 매우 부유했던 귀족 가문에서 태어 났다. 풍요로웠던 그는 타고난 감각적 기질을 지녔던 탓에, 육체적 쾌 락을 좇으며 젊은 시절을 보냈다. 그러다가 34살이 되어서야 16살이 나 어린 18살의 소피아 베르스Sophia Behrs와 결혼했다. 베르스는 뒷날 역사상 3대 악처惡妻로 꼽히게 된 여성이다. 그만큼, 톨스토이와 소피 아 사이의 불화는 극심했다.

불화의 시작은, 톨스토이가 방탕했던 시절에 쓴 자신의 일기를 아내 소피아에게 보여준 때라고 한다. 톨스토이는 진실된 관계를 위해서는 아내에게 자신의 치부까지 다 드러낼 의무가 있다고 여겼다. 육체적 쾌락의 기록으로 가득한 일기장을 소피아에게 보여준 이유도 그 때문이었다. 하지만, '톨스토이의 진실'은 소피아에게는 평생 지울 수 없는 상처가 됐다.

소피아 베르스

레프 톨스토이

톨스토이는 '진실은 드러나야만 비로소 진실이 된다'는 신념을 평생 유지했다. 이런 신념을 그의 여러 작품에도 드러나 있다. 이를테면, 그의 대표작 『안나 카레니나Anna Karenina』에서는 레빈Levin이 결혼을 앞두고 자신의 일기를 약혼자 키티Kiti에게 보여주는가 하면, 주인공인 안나도 자신의 불륜을 감추지 않는 게 그 예다.

그런데, 진실을 대하는 언론인도 톨스토이와 무척 닮았다. 독자와 청중이 원하든 원치 않든, 설령 그들에게 고통스러운 뉴스일지라도 감춰진 것을 세상에 드러내고 싶어 하는 직업적 욕망에 늘 이끌리기 때문이다. 세상에 알려지지 않는다면, 어떤 진실도 언론인들에게는 무의미하다. 저널리스트 대부분은 '달콤한 거짓'조차도 그대로 덮어두려 하지 않는다. 하물며 '쓰디쓴 거짓'은 더 말할 나위도 없다.[4]

그렇지만 톨스토이의 삶이나 그의 작품 속 예화들처럼, 사람들은 진실을 알게 되어 불행해지는 경우가 적지 않다. 이 때문에 불행한 상황을 회피하거나 거부하는 사람들의 심리는, 무엇인가를 폭로하려는 언론인들에게는 장애물이 된다. 특히 그런 심리나 반응이 명확하게 예견될 때는, 언론도 사람들이 불편해할 진실을 전하는 게 쉽지 않다. 언론인들도 대중이 불편해하는 진실을 폭로한 뒤 불어 닥칠 역풍을 우려하지 않을 수 없어서다. 그렇다고 해도, 알레테이아는 저널리즘적

뉴스 생산 공정의
고속도로와 협로狹路

일반적인 상황에서 언론의 '뉴스 생산 공정'은 알레테이아에 다다르는 '고속도로'다. 하지만 때로 매우 비좁거나 막다른 길이 되기도 한다. 어떤 '알레테이아'가 언론인 자신, 혹은 그가 몸담고 있는 언론사의 사주나 상급자들을 불편하게 할 때.

이런 불편함은 주로 그들의 이해관계나 확증 편향 때문에 생겨난다. 그들이 불편함을 덜기 위해 보도 여부나 내용에 개입하기 시작하면, 알레테이아로 가는 길도 평소와는 달라진다. 불행한 상황을 회피하려는 대중의 심리보다, 훨씬 더 실질적인 제약이 되기 때문이다.

톨스토이의 『안나 카레니나』는 "행복한 가정은 모두 서로 닮았지만, 불행한 가정은 저마다의 방식으로 불행하다Happy families are all alike; every unhappy family is unhappy in its own way."는 문장으로 시작된다. 언론도 알레테이아에 다다르는 이유는 모두 비슷하지만, 알레테이아에 이르지 못하는 이유는 저마다 다르다.

진실의 부인할 수 없는 대표적 특징이다. 사람들이 싫어할 만한 소식조차 어떻게든 효과적으로 공개하고 싶어 하는 이들이 바로 언론인들이기 때문이다.

진실은
만들어진다

진실에 관한 이론 가운데는, 인간의 지식과 진실이 사람들 사이의 상호작용 같은 '사회적 과정'에 의해 형성된다고 보는 견해가 있다. '사회구성주의Social Constructionism'의 관점이다.[5] 이 사상의 뿌리는 17세기 이탈리아 철학자 지암바티스타 비코Giambattista Vico, 1668~1744에게서 찾을 수 있다.

비코는, 진실은 관찰을 통해 얻어지는
게 아니라 창조되거나 발명되는 것이라며,
"진실은 만들어진다Truth itself is constructed"[6]고
주장했다. 이런 진실관에 뿌리를 둔 사회구성
주의에 따르면, 진실은 사회 구성원들 사이에
서 일상적으로 벌어지는 협업, 갈등, 타협, 경
쟁, 권력투쟁 등 다양한 '사회적 상호작용social
interaction'에 의해 '구성constructed'된다.

지암바티스타 비코

이 관점은 과학사학자이자 철학자 토마스 쿤Thomas Kuhn,

1922~1996에게서도 찾아볼 수 있다. 쿤은 과학의 발전은 개별적 발견이 쌓여 점진적으로 이뤄지는 것이 아니라, 사회의 패러다임paradigm이 바뀌며 혁명적으로 이뤄진다고 보았다.[7] 과학적 진실도 '발견'되는 것이 아니라 '사회적으로 구성'된다는 이야기였다.

게오르크 헤겔Georg Hegel, 1770~1831과 카를 마르크스Karl Marx, 1818~1883도 진실은 사회적으로 구성된다고 여긴 이들이었다. 이들에게 (사회적으로 공인된 진실들의 모음인) 지식은 역사의 변증법 이해와 맞물린 것이었다. 특히 마르크스는 지식에는 한 사회의 경제 체제에서 물질적 힘의 관계가 반영된다고 주장했다.

저명한 언론학자 게이 터크만Gaye Tuchman도 뉴스는 사회적 맥락 속에서 재구성된다고 주장했다. 그에 따르면 뉴스에는 '있는 그대로의 사실들'이 아니라, 사회적 규범과 언론사의 목표에 따라 선택하고 편집한 사실들이 담긴다. 결국 뉴스가 전달하는 진실은 사회적으로 만들어진다는 것이다.[8] 언론이 권력과 경제적 이익에 종속되어 여론을 조작한다고 주장한, 비판적 미디어 이론가 노엄 촘스키Noam Chomsky와 에드워드 허먼Edward S. Herman 역시 사람들이 인식하는 현실이 어떻게 사회적으로 만들어지는지에 주목한 이들이다.[9]

이제 이런 사회적 구성주의의 진실관을 언론의 현실에 비춰 이해해 보자.

먼저 인간들 사이의 의사소통은 사회 공동체를 건설하고 유지하는 토대다. 따라서 의사소통의 매개인 언론은 사회적 과정의 핵심에 있다. 언론이 정보를 사람들에게 전하면, 사람들은 언제나 이를 평가하며 의견을 교환하는 등의 다양한 상호작용과 영향을 주고받는다. 그리고 이 과정에서 정보의 일부 혹은 전부가 진실로 받아들여진다. 뉴스가 진실로 공인되기 위해서도 이런 '사회적 과정'을 반드시 거쳐야 한다.

언론은 사회의 패러다임에도 영향을 받는다. 언론인도 자신들이 속한 특정한 시대와 사회에 이미 구축되어 있는 지식과 정보에 바탕해 사안을 이해하고 뉴스를 생산하기 때문이다. 언론인이 진실을 보는 눈도 그들이 사는 시대와 사회로부터 자유롭지 않다. 뿐만 아니라 많은 언론인이 의식적이든 무의식적이든 각기 다른 정치·사회 진영에 서서 서로 다른 진실을 전한다. 이는 언론인들이 '진실 (쟁취) 투쟁'이라는 '사회적 과정'의 핵심 주역임을 뜻하는 것이다.

이처럼 언론 보도, 즉 언론인들이 전하는 정보와 의견은 사회적 과정을 거쳐 진실의 지위를 획득하는 대표적인 경우다. 따라서 "진실은 사회적 과정을 통해 만들어진다"는 견해는 저널리즘적 진실의 특징을 잘 설명한다.

한편, 이런 진실관은 전통 언론 대부분이 표방하는 객관주의 저널리즘의 진실관과는 거리가 있다. 객관주의 저널리즘은 진실이 '사회적 과정'과 무관하게 객관적으로 존재하며, 언론인의 치밀한 취재와 보도로 밝혀내야 한다고 믿기 때문이다. 하지만 디지털 시대 이후에는 사람들이 소셜 미디어나 온라인 커뮤니티 등에서 정보와 의견을 직접 주고받으며, 함께 진실을 찾는 게 일반적인 일이 됐다. 이는 과거에는 없었던, 사회적 상호작용이다. 또 근래에는 객관주의 저널리즘의 관점과 이론에서 벗어나, 진실에 대한 상대적인 관점에서 언론을 비판적으로 연구하는 학자들도 늘고 있다.

이런 일이 광범위하게 전개될수록, 객관주의 저널리즘은 갈수록 그 힘을 잃고 있다. 그러나 대다수 언론인에게 객관주의 저널리즘은 여전히 일종의 도그마dogma다. '진실은 만들어진다'는 관점이 자칫하면 언론인 스스로에 대한 '자기부정'이 될 수도 있는 탓이다.

진실에도
무게가 있다

저널리즘적 진실을 이해하는 여정에는, '알레테이아'나, '사회 구성주의적 관점' 말고 짚어야 할 견해가 하나 더 있다. '진실에도 무게가 있다'는 생각이다. 이때, '진실의 무게'는 사회 구성원들의 공감하는 정도를 뜻하는 비유다. 진실을 판정하는 기준은 사회 안에서 이뤄지는 구성원들의 컨센서스consensus라는 것이다.[10] 이른바 '합의 진실론Consensus theory of Truth'으로 불리는 진실에 관한 이론이다.

합의 진실론은 고대 그리스·로마 시대에 사회 구성원들의 합의가 진실을 따지는 기준이었던 데서 유래했다. "사람들 사이에 보편적인 생각이 진실의 무게를 지탱한다"는 말은 합의 진실론의 핵심 개념을 잘 표현한다.[11] 진실이란 객관적 사실과는 별개로 사회 구성원들 사이에서 얼마나 널리 받아들여지는가에 달려 있다는 뜻이다.

이 이론에 따르면, 어떤 정보나 주장이 진실로 여겨지기 위해서는 사회적으로 널리 인정받고 합의되어야 한다. 예를 들어, 처음에는 일부 사람들만의 주장이었던 과학적 이론이나 역사적 사실도 점차 많은 사람이 이를 진실로 받아들이고 공감하게 되면 더 큰 '진실의 무게'를 얻는 경우가 드물지 않다. 따라서, 진실은 객관적 기준만이 아니라 사회의 보편적 공감에 따라 그 '무게'를 갖게 된다.

다툼이 있는 어떤 사안의 진실을 사법부의 판결로 확정하는 것도 대표적인 예다. 유무죄에 관한 진실이 배심원단의 합의로 정해지는 미국식 재판이라면, 더 말할 나위가 없다. 판사의 판단만으로 유무죄가 정해질 때도, 크게 보면 마찬가지다. 사법부의 결정을 '진실'로 받아들인다는 사회적 합의에 따른 것이기 때문이다.

"진실은 사람들이 대체적으로 합의하는 것"이라는 이 견해의 대표적 학자는 사회철학자이자 커뮤니케이션 학자인 위르겐 하버마스 Jürgen Habermas다. 그는 '진실의 원형原形'은 사람들이 이성만에 의해 자유롭게 생각과 주장을 교환하는 환경[12]에서 컨센서스를 이룬 것이라고 주장했다. 사람들이 진실을 얻기 위해선, 어떤 강압도 없는 환경에서 이성적 사고에 입각한 자유로운 의사소통이 필요하다는 말이었다. 물론, 현실에서는 이런 이상적인 환경을 기대하기는 어렵다. 하지만, 적어도 사람들이 진실이라고 동의하지 않는 주장이나 정보는 '진실'이라고 인정받을 수 없다.

위르겐 하버마스

합의 진실론에 대해서도 진실에 관한 여느 이론들처럼 비판이 있다.[13] "만약 사람들이 '1+1=3'이라고 합의한다면, 과연 그것이 진실이 될 수 있느냐"는 반박도 있고, 강요나 조작으로 합의를 획득해 진실을 만들어 낼 수 있다는 비판도 있다. 이런 비판들은 '합의 진실론'이 조작이나 강제가 불가능한 환경에서 이뤄지는 사람들의 이성적 판단을 전제로 하고 있다는 점에서 유효한 비판은 아니다. 그렇지만, 현실에서는 이성보다는 감정이 앞서는 경우가 많고, 사람들에게 영향을 끼치는 심리적·물리적 강제가 다반사다. 그만큼 합의 진실론은 비현실적인 구석이 있다.

그럼에도 합의 진실론은 저널리즘적 진실을 이해하는 데 매우 유효한 관점이다. 어떤 사회에서든, 다수가 동의하는 언론 보도일수록 진실이라고 인정받기 때문이다. 설령, '합의에 의한 진실'이 '유사類似 진실'에 불과하더라도, 사회적 합의가 이뤄진 진실은 '객관적 진실'의 지위와 효과를 누린다. 그러기에 합의 진실론에서는 언론의 역할이 그 무엇보다 중요하다. 사회 구성원들의 컨센서스는 의사소통 없이는 불가능하고, 의사소통의 핵심 매개는 언론이기 때문이다. 즉, 진실의 공인 과정에는 사회적 의사소통과 컨센서스를 도모하는 언론의 역할이 필수적이다.

디지털 시대 이후 사람들 사이에는 다양한 의사소통 방식이 등장했지만, 사회적 의사소통의 중심에는 여전히 '매스 커뮤니케이션'이 있다. 그리고 그 중심에는 언론이 있다. 사전적 정의로만 보더라도 저널리즘은 "매스 커뮤니케이션을 통해 대중에게 시사적인 정보와 의견을 제공하는 활동"이기 때문이다.

또한, 언론이 추구하는 진실은 독자와 시청자의 평가와 반응, 컨센서스에서 자유로울 수 없다. 언론 보도는 그 내용의 진위에 대한 사회적 합의 과정이 필수적이다. 따라서, 저널리즘적 진실은 합의 진실론이 주장하는 진실의 전형적인 특징을 지니고 있다.

합의 진실론은 명백한 한계도 있다. 이를테면, 100여 년 전까지만 해도 많은 사람이 특정 인종이나 성性 사이에 우열이 존재한다는 것을 진실이라고 믿었다. 사회적 합의로 진실이 정해질 때, 일어나는 일들이다. 유사한 일이 지금도 벌어지고 있다. 이런 한계는 같은 속성을 지닌 저널리즘적 진실에서도 마찬가지다. 언론의 오보를 다수가 진실이라고 믿는다면, 그 오보는 오보임이 드러나기 전까지는 진실 행세를 한다. 그런 예는 너무나 많다.

사람들의 행동
근거가 되는 진실

지금까지 언론이 추구하는 진실과 관련해, '감춰져 있던 것이 드러난 상태'를 뜻하는 '알레테이아', "진실은 '사회적 과정'을 거쳐 만들어진다"는 '사회구성주의'의 관점, 그리고 "진실에도 무게가 있다"는 '합의 진실론'을 살펴봤다.

그러나 정작 많은 언론학자들은, 언론이 전하는 진실을 이런 방식으로 이해하는 데에는 별 관심을 보이지 않는다. "진실이 실제로 존재하는가에 대한 철학적 토론은 (복잡하고 난해한) 의미론 속에서 좌초한다"[14]는 게 흔한 이유다. 철학적 진실론은 너무 방대하고 어려워 '미궁'에 빠질 수밖에 없다는 것이다.

하지만 이런 태도는 결과적으로 언론이나 저널리즘을 객관적으로 이해하는 것을 회피하게 되는 의도치 않은 결과로 이어진다. 나아가 저널리즘적 진실을 객관적으로 보는 것에 대한 언론인들의 무관심과 무지를 조장하는 결과도 낳는다. 그렇다면, 언론학자들은 저널리즘적 진실을 어떻게 설명할까? 대체적으로 언론학자들은 보도의 '정확성accuracy'이나 '기능function'에 주목한다.

먼저 정확성을 보자. 언론학자들에 따르면 정확성이란, 전하는 사실들이 정확해야 하고(대응이론, Correspondence theory), 그 사실들 사이의 맥락이 배경과 적절하게 부합해야 한다(정합이론, Coherence theory)는 뜻이다.[15] 이런 정확성은 언론에 반드시 필요한 가치다. 그러나 정확성만으로는 진실을 전하는 데 한계가 있다. 이를테면, 움직이는 열차 안에서 특정 순간 외부에 보이는 물체의 형상과 열차와의 거리를 정확하게 묘사했다고 해도, 그 순간이 지나면 더는 진실이 될 수 없다.

또, 시시각각 변화하는 사안이 아닌, 고정된 사안도 정확한 취재 · 보도는 쉽지 않다. 언론인은 취재 · 보도의 과정에서 숱한 제약에 봉착하는 탓이다. 언론인은 언론인처럼 진실 규명이 본업인 판사, 검사, 경찰관과도 비교할 수 없을 만큼 제약이 크다. 압수수색은 물론, 사건 관계자의 소환과 심문도 불가능하다. 언론인이 최선을 다해도, 그들이 내놓는 진실이 '부분적 진실'이나 '유사 진실'에 그치는 이유다. 더욱이 '부분적 진실'이나 '유사 진실'은 '명백한 거짓'보다 해악이 더 클 때도 많다. 안타깝지만 불가피한 현실이다.

언론의 이런 필연적인 한계를 의식한 학자들은 저널리즘의 진실 추구는 "(한 순간이 아닌) 하나의 과정 혹은, 이해를 위해 계속되는 여행"이라고 말한다.[16] 정확하게 기술하는 것만으로는 온전한 진실을 전할 수 없는 까닭에, 저널리즘은 "객관적 진실에 무한히 접근할 뿐"이라는 것이다. 언론이 정확성을 추구할 때의 이런 한계 때문에, 많은 언론학자가 정확성 이상으로 언론의 '기능'을 중요하게 여겨 왔다. 여기서 기능이란 '시민의 의사 결정을 돕는' 언론의 '공적 책무'를 수행하는 것을 뜻한다.

근래, 언론에 사회직 신뢰는 크게 추락했지만, 언론이 공익에 복무해야 한다는 현대 사회의 인식에는 변함이 없다. 실제 오늘 이 순간에도 언론은 시민의 이익을 위한 공적 책무를 제대로 이행하고 있는지 날마다 평가받는다. 이는 언론인들이 "스스로를 프로페셔널로 자리매김하면서 사회적으로 존재 의미를 인정 받은"[17] 데 따른 업보이기도 하다.

이런 연유로, 빌 코바치와 톰 로젠스틸은 20여 년 이상 언론인의 필독서로 자리잡은 『저널리즘의 기본 원칙』에서 저널리즘적 진실은 "실용적이고 기능적인 형태의 진실a practical and functional form of truth"이라고 설명한다. 풀어 말하면, 언론이 전하는 진실은 "사회 구성원들이 생존과 더 나은 삶을 위한 행동의 근거로 삼을 수 있어야 한다"는 것이

다. 이른바 '기능적 진실functional truth'이다.[18]

이는 언론의 사회적 책무를 저널리즘적 진실의 속성으로 삼은 진실관이라 할 수 있다. 따라서, '기능적 진실'은 앞서 설명했던 저널리즘적 진실들과는 성격이 다르다. '있는 그대로'의 언론이 아니라 '해야 한다'는 당위를 반영한 관점이기 때문이다.

따라서 '기능적 진실'과 현실 사이에는 괴리가 존재한다. 사회가 부여한 공적 책무를 다해야 한다는 언론인의 의지와 당위만으로는 언론이 전하는 진실이나 언론의 실상을 제대로 이해할 수 없다. 예컨대, 기능적 진실을 추구한다는 언론들도 '서로 다른 진실'들을 보도한다. 동일한 사안에 대해『조선일보』와『한겨레』의 보도가 다르고 SBS와 MBC의 보도가 다르다. 이런 사정은 미국의 폭스 뉴스와『뉴욕 타임스』사이에서도 마찬가지다.

'서로 다른 진실'의 보도는 언제나 언론의 진실성에 의문을 낳는다. 그럼에도 서로 다른 보도들은 하나로 수렴되지 않고, 평행선을 달리는 일이 반복된다. 이런 현실을 '기능적 진실'만으로 해석해내는 것은 불가능하다. '기능적 진실' 같은 규범적 진실관으로는, 서로 다른 경험으로 저마다 다른 가치관을 개인화하고 있는 언론인들의 보도 행태를 온전히 이해할 수 없다. 즉, '기능적 진실'은 언론이 추구하는 진실의 한 양상일 뿐, 결코 전체가 아니다.

그럼에도, '기능적 진실'은 저널리즘적 진실을 입체적으로 이해하는 데는 유용하다. 적지 않은 언론인들, 특히 소명 의식에 충만한 언론인들은 '사람들의 행동 근거가 되는 진실'을 전하기 위해 애쓰고 있기 때문이다. 나아가 '기능적 진실'은 언론인들에게 공적 책무의 실천을 강제하는 효과도 있다. 실제로 언론이 전하는 많은 보도에는 '기능적 진실'들이 담겨 있다.

저널리즘적 진실의
상대성

저널리즘적 진실의 특징들은 '폭로', '사회적 형성', '사람들의 컨센서스', '기능적 진실' 등이다. 이런 저널리즘적 진실은 앞서도 여러 차례 언급했듯이 모든 시대와 사회를 넘어 통용되는 진실이 아닌 상대적 진실이다.

먼저 언론이 놓여 있는 사회의 시대적 변화를 생각해 보자. 어느 사회에서나 세월이 흐르면, 진실이라 믿어온 과학적 발견이나 탐험의 결과도 수정될 수 있다. 이를테면, 아주 오랫동안 사람들은 질병의 원인은 나쁜 공기이며, 태양이 지구를 돈다고 믿었다. 그러나 지금은 그렇지 않다. 질병의 원인은 세균이고, 지구가 태양을 돈다는 게 흔들림 없는 진실이다. 콜럼버스Columbus가 '발견'한[19] 신대륙도 발견한 뒤 한동안은 인도였지만 지금은 아메리카 대륙이다.

진실은 교체될 뿐 아니라, 새롭게 생겨난다. 말馬이 존재하지 않았던 15세기 이전의 아메리카 대륙에서는 말과 관련된 진실들(지식)이 없었으며,[20] 비행기, 전자기파와 라디오, 인터넷 등도 등장하기 전에는 그와 관련된 진실이 없었다. 과학만이 아니라, 제도나 사회적 관습과 윤리에서는 '진실'의 수정이 더 광범위하게 이뤄진다. 과거엔 없었던 새로운 통념들도 지속적으로 생겨나 '진실'의 지위에 오른다. 앞서 언급한 인종이나 성性에 관한 차별적 인식뿐 아니라, 결혼이나 가족의 형태에 관한 인식, 동물권과 동물 복지에 대한 인식 변화가 대표적이다. 반세기 전만 해도 진실이라고 믿었던 것 중에서도 지금은 진실이 아닌 것들이 셀 수 없이 많다.

패러다임이 변화할 때는 이전의 수많은 '진실'이 일거에 폐기되고 새로운 진실들이 등장한다. 과학사적으로는 지동설의 등장, 뉴턴 물리학의 등장, 상대성 이론의 등장 등을, 정치·사회적으로는 부르주아지 혁명이나 소비에트 사회주의 혁명 등의 시기다. 18세기의 산업혁명이나 20세기 말 이후 진행되고 있는 디지털 혁명도 이런 패러다임의 변화에 해당한다고 할 수 있을 것이다. 언론은 이런 숱한 진실의 교체를 대중보다 한발 앞서 겪어야 한다.

또한, 언론은 사회 구성원들의 동질성을 무시하거나 컨센서스에서 벗어난 진실을 전하기 어렵다. 하지만 한 사회에서 통용되는 진실은 사회(공동체)의 범주(단위)에 따라 상대적이다. 이를테면, 한국 사회에서는 "독도는 대한민국의 영토"라는 것은 확고한 진실이다. 반면, 일본에서는 꼭 그렇지 않다. 한반도 인구 7천 700여만 명 중 절대다수가 진실이라고 믿는 것을 인구 1억 2천여만 명의 일본 사회에선 이에 동의하지 않는 사람이 다수다.[21] 한국인으로서는 납득하기 어렵지만, '독도가 한국 영토'라는 진실은 두 나라 사회 전체를 아우르지 못한다.

이런 사례는 우리 주변에도 매우 흔하다. 2000년대 자신의 지역이 동남권 신공항의 최적 입지라고 맞섰던 대구·경북과 부산·울산·경남 지역 사회나, 선거 때만 되면 정반대의 표심을 보이는 광주·전남과 대구·경북 지역은 대표적 예다.

　　그렇다면, 한국과 일본의 언론은, 독도 문제에 대해 두 나라 국민 대다수가 수긍하는 '진실'을 전할 수 있을까? 대구·경북 지역과 부산·울산·경남 지역의 언론은 두 지역 사회 모두가 받아들이는 동남권 신공항 입지에 관한 '진실'을 밝혀낼 수 있을까? 정답은 "두 사회가 하나의 이해 공동체로 합쳐지지 않는 한 불가능하다"는 것이다.

　　불행하게도 동일한 사안에 대한 서로 다른 진실이 통용되는 사례는 지구촌 곳곳에 넘쳐난다. 지금 이 순간에도 전쟁을 벌이고 있는 러시아와 우크라이나, 이스라엘과 가자지구 팔레스타인에서는 각기 다른 진실이 전해지고 많은 사람이 이를 의심의 여지 없는 진실로 받아들이고 있다. 역설적이게도, 이런 상황을 조성하는 주역은 각 나라의 언론들이다. 언론은 시대와 사회에 따라 형성된 상대적 진실에서 벗어날 수 없는 탓이다. 언론의 보도 행위는 국가와 민족 등 해당 사회의 동질성에 강력한 영향을 받기 때문이다.

　　또한 사회의 동질성을 바탕으로 한 진실은 '작은 공동체', '지역 사회', '국가', '권역', '대륙', '전 세계' 등으로 사회의 차원에 따라 달라진다. 한 사회에서 받아들여지는 진실은 더 큰 범주의 사회에서는 하나의 주장에 불과할 수 있고, 한 사회에선 대부분 받아들여지는 진실이 그에 속한 작은 사회에선 전혀 통용되지 않을 수도 있다.

요컨대, 사람들의 생각은 쉼 없이 변화하며, 새로운 진실은 기존의 진실을 끊임없이 대체한다. 같은 시대에도, 진실에 관해 컨센서스는 사회마다 다르다. 따라서 사회적 과정과 사회 구성원들의 컨센서스에서 벗어날 수 없는 저널리즘적 진실은 시공간에 따라 달라지는 상대적 진실일 수밖에 없다.

3장

변함없는 뉴스
진화하는 뉴스 시장[1]

언론이 추구하는 진실은 날마다 등장하고 사라지는 뉴스들에 담긴다. 이 뉴스들이 만들어지는 힘의 원천은 언뜻 뉴스를 생산해 전하는 언론 같지만, 실제로는 독자나 시청자 같은 뉴스 소비자다. 뉴스를 원하는 이가 없다면 뉴스가 만들어질 이유가 없으니, 당연한 이치다.

특히 현대 사회에서는 뉴스의 공급과 소비가 다른 재화나 서비스처럼 시장에서 이뤄진다. 신문 시장이나 방송 시장, 혹은 디지털 뉴스 시장 등에서 상품화된 뉴스가 공급되고 소비된다는 것이다. 이런 생각은 경제학자들이나 언론학자들의 생각이 다르지 않다. 언론학자들도 "현대 저널리즘의 가장 기본적인 특질은 기업성企業性에 있고, 저널리즘의 기능인 정보와 의견의 전달도 상품화되고 있다"고 말하기 때문이다.[2]

언론의 '무대'가 뉴스 시장인 만큼 뉴스의 근본 동력은 뉴스 소비자다. 뉴스 소비자들도 여느 시장의 소비자들처럼 '자기 이익을 추구하는 본능' 같은 인간의 타고난 본성을 지니고 있다. 인간의 본성은 뉴스 시장의 상품인 뉴스에도 그대로 투영된다. 따라서 인간의 본성과 뉴스의 본성을 관련 지어 파악하는 것은, 언론의 객관적 현실을 이해하는 지름길이다.

이처럼 인간의 본성이 지배하는 뉴스 시장을 이해하면, 언론과 관련한 다양한 현상을 합리적으로 파악할 수 있다. 특히 언론인들의 선한 의지나 소명 의식을 강조하면서 현실과 동떨어진 이상만을 되뇌는 버릇에서도 벗어날 수 있다. 시장이라는 프리즘은 당위와 이상만으로 납득할 수 없었던 뉴스와 언론을 이해할 수 있게 해준다는 얘기다.

이제 인간의 타고난 본능이 어떻게 뉴스에 관한 욕구로 이어지는지 살펴보자.

불변의 욕구
생존과 흥미

뉴스의 역사는 인류의 역사와 함께 시작했다. 인류 역사는 의사소통의 역사였고, 뉴스는 인류가 의사소통을 시작하며 등장했기 때문이다. 뉴스 역사학자 미첼 스티븐스Mitchell Stephens에 따르면, 의사소통의 역사는 지금도 사람들의 첫 인사말 속에 반복된다.

한국인들은 "안녕하세요?"라는 말로, 미국인들은 "How are you?", 중국인들은 "니하오你好?", 몽골인들은 "새응·배노Сайн байна уу?"라는 인사말로 의사소통을 시작한다. 이 말들에는 모두 "별일 없느냐"는 뜻이 담겨있다. '당신과 관련한 뉴스'를 묻는 것이다. 첫인사 뒤 이어지는 대화 역시 '새로운 사실'을 이끌어 내며 진행된다.

이런 양상은 요즘의 소셜 미디어에서도 그대로다. 페이스북과 트위터가 이용자들에게 글을 적도록 유도하는 말도, "무슨 생각을 하고 계시나요What's on your mind?", "무슨 일 있어요What's happening?"다.[3] 예나 지금이나, 어느 사회에서나 사람들의 의사소통은 "무슨 일이 있었느냐", 즉 "뉴스가 무엇이냐"는 질문으로 시작된다.

이처럼 인류와 언제나 함께해온 뉴스를 두고, 스티븐스는 뉴스가 "인간이 가진 (타고난) 감각 중 하나"라고 말했다. 뉴스는 "인간의 시야가 닿지 않는 곳까지 보여주는 눈이며 인간의 청각이 닿지 않는 곳에서 일어나는 대화도 들려주는 귀"라는 것이다.[4]

이 말은 "모든 미디어는 '(인간이 지닌) 감각의 확장'"이라고 한 20세기의 대표적 커뮤니케이션 학자 마셜 맥루한Marshall McLuhan의 언급과도 유사하다.[5] "뉴스가 인간 감각의 하나"라는 스티븐스의 말과 "미디어가 인간 감각의 확장"이라고 한 맥루한의 말은 둘의 주어가 각기 '뉴스'와 '미디어'로 다른 만큼 똑같은 뜻은 아니다. 하지만, 뉴스를 담는 그릇인 미디어와 미디어에 담기는 내용인 뉴스를 한 덩어리로 생각한다면, 두 학자의 얘기는 결이 크게 다르지 않다. '뉴스'와 '미디어'는 인간의 감각 본능과 연결되어 있다는 말이기 때문이다. 즉, '뉴스 욕구'는 '인간의 본능'이라는 말이다.

그렇다면, 어떤 뉴스가 가장 많은 사람에게 가장 큰 관심을 끌까? 자명한 얘기이지만, 사람들은 생존 본능과 그와 연결된 감각을 자극하는 뉴스에 가장 먼저 눈과 귀를 빼앗긴다. 뉴스 역사학자들에 따르면, 문명사회 이전에 인류가 주고받은 뉴스 가운데 가장 가치 있는 뉴스는 임박한 위험을 알리는 경보였다. 재난이나 전쟁에 관한 소식 등이 대표적이다. 또, 임박한 위험을 알리는 소식 다음으로 중요한 뉴스는 공동체 구성원의 죽음에 관한 소식이었다. 죽음 또한 인간의 생존에 관한 실마리를 제공한다고 생각했기 때문이다. 지금도 사람들의 생존을 위협하는 소식은 여전히 헤드라인 뉴스다.

재난이나 죽음처럼 생존을 위협하는 정보 말고, 하루하루의 삶을 영위하는 데 필요한 뉴스도 예나 지금이나 가치 있는 뉴스다. 예컨대, 자연의 변화나 개인이나 공동체의 경제 활동과 관련된 정보는 삶을 위해 필요한 실용적인 뉴스다.

그러나 뉴스 역사학자들은 사람들이 단순히 흥미를 추구하기 위해서도 뉴스를 찾아왔다고 말한다. "처음에는 살아남기 위해 필요한 정보나 생존에 위협적인 요소를 찾아내려고 주변 환경을 조사하지만, 궁극적으로 우리의 관심 범위는 넓어진다"는 것이다.[6] 예를 들어, 학자들의 연구에 따르면, 문자가 없는 원시적 사회였던 캐나다 밴쿠버섬의 누트카Nootka족 사회에서는 사람들이 누군가가 다른 이의 아내와 정을 통하고 있다는 말에 귀기울였고, 애인의 집 창문을 기웃거리다 빗물 통에 빠진 남자의 얘기는 섬 전역으로 순식간에 퍼졌다.[7] 인도 남부 카나카기리Kanakagiri의 한 마을에서도 누군가 법을 어겨 체포되거나 사고로 인해 다치면 사람들은 모여서 무슨 일이 일어났는지 알고 싶어 했고, 조금이라도 비일상적인 사건이 발생하면 그 소식을 듣기 위해 생업까지 소홀히 했다.[8] 그렇다면 오늘날은 어떨까? 오늘날에도 사람들이 흥미로운 뉴스에 눈과 귀를 기울인다는 것은 더 논할 필요가 없을 것이다.

사람들이 어떤 뉴스를 원하는지를 체계적으로 파악하는 데는, 언론인들이 보도할 뉴스를 정할 때 고려하는 '뉴스 가치News Value'도 유용하다. 언론학자들이 꼽는 대표적인 뉴스 가치 기준에는 시의성, 근접성, 특이성, 갈등, 영향력, 유명도, 인간적 흥미 등이 있다. 이 중에서도 학자들은 "오늘날 언론의 핵심은 특이성을 추구하는 데 있다"고 말한다. 특이한 일이나 비정상적인 사건에 관한 뉴스를 찾는 것은 원시 사회나 현대 사회나 다르지 않을 뿐더러, 현대 사회에서는 그런 유형의 보도가 더 늘고 있다는 것이다. 이는 과거에 비해 현대에는 인간의 생존을 위협하는 소식의 비중이 줄었기 때문이라고도 할 수 있다.

요컨대, 인류가 등장한 뒤 지금 이 순간까지 사람들의 기본적인 뉴스 욕구에는 차이가 없다. '임박한 위험을 알리는 경보' 같은 생존에 관한 뉴스나, 실용적 관심사가 되는 뉴스, 감정적 호소력이 있거나 혹은 인간적 흥미를 자극하는 뉴스들은 모두, 예나 지금이나 인간이면 누구나 알고 싶은 뉴스다. 이런 욕구는 인간의 본능에서 비롯된다. 따라서 뉴스에는 삶에 영향을 미치는 새로운 정보를 알리는 인간의 본능이 반영된다. 장구한 인류 역사 속에서도 뉴스의 그런 본질은 변함이 없다.

뉴스 시장의
등장과 변화

본능에서 비롯한 인간의 뉴스 욕구는 여느 재화나 서비스처럼 뉴스의 소비와 공급이 이뤄지는 메커니즘을 생겨나게 했다. 이른바 시장의 메커니즘이다. 시장을 다루는 경제학에서는 재화나 서비스의 공급이 생산 비용과 시장 가격에 좌우된다. 공급자는 시장 가격이 생산 비용을 밑돌면, 손실을 감수해야 하는 예외적인 경우가 아닌 한 그 누구도 시장에 상품이나 서비스를 내놓지 않는다. 반대로 필요한 재화나 서비스라고 해도 가격이 감당할 수 없을 만큼 비쌀 때는 소비자들도 이를 살 엄두를 내지 않는다.

이런 원리는 뉴스 혹은 정보 시장에서도 다르지 않다. 정보의 공급도 정보의 생산(수집·저장·가공)과 전달에 드는 비용에 직접적으로 좌우된다. 캐내기 어려운 보석 같은 광물이 희귀하고 매우 비싸듯, 정보도 얻기 힘들수록 희귀하고 값비싸진다. 정보의 전달이나 저장 수단이 빈약해도 마찬가지다. 이런 상황에서는 사람들이 공유할 수 있는 정보도 매우 제한된 수준에 머무른다. 즉, 정보의 수집·저장·가공·전달 수단이 부족해 정보의 공급에 드는 비용이 커질수록, 정보는 희귀해지고 가격은 천정부지로 높아진다. 또 비싼 정보는 결국 대가를 치를 수 있는 소수의 전유물이 된다. 이런 상황에선 실질적인 뉴스 소비자도 극소수에 불과하고, 시장다운 시장도 등장하기 어렵다.

근대적 뉴스 시장이 등장하기 전의 사정을 보면, 먼저 원시 시대에는 정보가 자원만큼이나 희소했다. 정보의 수집과 전달은 사람들이 맹수와 독초, 높은 산과 깊은 강처럼 험악한 자연환경을 극복해야 가능한 일이었다. 정보를 얻었다고 해도 인간의 기억 말고는 저장할 방법도 없었다. 따라서 지금과는 비교할 수 없을 정도로 정보가 귀했다. 하지만, 사람들은 비록 양은 많지 않았지만, 생존에 필요한 정보를 모두가 공유한 시대였다.

문자가 발명되면서 정보는 본격적으로 축적되기 시작했다. 그즈음에는 자연에 대한 이해도 진전되고 사회도 성장하며 새로운 정보의 양도 늘어났다. 그러나 그 혜택은 글을 읽을 수 있는 극소수 지배계층에게만 돌아갔다. 정보는 증가했어도 널리 유통될 수 없었고, 시장다운 뉴스 시장은 아직 어둠 속에 있었다.

수많은 뉴스 소비자와 뉴스 공급자가 나타나, 시장다운 시장으로 뉴스 시장이 등장한 것은 인쇄 혁명 이후였다. 17세기 이후, 인쇄물을 통한 뉴스와 정보의 대량 배포가 적은 비용으로 가능해졌다. 문맹률도 낮아져 인쇄 매체를 볼 수 있는 이들도 크게 증가했다. 직업적 뉴스 공급자 또한 함께 늘었다. 근대적 신문들이 속속 생겨난 것도 이때다. 이어, 기업의 형태를 띤 신문사가 나타났고 비로소 근대적 뉴스 시장도 등장했다.

20세기는 대중 미디어의 전성기였다. 한 번에 수백만 부를 찍어내는 신문에 이어, 일거에 수백만, 수천만 명에게 뉴스를 전하는 방송이 가세했다. 인류 역사상 처음으로, 정보 전달의 시공간적 한계는 사실상 사라졌고, 대중이 얻는 정보와 질과 양도 비약적으로 개선됐다.

뉴스 혹은 정보의 생산과 전달은 수익성 높은 사업으로 자리 잡았고, 언론의 기업화와 산업화도 본격적으로 전개됐다.

특히, 이 시기에 신문과 방송 같은 전통 언론은 정보의 대중화를 이끌며, 정보의 수집과 공급에서 여론의 형성에 이르는 '정보 프로세스'의 중심에 섰다. 이에 따라 신문과 방송의 언론인은 한 사회에 통용되는 '진실'에 관한 실질적 공인자公認者, authenticator로 자리 잡았다. 그만큼 전통 언론과 언론인의 위상도 높아졌다. 이 때문에, 뉴스 소비자는 뉴스 시장의 주인공이었음에도 정보 공급을 독점한 전통 언론에 의해 대상화되는 일이 잦아졌다.[9]

윤전기에서 쏟아져 나오는 신문들

하늘을 찌르는 TV 송신탑

디지털 시대 이후의 상황은 익히 아는 바다. 디지털 기술과 인프라에 힘입어 뉴스와 정보의 수집·저장·전달 비용은 또 한 번 극적으로 감소했다. 거대한 윤전기와 방송시설이라는 언론 산업의 진입 장벽이 사라지자, 디지털 플랫폼을 기반으로 한 새로운 뉴스 미디어들이 폭발적으로 증가했다. 그러자 뉴스 공급자들 간의 경쟁도 전대미문의 수준으로 치열해졌다. 대중 미디어를 거치지 않는 정보와 뉴스도 폭발적으로 늘었다. 운동선수, 연예인, 정치인, 기업과 정당 등은 물론 일반인들도 인터넷과 소셜 미디어를 통해 다른 사람들과 직접 소통한다. 이들의 소셜 미디어 팔로워는 많게는 수천만 명에 이른다. 모두 과거에는 없던 일이다. 이제는 이들 또한 뉴스와 정보의 공급자다.

공급자 간의 경쟁이 치열해질수록 소비자의 힘은 강해진다. 디지털 시대의 뉴스 시장에서도 이는 다를 바 없다. 아울러 신문과 방송 같은 전통 언론이 장악해온 뉴스와 정보의 유통도 소셜 미디어와 웹 포털 같은 디지털 플랫폼 기업들에게 넘어갔다. 결국 전통 언론은 갈수록 힘을 잃어가고 있으며 뉴스 시장의 주도권은 뉴스 소비자와 디지털 플랫폼 기업으로 옮겨가고 있다.

인류의 등장 이래, 뉴스 시장은 이처럼 진화를 거듭해왔다. 미디어 기술 발전은 정보의 공급비용을 여러 차례 혁명적으로 감소시키며 뉴스 시장의 등장과 발전을 낳았다. 또 시장 원리에 따라, 뉴스 공급자들 사이의 경쟁이 치열할수록 뉴스 소비자의 힘은 더 강해졌다. 이런 경향은 특히 디지털 시대 들어 더욱 심화했다. 전직 언론인이자 언론학자인 톰 로젠스틸의 말은 이번 세기 들어 변화한 언론과 뉴스 소비

수평적 소통의 확산과
추락하는 언론인의 위상

신문과 방송 같은 대중 미디어만 존재하던 시절에는 사람들이 신문과 방송이 전하는 뉴스와 정보를 일방적으로 접했다. 이런 소통은 한 방향one-way으로만 이뤄지는 '수직적·일대다—對多, one-to-many 소통'이었다. 그러나 디지털 시대에는 소셜 미디어나 온라인 커뮤니티를 통한 사람들 간의 소통이 일상화됐다. 이제는 사람들이 기성 언론이 아닌, 다른 수많은 사람으로부터 의견과 사실을 접한다. '수평적·다대다多對多, many-to-many 소통'의 시대가 열린 것이다.

이런 변화 속에, 대중은 사회적 진실 형성의 능동적 주체로 떠올랐다. 반면, 대중 미디어 시대 이후 '진실의 공인자' 역할을 해온 전통 언론인의 위상은 과거에 비해 갈수록 추락하고 있다.

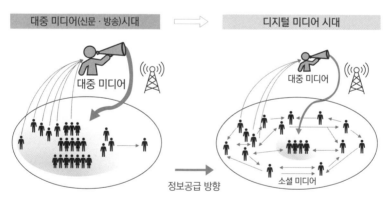

[그림 2] 대중 미디어와 디지털 미디어, 의사소통의 변화

자 사이의 관계를 잘 보여준다.

"과거 저널리즘의 슬로건은 '나를 믿어라trust me'였습니다. 다시 말하면 기자가 중심이고, 기자는 독자에게 '나는 당신에게 진실만을 전하니, 나를 믿으시오'라고 주장했다는 뜻입니다. 그러나 이제는 '내게 보여주시오show me'의 시대입니다. …… (독자들이) 기자에게 '내가 왜 당신의 기사를 믿어야 하는지를 납득할 수 있도록 설명하라'라는 것이 'show me' 시대의 의미입니다."[10]

시장의 힘에 의해
명멸하는 저널리즘

"우리는 '객관적 보도'를 (언론의) 윤리적 혹은 직업적 규범으로 애기하지만, '객관적 보도'는 시장의 힘에 의해 태어난 상업적 제품이다."

– 제임스 해밀턴[11]

객관주의 · 프로페셔널 저널리즘의 탄생

초창기 서구의 신문사에서는 불과 몇 사람이 모든 일을 했다. 언론인은 사주이자 기자였고 편집자인 동시에 영업사원이었다. 그러다 19세기에 들어서자, 신문사들의 인쇄 능력은 윤전 기술의 혁신에 힘입어 시간당 몇백 부에서 몇천~몇만 부로 개선됐다. 철도 · 운하 등 교통수단이 비약적으로 발전했고, 산업화된 도시로 사람들이 몰려들었다. 신문의 생산·배포 비용은 급감한 반면 신문을 사 볼 독자들은 급증한 것이다.

그러자, 1830년대 미국에서는 6페니였던 신문 한 부당 가격이 1~2페니로 떨어졌다. 이때를 언론학자들은 값싼 대중 신문의 시대, 이른바 '페니 프레스penny press의 시대'라 한다. 이 시대에는 이전과는 다른 몇 가지 양상이 신문들에 나타났다.

첫째, 신문 비즈니스 모델이 변화했다. 신문값이 싸지면서, 신문을 사볼 수 있는 독자들이 폭발적으로 증가했다. 이에 따라 신문의 발행 부수가 늘자 1부당 생산 비용은 더 낮아졌다. 신문들은 본격적으로 광고를 싣기 시작했다. 증가한 독자들을 바탕으로 광고 가격을 인상한 신문들은 독자보다 광고주로부터 더 많은 수익을 얻게 됐다. 신문 판매 수입과 광고 수입이란 두 축으로 이뤄지는 신문의 이런 비즈니스 모델은 지금까지도 변함이 없다.

둘째, 신문 시장과 산업의 성장으로 1850년대 서구의 큰 신문사 인력은 100명 안팎까지 늘어났다. 구성원들 간의 분업도 뚜렷해졌다. 취재·보도·편집에만 종사하는 전문 직업군이 처음 등장한 것도 이때부터다.

셋째, 신문들은 정파적 보도에서도 탈피하기 시작했다. 그전까지는 정파성이 강한 소수 독자들만 비싼 값을 치르며 신문을 사 봤다. 이들을 의식한 신문들이 특정 정당의 기관지를 방불케 할 만큼 정파적이었던 것은 당연한 귀결이었다. 그러나 새 시대에는 정파성이 신문의 생존에 더 이상 필수적이지 않았고, 성장에도 걸림돌이 됐다. 정파성을 완화하거나 벗어나야 더 많은 독자를 확보할 수 있었기 때문이다. 신문 기업의 이런 필요에 의해 생겨난 것이 바로 '객관주의 저널리즘 Objective journalism'이다.

넷째, 전문 직업군으로 등장한 저널리스트들은 스스로 '공익을 대변하는 프로페셔널'로 자리매김하기 시작했다. 존재의 의미와 정당성을 스스로 확보하려 한 것이다. 이를 뒷받침하기 위한 규범인 '프로페셔널 저널리즘Professional journalism'이 태동하기 시작한 것도 이즈음이다. 객관주의 저널리즘과 프로페셔널 저널리즘은 상호 보완적인 구실을 했다. 객관적 보도를 위해선 전문적인 능력이, 공익을 대변하기 위해선 객관적 태도가 필요했기 때문이다.

이처럼 값싼 신문과 그에 따른 독자의 증가, 이에 기반한 광고 수입에 따른 신문 기업의 성장은 객관주의 저널리즘의 모태이자 산파였다. 신문사의 이익을 극대화하려면 더 많은 독자를 획득해야 했고, 객관주의 저널리즘과 프로페셔널 저널리즘은 이를 위한 가장 효과적인 수단이었다. 두 저널리즘 모두 소명 의식으로 충만했던 언론인들에 의해 생겨난 것이 아니라는 얘기다.

초기 신문 시대를 차례로 풍미했던 정파적 저널리즘, 프로페셔널 저널리즘 그리고 객관적 저널리즘의 근본 동인動因은 모두 언론의 이상이나 언론인의 의지와는 무관한, 뉴스 시장에서 '신문 기업'이 처한 경제적 여건이었다.

이익 극대화를 위한 신문들의 차별화

그 이후로도 신문의 발행 부수, 즉 독자의 규모는 갈수록 더욱 증가했다. 19세기 후반, 서구의 웬만한 도시에서는 최신 소식이 담긴 일간 신문들이 몇만 부씩 발행됐다. 유일한 뉴스 미디어였던 신문은 황금알을 낳는 거위처럼 매우 수익성이 높은 사업이 됐다. 이 과정에서 신문 기업들은 신문의 논조나 내용을 타깃 소비자들에 맞춰 차별화하는 방식으로 독자를 늘렸다. 신문 시장의 제품 차별화가 전개된 것이다. 그리고 이런 차별화 전략은 신문의 수요와 이익을 극대화하며 개별 신문사들이나 전체 신문 산업은 성장을 거듭했다.

영국에선, 유력 신문들이 서로 논조를 차별화해 계층별로 독자들을 공략했다. 『더 타임스The Times』가 사회 지도층 독자들을, 『데일리 텔레그래프The Daily Telegraph』는 신흥 중산층을 각기 타깃으로 삼은 것도 이때다.

미국에선 윌리엄 허스트William R. Hearst, 1863~1951와 조셉 퓰리처Joseph Pulitzer, 1847~1911 등이 선정적 보도로 '황색 저널리즘Yellow journalism'의 시대를 열었다. 반면 또 다른 신문들은 객관주의 저널리즘의 영향을 받으며 덜 선정적이고 덜 정파적인 '고품질 저널리즘Quality journalism'을 선택했다. 후자의 대표적인 예는 아돌프 옥스Adolph Ochs, 1858~1935의 『뉴욕 타임스』였다. 옥스는 1896년 자금난에 처한 『뉴욕 타임스』를 인수한 뒤 1부당 가격을 3센트에서 1센트로 낮추면서도 고품질 저널리즘을 추구해 인수 당시 1만 명이었던 독자를 20여 년 만에 100만 명 수준으로 늘렸다.

이 시기, 서구의 신문들은 신문에 담기는 정보의 범주나 편집 형식, 기사와 제목의 양이나 형식 등을 뉴스 소비자들의 수요에 따라 바꾸고 확대하며 발 빠르게 대응했다. 1870년대까지 미국 신문들에는 주로 사설, 정치인들의 연설, 소설과 시, 그리고 일부 광고가 담겼을 뿐이었다. 그러나 신문들은 1900년대 초까지 보도 분야와 내용을 크게 확대했다. 예를 들면 대량생산 체제 아래 수많은 상품이 쏟아져 나오자 이를 소비하는 독자들을 상대로 관련 보도의 양을 크게 늘렸다. 여성들의 사회적 지위와 활동이 개선되자 패션이나 가사, 가족 문제 등을 다룬 콘텐츠도 다루기 시작했다. 가판대에 진열된 신문들이 소비자의 눈길을 끌도록 여러 단으로 된 제목들을 사용하는 등 신문 지면의 디자인도 개선했다. 경제적 변화는 저널리즘의 형식과 내용에 이처럼 큰 영향을 미쳤다.

19세기 후반과 20세기 초반은 다양한 측면에서 서구 신문의 황금기였다. 신문이 다루는 정보의 범주와 내용이 확대되고, 신문들은 여느 시장에서처럼 '신문 상품'의 차별화 전략으로 소비자의 다양한 취향에 부응했다. 그 결과, 신문의 독자와 발행 부수는 기하급수적으로 증가했다. 신문의 숫자 또한 역사적 수준에 이르렀다. 일례로, 1914년 파리에는 『르 피가로Le Figaro』 등 80개의 일간지가 있었다.

탐사 저널리즘의 등장과 쇠락

20세기 전반에는 라디오가, 중반에는 텔레비전이 등장하더니, 불과 20~30년 만에 서구 각국에는 방송의 시대가 활짝 열렸다.[12] 많은 신문사가 경영난을 겪기 시작했는데 유럽과 달리 대부분의 방송이 민간 영리 기업이었던 미국에서는 더 심했다. 민영 방송사들이 청취자와 시청자 확대에 매우 공격적이었던 탓이다.

미국에서는 1960년대 이전 수백 개의 신문이 폐간했고, 많은 중소도시에는 하나의 신문만이 남았다. 신문들은 덩치를 키워 방송에 맞섰다. 광고 수주 여건을 개선하려 대대적인 인수합병을 추진했고, 1960년대 말에는 하나의 신문 기업이 여러 신문을 발행하는 '신문 체인Newspaper chain'에 미국 신문의 3분의 1이 속하게 됐다.[13] 이런 인수합병 과정에는 막대한 자금이 동원됐다. 그러자 신문들이 언론의 소명보다 주가나 배당 같은 '주주의 이해', 즉 돈을 우선하게 될 것이라는 사회적 우려가 갈수록 커졌다.

우리 귀에 익숙한 탐사 저널리즘Investigative journalism은 바로, 이런 우려와 방송 뉴스와의 경쟁이라는 두 상황에 대처한 신문들의 전략이었다. '뉴욕 타임스 컴퍼니The New York Times Company'와 '나이트 리더 Knight Ridder' 같은 미국의 대표적 신문 체인들은 뉴스룸에 집중적으로 투자하며, 심층 취재 보도에 뛰어난 언론인들을 고용하는 동시에 적극적으로 뒷받침했다. 이를 통해 나온 많은 탐사 보도물들은 사회를 진일보시켰다.[14]

베트남전 당시 미군의 양민학살을 세상에 알린 '미라이 양민 학살My Lai Massacre 보도'와 리처드 닉슨Richard Nixon 대통령의 사임을 불러온 '워터게이트Watergate 보도'는 널리 알려진 탐사 보도다. 이 밖에도 숱한 탐사 보도물들이 나오며, 20세기 중반 이후 탐사 저널리즘은 신문의 평판과 영향력을 높이고 뉴스 소비자들의 이목을 끈 대표적 상품이었다.[15] 또한, 탐사 저널리즘은 신문뿐만 아니라 통신과 방송 등 전통 언론 전반으로 퍼져나갔고, 여러 나라의 뉴스 공급자들에 의해 모방됐다.

그러나 안타깝게도 지난 세기말 이후 탐사 저널리즘은 쇠퇴의 길에 접어들었다. 이유는 탐사 저널리즘이 등장할 때와 마찬가지로 신문 기업을 둘러싼 경제적 환경의 변화였다. 디지털 시대의 도래로 신문 산업의 성장이 정체되자, 탐사 저널리즘은 언론사 경영자들에게 더 이상 매력적인 투자가 아니었다. 매일매일의 사건이나 정보를 덜 숙련된 기자들이 신속하게 보도하는 게, 탐사 전문 언론인을 고용, 육성하고 장기간에 걸쳐 취재해 보도하는 것보다 훨씬 더 수지타산에 맞는 일이었기 때문이다. 갈수록 높아진 언론의 광고 의존도 역시, 광고주인 대기업의 부조리를 파헤치는 탐사 보도를 꺼리게 했다. 결국 2000년대 들어, 언론학자들은 "탐사 보도는 그 가치에도 불구하고 지속적으로 감소하고 있다"거나,[16] "자유 사회에서 한때 왕성한 언론의 품질 보증 마크와 같았던 탐사 보도는 멸종위기 종의 목록에 있다"고 진단하기에 이르렀다.[17]

『뉴욕 타임스』나 『워싱턴 포스트』, 『가디언the Guardian』 등 세계적인 언론의 일부는 여전히 탐사 보도를 위해 노력하고 있다. 하지만 20세기 후반 수많은 신문과 방송에 유행처럼 번졌던 탐사 보도의 열기는, 이제 지구촌 대부분 지역에서 현저히 식었다. 그러자, 2006년 『위키리크스WikiLeaks』를 시작으로, 미국의 『프로퍼블리카ProPublica』, 프랑스의 『메디아파르트Mediapart』 그리고 2012년 한국의 『뉴스타파 Newstapa』 등 탐사 저널리즘에 특화한 비영리 언론들이 생겨났다. 이처럼, 귀에 익은 비영리 탐사 보도 미디어들의 탄생도 기성 전통 언론의 탐사 보도 약화와 무관하지 않다. 현재 이들 비영리 탐사 보도 언론들은 대부분 안정적으로 활동하고 있지만, 한계 또한 분명히 드러내고 있다. 기부와 후원에 의존하는 재정적 한계로, 기존 영리 뉴스 미디어들이 포기한 탐사 보도의 공백 가운데 극히 일부만을 메우고 있기 때문이다.

뉴스 공급자의 숙명, 적자생존과 도태

뉴스 시장의 지난 역사를 돌이켜보면, 뉴스 소비자들의 뉴스 욕구는 시대와 사회의 변천 속에서도 변함이 없었다. 다만, 미디어 기술과 뉴스의 공급·소비 방식, 그리고 뉴스 시장은 끊임없이 변화해왔다.

뉴스 공급자들은 언제나 이런 변화에서 수동적인 존재였다. 근대 신문을 낳은 인쇄 기술의 혁신, 방송 미디어를 탄생시킨 원격 통신 기술, 인터넷과 소셜 미디어의 시대를 연 디지털 정보통신기술, 그 어느 것의 등장에도 뉴스의 공급자들이 기여한 바는 없다는 얘기다.

유사 이래 뉴스 생산자들은 미디어 기술과 경제적 환경의 변화에 적응하면 살아남고, 적응에 실패하면 역사의 뒤안길로 사라졌다. 디지털·소셜 미디어의 시대에 접어든 뒤에는 지난 세기 대중 미디어의 왕국을 일궜던 신문과 방송의 처지도 다르지 않다. 어떤 뉴스 공급자라도 뉴스 소비자들에게 자신의 존재 이유를 입증하지 못하면, 역사 속으로 사라질 수밖에 없다. 지난 세기의 영화榮華를 잊지 못하는 전통 언론인들은 믿고 싶지 않겠지만 엄연한 현실이다.

　　돌이켜 보면, 전통 언론의 역사는 기껏해야 200여 년에 불과하고, 저널리즘은 신문 초기의 정파적 저널리즘부터 지난 세기의 탐사 저널리즘에 이르기까지 변신을 거듭해왔다. 그리고 지금 우리는 끊임없이 변화하는 기술과 경제적 환경으로 인해, 20~30년 뒤 언론의 모습도 정확히 가늠하지 못한다.

　　요컨대, 저널리즘의 탄생 이후 지금 이 순간까지 다양한 저널리즘이 생겨나고 쇠퇴한 첫 번째 이유는 언제나 언론이 마주한 경제적 환경 때문이었다. 정파적 저널리즘, 프로페셔널 저널리즘, 객관주의 저널리즘, 그리고 탐사 저널리즘에 이르기까지 모든 저널리즘의 명멸은 변화한 뉴스 시장 여건에 적응하기 위해 언론들이 선택한 결과였다. 다만, 나라마다 뉴스 시장 환경이 달랐던 만큼, 각 나라의 언론들이 추구한 저널리즘도 그에 걸맞게 전개됐다.

언론과 민주주의:
아는 게 힘, 모르는 게 약

뉴스로 전해지는 정보는 개인의 생존뿐만 아니라 사회를 유지하는 데도 불가결하다. 공동의 과업을 도모하려면 정보의 공유가 필요하다. 공동체의 의사 결정을 하는 데도 정보는 필수 요소다. 모든 사회 구성원들이 의사 결정의 주체인 민주주의 사회에서는 더욱 그렇다. 따라서 인간과 사회에 의미 있는 정보가 담긴 뉴스는 민주주의 체제를 지탱하는 기본 바탕이다. 민주주의 체제를 작동시키는 사회적 의사소통이 일종의 '신경망'이라면, 이 신경망을 타고 흐르는 대표적인 '신호'가 바로 뉴스인 셈이다.

민주주의를 지키는 뉴스

실제로, 미국의 사회학자 허버트 갠스Herbert Gans는 "민주주의적 프로세스는 오직 시민들이 정보를 얻을 수 있을 때만 의미가 있다······ 저널리즘의 일은 시민들에게 정보를 전하는 일"이라고 말했다.[18]

학자가 아닌 현장의 언론인들도 마찬가지다. 퓰리처상을 두 번이나 수상한 『뉴욕 타임스』의 칼럼니스트 앤서니 루이스Anthony Lewis, 1927~2013는 "민주주의는 시민들이 궁극적인 주권자라는 뜻"이라며 "고대 아테네에서처럼 개인들이 직접 사건을 관찰하고 토론회에서 결정을 내릴 수 없는 오늘날에는, 사람들은 반드시 언론에 의존해야 한다"고 얘기했다.[19] 또 다른 퓰리처상 수상자, 잭 풀러Jack Fuller도 "저널리즘의 가장 중요한 목적은 사람들이 주권자가 되기 위한 정보를 얻을 수 있도록 진실을 말하는 것"이라고 말했다.[20]

뉴스 시장을 연구하는 경제학자들도, 언론은 "(사회 구성원의) 집합적 의사 결정을 가능하게 한다"(지아코모 코르네오Giacomo Corneo)거나,[21] "견제와 균형의 민주주의 시스템"(조셉 스티글리츠Joseph Stiglitz)이라고 얘기한다.[22] 나아가, 언론은 민주주의 사회의 정치적 부패 감소에 영향을 끼치고,[23] "부의 사회적 불평등에도 영향을 끼친다"[24]고 한다.

이들 말고도, 사회와 민주주의를 위한 언론(뉴스)의 구실을 연구한 학자들은 사회과학 전 분야에 걸쳐 셀 수 없을 만큼 많다. 그들 대부분의 결론은 뉴스가 민주주의에 미치는 영향은 지대하며, 뉴스의 공급과 소비 없는 민주주의는 상정할 수 없다는 것이다.

제한적인 언론의 영향

그렇다면, 언론은 사람들의 정치적 의사 결정에 어떤 영향을 미칠까? 일반적으로 사람들은 언론이 사람들의 정치적 선택에 큰 영향을 미친다고 생각한다. 그러나 학자들 사이에서는, 언론이 사람들의 정치적 선택을 근본적으로 바꾸는 데는 한계가 있다는 견해와 특정한 조건 혹은 상대적으로 짧은 기간에는 영향을 끼칠 수 있다는 견해가 공존하고 있다.

언론이 사람들의 생각에 미치는 효과에 대한 연구는 1930년대 라디오가 새로운 대중 미디어로 등장하고 나서 본격화됐다. 20세기 전반기에 이뤄진 여러 연구에선, 뜻밖에도(?) 대중 미디어가 사람들의 생각을 바꾸는 효과가 없거나 있다 해도 그다지 크지 않다는 결과가 많았다. 라디오와 인쇄 미디어는 특정 정당에 대한 사람들의 투표 성향에 미미한 영향을 끼쳤을 뿐이었고,[25] 제2차 세계대전 당시 정치 선전 영화들도 군인과 일반인들을 정치적으로 세뇌하는 데 실패했다[26]는 것이다. 이에 따라 당시의 학자들은 대중 미디어는 사람의 생각을 바꾸기보다는 "사람들이 지닌 애초 생각을 강화한다"고 생각했다.

반면 20세기 후반에는 언론이 뉴스를 '특정한 방식'으로 전할 때는 사람들의 생각에 영향을 끼칠 수 있다는 이론들이 잇달아 등장했다. "어떤 문제에 대한 언론의 보도가 사람들로 하여금 그 문제가 중요하다고 믿게 만든다"는 '의제 설정 이론Agenda setting theory'이 대표적이다.[27] '사람들이 언론에서 다뤄지는 이슈들에 기초하여 정치인들을 평가한다'는 '예열 효과Priming effect'도[28] 유사한 이론이다.

의제 설정 이론만큼이나 널리 알려진 이론으로는 '프레이밍 이론Framing theory'도 있다. 언론이 어떤 사안을 특정한 프레임에 담아 보도함으로써 뉴스를 접하는 시청자나 독자들의 생각에 영향을 준다는 것이다.[29] 예컨대, '코비드Covid 19'로 사회적 거리 두기가 한창일 때, 노동단체나 종교단체의 대규모 거리 집회에 관한 사람들의 생각은 언론이 이를 '집회의 자유'라는 프레임으로 보도하는지, '공공의 안전'이라는 프레임으로 보도하는지에 따라 달라질 수 있다는 것이다.

이처럼, 20세기에 나온 이들 이론을 종합하면, "(언론이) 사람들에게 '무엇을' 생각하라고 말하는 것은 그다지 효과적이지 않지만, '무엇에 대해' 생각할지에 대해선 놀랄 만큼 효과적"이라는 것이었다.[30]

민주주의를 위협하는 뉴스

공동체와 민주주의를 위해 사회 구성원들에게 알려지는 뉴스(정보)와 관련해, 가장 널리 받아들여지는 주장은 위정자들에 대한 '더 많은 정보'가 사람들에게 알려질수록 좋다는 것이다. 일반인은 물론 많은 학자나 언론인들도 공감하는 얘기다. 이 견해를 뒷받침하는 대표적 학자가 노벨 경제학상을 수상한 벵트 홀름스트룀Bengt Holmstrom이다. 그에 따르면 "주인이 자신을 위해 일하는 대리인에 관한 정보를 더 많이 알수록, 주인의 이익은 늘릴 수 있고, 대리인이 얻을 수 있는 이익은 줄게 된다."[31] 여기서, 주인과 대리인은 기업에서는 주주와 경영자, 민주주의 정치에서는 유권자와 정치인 혹은 정부라고 할 수 있다.

그렇다면 더 많은 정보는 사람들에게 '무조건' 바람직할까? 경제학자들의 의견은 꼭 그렇지 않다. 먼저, 정부나 정치인의 행위에 따른 '결과'가 알려지는 것은 언제나 유익하다. 선거를 통한 선택의 준거가 되기 때문이다. 하지만, 아직 과정 중에 있기 때문에 그 '결과를 알 수 없는' 정치인의 행위가 알려지는 것은 그렇지 않다.[32] 이를테면, 어떤 정치인이 전쟁을 시작할 합리적 이유가 부족할 때도 적성국과 전쟁을 일으켜 승전보를 대중에게 전하려 들 경우가 그렇다. 이때 유권자들은 수많은 인명 피해나 "무모한 전쟁이었다"는 행위(전쟁)의 결과는 확인하지 못한 채, '승전 소식' 같은 과정 중의 행위만 접하게 된다. 이런 상황은 유권자들이 문제의 정치인을 유능한 인물로 보게 할 수 있다. 특히, 그 정치인의 행위가 낳은 최종 결과가 부정적일 때도, 그 결과가 알려지기 전에 선거가 치러진다면 그는 유권자의 표심을 얻어 정치적 이득을 챙길 수 있다.

대표적 예는 미국이 벌인 1964년 베트남 전쟁과 2003년 이라크 전쟁이다. 전쟁의 구실은 각각 북베트남이 통킹만Gulf of Tonkin에서 미 해군을 공격했다는 것과 이라크가 화학무기를 보유하고 있다는 것이었다. 두 경우 모두 전쟁의 구실은 사실이 아닌 것으로 나중에 드러났다. 당시 미국 정부는 근거가 크게 부족했음에도 서둘러 발표하며 전쟁을 일으켰고, 참혹한 최종 결과가 나오기까지 승전보를 쏟아냈다. 그리고 언론은 이를 대중에게 널리 전했다. 그 결과, 린든 존슨과 조지 W. 부시 대통령은 모두 전쟁을 일으킨 뒤 얼마 지나지 않아 치러진 선거에서 재선에 성공했다.[33] 만약, 통킹만 사건이나 이라크의 화학무기 보유가 진실이 아닐 가능성을 유권자들이 알았거나 참혹한 전쟁의 참상 같은 행위(전쟁)의 결과를 유권자들이 알았다면, 사정은 달라졌을 것이다. 따라서 이런 정보를 유권자들이 모르는 상황에서는, '행위의 결과'가 아닌 '과정 중에 있는 행위'가 사람들에게 알려지는 것은 바람직하지 않다.

사실, 정치인들이 '명백하게 확인되지 않은 정보'를 기정사실인 것처럼 대중에 알려, 자신들의 정치적 이익을 도모하는 일은 다반사다. 같은 맥락에서, 검찰이나 경찰 같은 수사·기소 기관이 유무죄가 확정되지 않은, 혹은 기소조차 되지 않은 피의사실을 언론에 흘리고, 언론은 이를 앞다퉈 보도하는 일도 흔하다. 이를 통해 정치인이나 검찰·경찰은 정치적 이득을 얻는다.

사람들이 무조건 더 많은 정보를 접하는 일이 마냥 반길 일은 아니라는 것이다. 행위의 결과가 아닌 과정 중의 행위는 사회와 민주주의에 해로울 수 있기 때문이다. 따라서, 정치인이나 정부 기관이 정치적 이득을 노리고 공개한 '과정 중의 행위나 정보'를 언론이 검증 없이 보도하는 것도 사회에 해를 끼칠 수 있다.

결론적으로, 뉴스와 언론은 사람들의 생각을 바꾸기는 쉽지 않다. 하지만, 사람들이 무엇인가에 대해 더 생각하게 하는 방식으로 영향을 끼칠 수는 있다. 또 민주주의를 위해서는 일반적으로 정보가 많을수록 좋다. 그러나 아직 결과가 나오지 않은, 과정에 있는 정치인이나 정부 기관의 행위가 알려지는 것은 되레 민주주의에 유해할 수도 있다.

4장

뉴스의
이상과 현실

사람들은 흔히 삶과 사회를 건강하게 하는 뉴스와 대중의 호기심을 자극하는 선정적인 뉴스를 구분한다. 마치 몸에 이로운 '건강식품'과 해로운 '불량 식품'을 구분하듯이 말이다. '불량 언론'을 얘기할 때의 가장 흔한 잣대는 사회 윤리다. 인간의 말초적 감성을 유혹하는 범죄·괴기사건·성 추문 등을 선정적으로 보도하는 황색 언론이 대표적 예다. 그러나 사람들은 선정적이고 자극적인 뉴스를 비판하면서도, 그런 뉴스에 눈과 귀를 연다. 말과 행동이 다른 것이다. 이유는 선정적이고 자극적인 뉴스들이 인간의 본능을 충족시키는 까닭이다. 따라서, 인간의 본능을 바꿀 수 없다면, 사람들의 선정적인 뉴스 소비도 없어지지 않는다.

건강한 언론과 불량한 언론을 구분하는 또 다른 잣대는 사람들이 제각기 지닌 생각과 경험이다. 사람들은 저마다 지닌 확증 편향에 부합하지 않는 뉴스도 '불량 식품'처럼 여긴다. 예를 들어, 매우 강한 종교적 신념을 가진 이들에게는 해당 종교의 교리를 부정하는 언론이, 정치적 편향이 강한 이들에게는 자신의 정치적 견해에 비우호적인 언론은 황색 언론보다 더한 '불량 언론'이다. 즉, 사람들은 한편으로는 객관적 진실을 원하지만, 다른 한편으로는 자신의 신념이나 생각에 부합하는 보도를 원한다. 이런 이율배반적 뉴스 욕망은 인간이 이성과 본능을 동시에 지닌 존재라는 사실에서 비롯된다. 이성은 논리적이고 신중한 사고를, 본능은 직관적이고 즉각적인 반응을 낳는다.

이런 두 특성은 인간이 원하는 뉴스에 반영된다. 뉴스 공급자들도 뉴스 소비자인 인간의 이런 두 욕구를 잘 알기 때문이다. 현실을 이치에 맞게 객관적으로 전하는 뉴스와 더불어, 선정적이고 자극적인 뉴스, 정파적 편향을 지닌 뉴스들이 끊임없이 등장하는 이유다.

따라서, '…해야 한다'는 당위를 아무리 강조해도, 인간의 타고난 본성에 기인하는 이런 현실을 바꾸는 것은 불가능하다. 되레 당위를 강조하다 현실을 바로 보지 못하는 우를 범하기 십상이다. 현실을 바로 보지 않는다면, 현실에 대한 이해의 폭과 깊이도 작아질 수밖에 없다. 게다가 뒤에서 언급하겠지만, 선정적 연성 뉴스도 때로는 그 어떤 경성 뉴스보다 큰 사회적 파장을 낳는다. 선정적 뉴스가 모두 불필요하거나 사회적 해악을 낳는다고만 여길 일도 아니라는 것이다.

뉴스와 언론을 이해하는 데는 인간의 이성과 본능, 또 이 두 가지가 투영된 모든 뉴스가 중요하다. 또한 뉴스의 '이상'만이 아니라 '현실'도 직시해야 한다. 그 현실이 바꿀 수 없는 인간의 본성에 기인한 것이라면, 더욱 그렇다. 지금부터 뉴스의 현실을 있는 그대로 확인해보자.

이율배반적
뉴스 욕망

진실 보도 vs 편향적 보도

사람들은 누구나 신뢰할 수 있는 뉴스를 원한다. 그렇다면, 어떤 뉴스를 신뢰할까? 언론을 연구하는 학자들에 따르면, 사람들은 자신의 경험과 가치관, 즉 확증 편향에 부합하는 뉴스일수록 더 진실하다고 믿는다.

실제로, 사람들이 자신의 확증 편향에 일치하는 뉴스를 더 신뢰한다는 연구 결과는 심리학과 미디어 연구에서 여러 차례 반복적으로 입증됐다. 이들 연구에 따르면, 사람들은 자신이 지지하는 정치적 입장에 부합하는 뉴스를 더 신뢰했고, 반대일 때는 신뢰도가 급격히 떨어졌다.[1] 특히 극단적인 정치 성향을 가진 사람일수록 자신의 편견을 강화하는 뉴스를 더 신뢰하는 반면, 중립적이거나 상반된 정보는 신뢰하지 않거나 무시하는 경향이 컸다.[2] 이는 소셜 미디어에서 뉴스와 의견을 소비할 때도 마찬가지였다.[3]

이런 경향은 뉴스의 진실 여부와 관계없이, 사람들이 자신의 생각에 부합하는 뉴스일수록, 더 신뢰하고 더 많이 소비하는 결과를 낳는다.[4] 특히 자신의 확증 편향에 부합할수록, 공정성이나 균형, 객관성 같은 규범이 제대로 지켜진 뉴스인지 여부에는 무관심해진다. 말로는 언론을 향해 '진실'을 요구하지만, 실제로는 '내 생각과 같은 뉴스'를

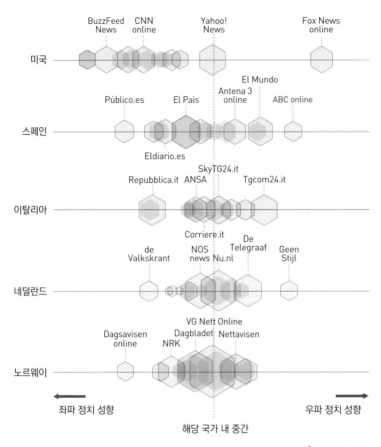

[그림 3] 각 나라의 뉴스 미디어와 소비자의 정치적 편향.[5]

출처: Reuters Institute for the Study of Journalism, Digital News Report 2017.
자료에 기반해 시각적으로 재구성함. 육각형의 부피는 온라인 뉴스 시장에서 해당 미디어가 차지하는 점유율.

기대하는 것이다. 그리고 언론은 이를 의식하며 뉴스를 내놓는다.

이런 모습은 언제 어디서나 마찬가지다. 진보 성향과 보수 성향의 사람들이 있고, 이를 반영하는 좌파와 우파 언론이 존재하는 이유

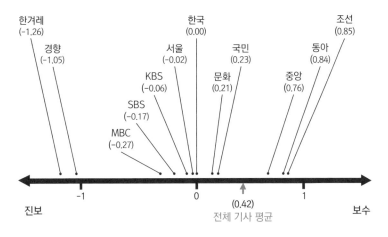

한겨레
(-1.26)

경향
(-1.05)

한국
(0.00)

조선
(0.85)

서울
(-0.02)

국민
(0.23)

동아
(0.84)

KBS
(-0.06)

문화
(0.21)

중앙
(0.76)

SBS
(-0.17)

MBC
(-0.27)

진보   -1   0   (0.42)   1   보수
                                                  전체 기사 평균

[그림 4] 한국 언론의 정치적 편향[6]

출처: 최선규 외 (2012)

도 그 때문이다. 단지, 정치적 양극화나 사람들의 뉴스 소비 태도에 따라 나라마다 차이가 있을 뿐이다. 〈그림 3〉은 2017년 미국과 영국, 노르웨이, 〈그림 4〉는 2012년 한국의 실례다.

이성과 본능

사람들이 뉴스를 신뢰하는 데는 다른 요인들도 있다. 이성적 인식에 부합해야 한다는 것이다. 이 또한 많은 연구를 통해 확인됐다. 대표적 연구 결과들을 보면, 사람들은 뉴스에 객관적 사실과 명확한 데이터가 담기고, 논리적이고 이성적으로 쓰인 기사일수록 더 신뢰했다. 반대로, 과도한 감정적 표현이나 의견이 섞인 뉴스는 상대적으로 덜 신뢰했다.[7] 즉, 사람들은 이성에 부합하는 정연한 논리로 작성된 뉴스일수록 더 신뢰한다. 심층적인 내용, 객관적인 데이터와 시각적 자료, 다양한 관점의 제공 등도 뉴스 소비자의 이성적 인식에 부합하기 위해 뉴스가 지녀야 할 요소들이다.

그렇다면 사람들은 확증 편향에 부합하는 뉴스와 이성적 인식에 부합하는 뉴스 사이에서 어떤 선택을 할까? 상황에 따라 이 두 가지 요인이 충돌할 수 있는데, 사람들은 저마다의 판단을 통해 자신에게 효용이 더 큰 뉴스를 선택하게 된다. 이를테면, 같은 정치적 편향을 지닌 뉴스들이라면 이성적 인식에 더 부합하는 뉴스를 더 선택한다. 반대로, 이성적으로 인식할 때 같은 수준으로 작성된 뉴스라면, 자신의 편향에 부합하는 뉴스를 '더 낫다'고 여긴다.

뿐만 아니라, 사람들은 신뢰와 상관없이 본능적으로 끌리는 뉴스나 정보 콘텐츠에도 눈길을 보낸다. 콘텐츠의 '내용'을 기준으로 보자면, '사람들의 눈과 귀를 즐겁게 하는 오락물', '불륜에 관한 뉴스', '성적 콘텐츠' 같은 경우가 그런 예다. 물론, 이런 뉴스와 콘텐츠에 대해 드러내놓고 호의적 반응을 보이는 사람은 많지 않다. 그러나 따분한 경제 뉴스보다 유명인의 불륜에 관한 뉴스에 먼저 눈이 가는 게 인지상정이다. 뉴스와 정보가 인간의 본능적 욕구를 얼마나 만족시키느냐는, 사회 윤리나 도덕 감정 뒤에 숨어 있는 사람들의 무의식적인 뉴스 소비 기준이기 때문이다.

콘텐츠의 '형식', 즉 어떤 미디어를 통해 콘텐츠를 전하느냐도 중요하다. 미디어는 인간의 감각 본능과 직접 연결되어 있기 때문이다. 이를테면, 사람들에게는 텍스트보다는 생생한 음성을, 음성보다는 말과 표정을 함께 듣고 볼 수 있는 콘텐츠가 더 낫다. 춤추고 노래하는 가수의 공연이라면 더 말할 나위도 없다. 뉴스도 마찬가지다. 같은 내용이라면, 텍스트로 읽는 것보다 동영상으로 듣고 보는 게 낫다. 사람들의 정보 콘텐츠 소비가 신문에서 라디오를 거쳐 텔레비전, 유튜브나 틱톡 같은 영상으로 급격히 이동해온 이유도 그 때문이다. 다양한 감각을 통해 인식할 수 있는 정보는 주어진 시공간에 담긴 정보량이 더 많다. 달리 얘기해, '정보 밀도information density'가 높다. 텍스트보다는 음성, 음성보다는 영상, 단순한 영상보다는 3차원 영상, 가상 현실VR 영상, 홀로그램hologram의 정보 밀도가 높고, 사람들은 정보 밀도가 높은 콘텐츠를 선호한다.

디지털 시대에는 인간의 여러 감각을 만족시키며 현실감을 비약적으로 개선하는 '실감實感 미디어'들이 등장하고 있다. 이런 미디어들은 이성보다는 감각과 본능에 소구하는 콘텐츠를 전할 때 훨씬 더 효과적이다. 인간이 오락을 얻는 데는 시각과 청각 등 감각 기관이 중요한 까닭이다. 따라서, 뉴스나 정보 콘텐츠의 공급자들이 새로운 미디어 기술로 감각적 요소를 강화하는 것은 막을 수 없는 일이다.

정리하자면, 사람들은 '진실'과 함께 '자신의 편향에 부합하는 뉴스'를 원한다. 그러나 사람들의 확증 편향이 진실과 일치하지 않는 한, 둘 다를 전하는 것은 불가능하다. 또한 사람들은 이성을 만족시키는 뉴스를 원하는 동시에 본능에 부합하는 뉴스도 원한다. 하지만, 이성과 본능을 둘 다 만족시키기도 쉽지 않다. 뉴스나 정보에 대한 인간의 욕망은 이처럼 모순적이다. 특히, 미디어 기술은 인간의 감각적 만족을 극대화하는 방향으로 발전해왔고, 이런 흐름은 앞으로도 변화할 리 없다. 따라서 감각 본능을 자극하는 콘텐츠도 계속해 증가할 것이다.

사람들은 뉴스나 정보와 관련해 원하는 게 너무 많다. 많을 뿐더러 이율배반적이다. '~해야 한다'는 당위나 이상에만 초점을 두고 언론을 이해하기에는, 인간과 언론의 현실은 너무나 복잡다단하다.

한국에서 가장 많이
소비되는 뉴스

한국기자협회의 기관지인 『기자협회보』는 2022년 2월, 그 전해인 2021년 1월 1일부터 12월 31일까지 네이버에서 읽힌 주요 언론사의 뉴스 51만 건을 분석한 결과를 전했다.[8] 이를 보면 페이지 뷰 page view(PV) 상위권 50위 내 기사 대다수는 연예인·셀럽 관련 사건·사고, 온라인 커뮤니티발 논란, 선정적이거나 성적인 코드가 담긴 뉴스였다.

당시 한 해 동안 가장 많이 본 뉴스 1위는 축구 전 국가대표 선수의 근황을 전한 "이혼 후 '자연인' 된 송종국, 해발 1000m 산속서 약초 캔다"(2,131,088PV), 2위는 "대구 상간녀 결혼식 습격 사건……스와핑 폭로 논란'(1,955,197PV)이었다. "이게 웬 신음소리? 여기자, 방송 중 성관계 생생 전파"라는 제목의 기사는 180만 회 가까운 PV로 6

위에 올랐다. 이 밖에도 순위 10위에 든 뉴스들은 170만여 회 이상의 PV를 기록했고 대부분 매우 선정적 뉴스들이었다. PV 상위 50위 내 기사 대부분이 이런 식이었다. 특히, 이런 뉴스들의 생산은 한국의 유력 일간지들과 주요 경제지들이 주도했다.

물론, 이런 결과가 조사 대상이었던 언론사들이 이런 보도만 내놓았다는 의미는 아니다. '좋은 뉴스'가 있어도 뉴스 소비자들이 '저질·연성 뉴스'만 더 많이 본 결과일 수 있기 때문이다. 실제로『기자협회보』는 "깊이 있는 기획·탐사 보도가 올라와도, 뉴스 소비자들에게는 외면받기 일쑤"라고 전했다. 또 그 이유는 "'좋은 뉴스'가 있어도 이용자들의 소비습관은 '안 좋은 뉴스'를 많이 읽는 식으로 형성이 됐기 때문"이라고 해석했다. 하지만, 앞서 설명했듯이, 사람들의 뉴스 소비 행태는 근래에 형성된 습관이 아니라 근본적으로는 인간의 본성에 연유한다.

실제로, 이런 경향은 새로운 게 아니다.『기자협회보』가 그 전해인 2020년 1월 1일부터 10월 19일까지 네이버에서 '많이 본 뉴스' PV 점유율 상위 10개 언론사 뉴스 10건씩, 모두 100여 건을 분석한 결과도 2021년의 판박이었다.[9] 당시에도 연예인이나 셀럽과 관련된 근황, 논란, 발언, 사건 사고 등을 다루는 뉴스가 많았고, 또 많이 읽혔으며, "다분히 조회 수(PV)만을 의도해 생산한 뉴스가 실제로도 다수 PV를 얻으며 공론장 전반이 연성화·저질화된 뉴스들로 가득 채워지고" 있었다.

특히 '많이 본 뉴스'에서 '세계(국제뉴스)' 영역은 '세상에 이런 일이' 류의 아이템이 대다수 순위를 차지하며 이런 문제가 가장 극심한 경우였다. 조사 대상 기간 중 국제뉴스를 다루는 '세계' 카테고리 PV 상위 10개 뉴스 중 8개를 생산한『중앙일보』기사들의 제목을 보면, "백악관 마비시킨 힉스, 트럼프 수양딸 불리는 모델 출신 88년생", "마스크 안 썼다고 악플, 리얼리티쇼 여성 연예인 극단 선택", "삼촌에

막을 수 없는
선정적 뉴스의 물길

포털의 '실시간 검색어(실검)' 서비스는, 실시간으로 검색량이 급증한 검색어 순위를 보여주는 서비스였다. 따라서 실검은 그 시점에서 사람들의 관심사를 보여주는 척도였다. 동시에 PV(페이지 뷰) 경쟁을 하는 언론사들에게 어떤 뉴스를 생산해 공급할지를 정하는 기준이기도 했다.

실검 서비스는 2021년 2월 중단됐다. 여론 조작이나 마케팅에 악용된다는 지적이 잇따른 탓이었다. 이후 PV 경쟁을 하던 언론들은 어떻게 변했을까? 결과는 '세상에 이런 일이' 류의 해외 토픽과 온라인 커뮤니티발 보도의 급증이었다.

이를테면, 2021년 6월 『기자협회보』에 따르면, 실검 서비스가 중단된 그해 상반기에 국내 언론이 영국의 대표적 황색 언론인 『데일리 메일Daily Mail』을 인용한 보도는 1,321건으로, 전년 동기보다 1.7배나 늘었다. 내용도 영국이 아닌 미국, 인도, 우크라이나 등에서 일어난 일에 관한 뉴스가 대부분이었다는 것이다. 커뮤니티발 보도도 같은 기간 1만 1,821건으로 전년 동기의 1.4배 이상으로 증가했다.[10] 실검에 오르는 이슈로 PV 경쟁을 할 수 없게 된 언론들이 또 다른 선정적 뉴스 보도에 몰두한 것이다.

성폭행당한 10세 소녀, 낙태 수술장 앞서 가로막혔다", "성행위 중 몰래 콘돔 뺐다……佛 외교관 고발당한 '스텔싱'이란", "구찌가 상속녀, 6살 때부터 계부가 성적 학대……친모가 감췄다" 등이었다. 하지만 『기자협회보』의 지적대로, 이 기사들이 그해 우리 공동체에 가장 중요한 국제뉴스였을 리는 만무했다.

수많은 뉴스가 있었지만, 이처럼 가장 많이 읽힌 뉴스들은 대다수가 연예인이나 셀럽 관련 논란, 자극적인 선정적 기사, 온라인 커뮤니티발 기사였다. 그럼에도 꼭 기억해 둘 것이 있다. 한국이든 지구촌의 어느 사회이든 선정적 뉴스의 생산과 소비를 막을 수는 없다는 점이다. 선정적 뉴스는 어떻게 하든 빈틈을 찾아, 언제나 일정 수준 이상의 유량으로 흐르는 물과 같기 때문이다.

경성 뉴스hard news VS 연성 뉴스soft news

일반인들이나 언론인들은 흔히 '딱딱한 사실 위주의 뉴스'와 '인간적 흥미를 자극하는 선정적 뉴스'를 구분한다. 각기 삶에 필수적인 정보가 담긴 뉴스와 속물근성을 자극하는 뉴스다. 보통 전자는 '경성 뉴스hard news', 후자는 '연성 뉴스soft news'라고 부른다.

이런 구분에는 뉴스에 대한 사람들의 엇갈리는 욕구와 기대가 반영되어 있다. 경성 뉴스는 주로 사람들의 이성적 욕구에 부응하고, 연성 뉴스는 본능(감성)적 욕구에 호응하기 때문이다. 인간으로부터 이성과 본능을 떼어낼 수 없듯이 두 유형의 뉴스도 모두, 언제 어디서나 인간과 동행해왔다.

먼저 연성 뉴스는 일반적으로 '정보information'와 '오락entertainment' 사이의 경계가 흐린 뉴스다. 앞 장에서 언급한 '다른 이의 아내와 정을 통하고 있는 사람'이나 '빗물 통에 빠진 사람'에 관한 뉴스처럼 인간적 흥미를 유발하거나 오락적 요소가 강한 뉴스다. 이런 까닭에 연성 뉴스는 흔히 정보와 오락의 합성어인 '인포테인먼트infotainment'로 불리기도 한다.

반면 경성 뉴스는 개별 인간들의 삶과 사회적 의사 결정에 필요한 사안을 다루는 실용적인 뉴스다. 일반적으로 정치, 경제, 국제관계, 복지 등을 다루는 뉴스다. 생존을 위협하는 소식이나 삶을 이어가는 데 필요한 뉴스다. 특히, 사람들은 경성 뉴스를 통해 사회적 의사 결정이 필요한 현안에 대한 자신의 견해를 갖게 된다. 또 이를 기반으로 전개되는 공동체 구성원들의 토론이나 의견 교환은 사회적 여론을 형성하고 민주적 의사 결정의 원동력이 된다.

따라서, 연성 뉴스는 개인의 호기심을 충족하는 데 그치는 경우가 대부분이지만, 경성 뉴스는 사람들에게 사회 구성원으로서 의사 결정을 하는 데 필요한 정보를 제공한다. 이 때문에 사람의 본능을 자극하고 흥미를 유발하는 연성 뉴스를 다루는 언론은 '황색 언론yellow paper', 경성 뉴스를 주로 다루는 언론은 '고품질 언론quality paper'으로 불린다.

연성 뉴스와 황색 언론은 어느 시대에나 곱지 않은 시선을 받아왔다. 하지만 그 존재감이 줄어든 적은 없다. 많은 사람이 황색 언론에 눈살을 찌푸리지만, 그들 또한 선정적인 연성 뉴스에 끌리는 인간의 본능에서 자유롭지 않기 때문이다. 실제로 연성 뉴스는 인류가 생겨난 이래 경성 뉴스 이상으로 뉴스 소비자의 눈과 귀를 사로잡아왔다. 또 앞으로도 여전할 것이라는 데에는 의심의 여지가 없다.

이와 관련해 네덜란드 암스텔담대학의 미디어 사회학자 마크 부크스Mark Boukes와 렌스 블리겐사르트Rens Vliegenthart는 흥미로운 사실을 발견했다. 연성 뉴스와 경성 뉴스의 소비를 통해 인간이 얻는 즐거움을 비교했더니, 일반적으로, 연성 뉴스는 인간의 행복감을 증진시키고 경성 뉴스는 그 반대였다는 것이다.[11] 이는 사람들의 뉴스 소비를 논할 때도 윤리나 도덕의 관점이 아니라, 인간에 관한 좀 더 객관적 시각이 필요하다는 것을 시사한다.

인간의 본능과 이에 따른 뉴스의 본성을 생각하면, 미디어 기술이 발전할수록 오락물이나 연성 뉴스의 증가와 뉴스의 연성화는 불가항력적이라 할 수 있다. 그럼에도 연성 뉴스의 문제에 눈을 돌린 많은 이가 오랜 기간 '연성 뉴스'의 소비 증가 혹은 '뉴스의 연성화'를 우려해왔다. 인간과 사회의 발전을 위해서는 경성 뉴스의 소비가 늘어나는 게 이상적이고, 그럴수록 인간과 사회는 모두 다 합리적인 의사 결정을 내릴 수 있기 때문이다.

언론학자 대부분은 말할 나위가 없고, 민주주의를 경제학으로 설명해 낸 앤서니 다운스나 미국의 대표적 법경제학자 리처드 포스너 Richard Posner 등 많은 경제학자도 모두 "경성 뉴스를 접할 때 사회적 이

득이 크다"고 말한다.[12] 사람들이 사회적으로 가장 좋은 의사 결정을
하는 데는 오락물보다는 뉴스를 보는 게 낫고, 뉴스 중에서도 자동차
추격전이나 유명인의 추문 같은 연성 뉴스보다는 정치적으로 유의미
한 경성 뉴스를 소비하는 게 낫다는 것이다.[13]

　반대로, 연성 뉴스에 대해서는 예나 지금이나 우려의 목소리가
크다. "연성 뉴스가 공적 사안들과 정치에 관한 대중의 관심과 정보를
감소시켜 민주주의의 토대를 약화시킨다"는 것이다.[14] 만약 이 학자들

잠깐!

언론의 경쟁과
연성 뉴스

경제학자들은 대체적으로 언론의 경쟁이 심해질수록 공익성이 큰 경성 뉴스의
공급은 줄고 연성 뉴스는 증가한다고 말한다.[15] 경성 뉴스는 연성 뉴스보다 사
회적 효용이 크지만, 사람들은 본능적으로 경성 뉴스보다 연성 뉴스를 더 선호
하는 경향이 있다. 이 때문에, 뉴스의 공급자들은 경쟁이 심해질수록 경성 뉴스
보다 여흥과 즐거움을 주는 연성 뉴스를 더 생산하게 된다는 것이다.

이런 이론적 예측은 실증적 연구로도 확인되었다. 1980년대 미국에서 텔레비
전 방송사 간 경쟁이 심화하자, 텔레비전 방송에서 대표적인 경성 뉴스인 정치
뉴스가 감소했다. 치열한 경쟁을 벌이는 미국의 민영 방송들은 경쟁에 덜 얽매
이는 영국의 공영 방송 BBC에 비해 경성 뉴스가 적었다.[16] 1944~2014년 프
랑스의 신문 시장에 관한 연구 결과에서도 경쟁(신문의 수)이 증가했을 때, 신문
당 저널리스트의 숫자와 기사 생산 건수, 경성 뉴스가 모두 감소했으며, 이는
결국 선거 투표율의 하락으로 이어졌다.[17]

의 주장처럼 연성 뉴스의 소비 증가가 경성 뉴스의 실질적인 소비 감소로 이어진다면, 이런 우려는 가볍지 않다. 사회적 차원에서도 우려할 일이지만, 개인의 삶을 위해서도, 실용적 뉴스의 소비가 줄고 오락적 요소가 강한 뉴스의 소비가 느는 것은 바람직하지 않기 때문이다.

선정적 연성 뉴스의
힘도 세다

그렇다면, 연성 뉴스는 그저 사람들의 흥미를 만족시키는 데 그칠 뿐, 인간의 삶과 사회의 유지엔 그다지 중요하지 않은 걸까? 또 사람들이 꼭 필요한 뉴스를 덜 보게 만들어 민주주의의 토대를 약화시킬까? 독자 대부분은 '그럴 것'이라고 생각할 듯하다. 하지만 이런 단정적 판단은 잠시 유보하고 차분히 생각해 볼 필요가 있다.

우선 사람들이 경성 뉴스를 더 많이 소비할수록 사회의 의사 결정이 더 합리적이 될 것이라는 점은 의심의 여지가 없다. 그렇지만 경성 뉴스가 사회적으로 더 의미 있다는 말이 곧 연성 뉴스는 '사회악'이라거나 민주 사회의 의사 결정에 아무런 영향을 끼치지 못한다거나, 혹은 항상 해롭다는 뜻으로 이해할 일은 아니다. 연성 뉴스가 사람들을 흥미와 오락에만 빠져들게 한다는 일반적 통념과는 달리, 때로는 그 구실이 단순하지만은 않기 때문이다.

실제로, 예나 지금이나 연성 뉴스가 사회의 정치적 의사 결정에 큰 영향을 끼치는 경우도 흔하다. 어떤 때는 한 사회를 완전히 뒤흔들어 놓기도 한다. 나라 안팎의 예를 한번 보자.

대선 후보와 그의 연인

프랑스의 대표적 대중 주간지 『파리마치Paris-Match』는 2021년 9월 22일, 그해 말 대통령 선거 출마가 확실시되던 63살 유부남 정치인 에리크 제무르Éric Zemmour와 28살인 그의 미혼 보좌관 사라 크나포Sarah Knafo가 해변에서 밀회를 즐기는 장면을 표지 사진으로 보도했다.

프랑스 대선 후보 제무르와 보좌관 크나포가 해변에서 둘만의 시간을 갖고 있는 장면을 보도한 2021년 9월 22일치 『파리마치Paris Match』의 표지. 이 뉴스는 한국에서도 『조선일보』의 많이 본 뉴스 5위에 올랐다(오른쪽).

보도가 나오자, 곧바로 정치인의 사생활은 어디까지 보호해야 하느냐는 논란이 벌어졌다. 당사자인 제무르는 강력히 반발했지만, 이 보도는 프랑스는 말할 것도 없고 전 세계의 관심사가 됐다. 한국에서도 『조선일보』에 주요 기사로 보도됐을 뿐 아니라 '많이 본 뉴스'에서도 앞자리에 올랐을 정도였다.

이 보도는 순도 100퍼센트에 가까운 선정적 연성 뉴스였지만, 이 뉴스가 한 국가의 가장 중요한 의사 결정인 대통령 선거에 영향을 끼치지 않을 것이라고는 누구도 단언하기 어렵다. 사실 유사한 일은 지구촌 전역에서 모든 종류의 뉴스 미디어를 막론하고 일상적으로 벌어진다.

보건부 장관의 정사

이번에는 영국이다. 2021년 6월 25일 영국의 대표적 황색 언론인 『더 선The Sun』은 매트 헨콕Matt Hencock 보건부 장관이 사무실에서 자신의 보좌관 지나 콜라단젤로Gina Coladangelo와 진한 입맞춤을 나누는 장면을 CCTV 영상과 함께 보도했다.[18] 유부남인 헨콕 장관이 역시 유부녀였던 부하 직원과 나눈 은밀한 정사를 노골적으로 드러낸 뉴스였다.

보도가 나오자 헨콕이나 영국 정부는 사생활 영역이라며 영상 유출 경위를 문제시했다. 그러나 헨콕은 당시 코비드 19 방역의 주무 장관이었다. 지극히 자극적인 사진과 영상으로 대중의 폭발적 관심을

매트 헨콕 영국 보건부 장관과 부하 직원의 사무실 정사 장면을 실은 〈더 선〉의 표지(왼쪽).
이후 헨콕의 사임 소식을 전한 표지(오른쪽).

촉발한 선정적 뉴스는, 둘의 진한 입맞춤이 '사회적 거리 두기' 위반이라는 경성 뉴스이기도 했다. 결국 헨콕은 급격히 악화한 여론에 사과했고, 장관직에서 물러나야 했다.

그뿐만이 아니었다. 일국의 장관 사무실에 설치된 보안 카메라의 영상이 손쉽게 공개된 것도 사람들에게는 충격이었다. 영국 정부의 허술한 보안 시스템도 사회적 이슈로 떠올라 정부청사를 포함한 정부 시설 전반에 대한 보안 점검과 개선 작업이 이어졌다.

영국은 물론 한국에서도 다루지 않은 언론이 없었다고 할 만큼 세계적인 이목을 끈 이 뉴스는 연성 뉴스와 경성 뉴스의 경계가 무엇인지 다시 한번 생각하게 해준 뉴스였다. 또한 경성 뉴스의 요소를 갖춘 연성 뉴스의 폭발력을 보여주는 실례 중 하나다.

클린턴과 르윈스키의 추문

　파괴력이 가장 큰 연성 뉴스는, 연성 뉴스로 보도된 사안들이 경성 뉴스로 확대, 발전을 거듭할 때다. 선정적이기 그지없는 공직자의 성 추문 의혹 보도로 촉발된 대중의 관심이 '공직자의 정직함' 같은 사안으로 발전하는 경우다.

　1998년 1월 17일, 미국 인터넷 뉴스 미디어 『드러지 리포트Drudge Report』는 대통령 빌 클린턴과 백악관 인턴 직원 모니카 르윈스키의 성추문을 보도했다. 당시 클린턴은 52살, 르윈스키는 25살이었다. 뉴스의 주인공이 미국의 대통령이었던 터라, 뉴스는 미국인은 물론 전 세계인의 관심을 불러일으켰고, 전 세계의 언론이 보도 대열에 동참했다.

　추문의 파장이 걷잡을 수 없이 커지자, 클린턴은 『드러지 리포트』의 첫 보도가 나온 지 9일만인 1월 26일 백악관에서 전국에 생중계되는 TV 카메라 앞에 섰다. 그리고 그는 "르윈스키와 성관계를 맺지 않았다"며 추문을 부인했다. 그러나 일은 거기서 끝나지 않았다. 클린턴의 말을 믿지 않았던 특별 검사가 르윈스키를 회유했고, 르윈스키는 클린턴의 정액이 묻은 파란색 드레스를 검사에게 넘겼다. 결국, 클린턴은 첫 보도가 나온 지 7개월

빌 클린턴과
모니카 르윈스키

만인 1998년 8월 17일, 6,760만 명의 미국인이 시청한 생중계 카메라 앞에 다시 섰다. 클린턴은 이번에는 르윈스키와 "부적절한 신체적 관계Improper physical relationship"가 있었다고 밝히며 사과했다.

그러자 미국 하원은 그해 10월 5일 '사법 방해'와 '위증'의 중대 범죄를 저질렀다며 클린턴에 대한 탄핵안을 발의해 12월 19일 통과시켰다. 현직 대통령 탄핵안의 하원 통과는 미국 헌정 사상 두 번째였다. 탄핵안은 이듬해 2월 12일 상원에서 극적으로 부결됐지만,[19] 첫 보도 이후 1년여 동안 미국 사회가 치른 정치적 갈등과 알력은 심대했다.

첫 시작은 성과 사생활을 다룬 지극히 자극적이었던 연성 뉴스였다. 하지만, 이 뉴스는 대통령의 거짓말 논란을 촉발하며 대통령 탄핵이라는 미국의 정치사에서도 유례가 드문 사건으로 이어진 것이다. 클린턴-르윈스키 추문 보도는 연성 뉴스 또한 인간과 사회가 지닌 다양한 부조리와 본연의 모습을 드러내 줄 수 있다는 것을 보여준 가장 대표적인 실례다.

검찰총장의 혼외자, 대선 후보와 전직 여배우

한국에서도 유사한 예들이 있다. 2013년 당시 채동욱 검찰총장이 불륜 관계로 혼외자를 얻었고, 이를 오랜 기간 숨겨왔다는 추문 보도가 나와, 결국에는 자리에서 물러나야 했던 일이다. 그뿐만이 아니다. 보도가 나오고 나서부터 현직 검찰총장의 어린 혼외자와 그에 관한 각종 정보를 위법하게 찾아내고 이를 언론에 유출한 관계자들의 행위 또한 논란의 한 축이 됐다. 채 총장의 사임 이후, 이들이 불법 행위를 저질렀다는 사실이 드러났다. 이로 인해 검찰총장의 불륜과 혼외자 추문 보도가 낳은 여진은 수년간 지속됐다.

성인 한국인이면 모르는 사람이 없을 만큼 널리 알려진 실체 불명의 추문 보도도 있다. 전직 여배우 김부선 씨가 과거 이재명 전 더불어민주당 대표와 불륜 관계였다는 폭로로 시작된 추문 보도다. 그런데 김 씨는 수년에 걸쳐 폭로와 번복을 거듭했다. 추문을 뒷받침하는 증거도 발견되지 않았다. 특히 김 씨는 불륜 관계가 아니면 알기 어려운 이 전 대표의 신체상 특징을 말했지만, 이는 명백한 허위였다.

〈조선일보〉 2013년 9월 6일치 1면

그럼에도, 이 추문은 이 전 대표가 후보로 나선 2018년 경기도지사 선거는 물론 2022년 대통령 선거 때까지도 끊이지 않고 언론에 등장했다. 특히 2018년에는 이 후보가 선거토론회에서 추문을 부인하자 다른 후보가 허위사실 공표죄로 고발하는 일까지 벌어졌다. 이후보는 그 뒤 무혐의 처분을 받았지만, 여진은 그 후로도 수년에 걸쳐 계속됐다.

돌이켜 보면, 이런 보도들은 증거도 없는 불륜 의혹을 다룬 선정적 뉴스들이었다. 그럼에도, 다양한 후속 사건들을 만들어냈고 우리 사회의 가장 중요한 선택인 유권자들의 선거 표심에 크고 작은 영향을 줬다.

옛 소련을 붕괴시킨 연성 뉴스

강력한 뉴스 통제 사회였던 옛 소련을 붕괴시킨 것은 '팝송'과 '청바지'라는 말이 있다. "록Rock 음악, 비디오, 청바지, 패스트푸드, 뉴스 네트워크 그리고 위성방송 채널에는 붉은 군대 전체보다 더 큰 힘이 있다"는 프랑스의 좌파 철학자 레지스 드브레이Régis Debray의 말이 그 유래다.

연성 뉴스에는 바로 이런 일상의 삶과 문화가 담긴다. 드브레이의 말도 달리 표현하면, 옛 소련은 청바지와 팝송 등 서구문화를 타락한 자본주의 문화로 배척하고 규제했지만, 이들이 '연성 뉴스'에 실려 소련 사회로 파고드는 것을 막지 못했고 결국 이로 인해 소련 체제가 붕괴하고 말았다는 뜻이다.

연성 뉴스를 사회악이나 사회적으로 불필요한 뉴스로 보는 데는 현실과는 거리가 있는 규범적 사고가 저변에 있는 경우가 흔하다. 특히, 이런 규범적 시각은 연성 뉴스가 가진 힘을 과소평가한다. 그러나 현실은 그렇지 않다.

이처럼 다양한 사례들은 연성 뉴스가 단순히 오락적이거나 흥미 위주의 뉴스에 그치지 않고, 때로는 사회적 · 정치적 결정에 중대한 영향을 미친다는 것을 보여준다. 연성 뉴스로부터 사람들의 관심을 떼어놓는 것은 불가능하다. 연성 뉴스에 대한 인간의 욕구는 본능적이고 감각적이기 때문이다. 인간 사회에서 불륜과 치정, 공포, 흥미와 오락 등을 없앨 수 없듯이 이런 사안들에 관한 뉴스 소비 동기를 사람들로부터 제거하는 것도 불가능하다.

또한, 연성 뉴스는 때로는 그 어떤 경성 뉴스보다 힘이 세다. 옛 소련을 무너뜨리고, 미국의 대통령을 탄핵 위기로 몰아넣고, 영국의 장관과 한국의 검찰총장을 물러나게 하며, 선거에도 영향을 미친다. 지난 경험과 지금의 현실을 차분히 돌아보면 어떤 연성 뉴스들은 경성 뉴스 못지않게 사회적으로 중대한 결과를 낳는다는 것을 알 수 있다.

뉴스 소비의 실상은 도덕적이지도, 규범적이지도 않다. 이는 인류 사회에 뉴스가 등장한 이후 지금까지 변함이 없었고, 또 앞으로도 변치 않을 '현실'이다. 연성 뉴스의 생산이나 소비를 규제하는 데도 한계가 있다. 따라서 연성 뉴스의 소비 증가를 우려하기보다는 좀 더 다양하고 풍부한 경성 뉴스의 생산과 소비를 위해 힘을 쏟는 것이 더 현명한 일이라 하겠다.

5장

언론 자유 사상의
'숨은 그림'

자유주의 사상은 지금까지 지구촌의 가장 깊고 넓게 스며든 일상의 이데올로기다. 자유주의는 비단 정치와 언론의 영역만이 아니라 문화와 예술에서 경제학에 이르기까지 사회의 모든 영역에서 우리의 삶과 사회를 재단하고 운영의 기준을 제시하는 철학으로 뿌리내렸다 해도 과언이 아니다.

　　특히 존 밀턴John Milton, 1608~1674에서 시작해 존 스튜어트 밀John Stuart Mill, 1806~1873에서 확고한 토대가 완성된 '언론의 자유'는 많은 사람에게는 의심의 여지가 없는 '당위'다. 그러나 이를 뒷받침하는 언론 자유 사상은 숭고한 '이상'에 불과한, 현실과는 동떨어진 '신화' 같은 모습으로 우리 앞에 자주 나타난다. 이처럼 우리가 직면하는 현실이 기대 밖인 이유는, 언론 자유의 주창자들의 생각과 행동 그리고 그들이 주창한 언론 자유 사상을 온전히 전해 듣지 못한 탓도 크다. 그들의 생각과 행동은 언론의 빛과 그림자를 모두 담지하고 있지만, 그 전승의 과정에서 잊히고 묻힌 게 적지 않다는 얘기다. 그렇다면 묻히고 잊힌 것은 무엇일까?

이를 살펴보는 첫걸음은 먼저 도그마dogma가 된 언론 자유 사상에서 벗어나는 것이다. 도그마란 이성적 비판이 허용되지 않는 어떤 주의나 주장을 일컫는 말이다. 그런데, "진실과 거짓을 다투게 하라"는 언론 자유 사상의 황금률을 믿는 사람들은 아이러니하게도 '언론 자유 사상'에 관해서 만큼은 한 치의 다툼도 허용하지 않는 경향이 있다. 이런 경향은 언론 자유의 역기능에는 눈감고 순기능만 보는 일면적 인식을 낳게 된다. 당연히 언론 자유에 관한 다각적이고 깊이 있는 이해도 어렵게 한다.

특히 우리가 아는 언론 자유 사상은 위대한 언론 자유 사상가들의 기념비적 언급들조차 맥락이 거세된 채 전해진 경우가 적지 않다. 언론 자유 사상의 내용에 혼선을 주는 의견이나 사실들은 전승의 과정에서 선택적으로 외면된 결과다.[1] 이 때문에, 평범한 사람들은 물론 언론인 대부분이 알고 있는 언론 자유 사상에는 위대한 사상가들의 고민이나 한계, 그들이 말한 애초의 취지와 배경 등이 제대로 담겨있지 않다. 그러다 보니, 언론 자유의 필요성과 한계, 조건 등이 본래의 모습과는 다르게 우리의 뇌리에 자리 잡은 경우도 많다. 이는 언론과 언론 자유 사상의 본모습을 이해하는 데 걸림돌이 된다.

따라서, 언론과 언론 자유 사상의 본모습을 제대로 이해하려면 먼저 도그마에 의해 가려진 언론 자유 사상의 '숨은 그림들'을 보아야 한다. 이는 언론과 언론 자유의 순기능만이 아닌 역기능까지 온전히 이해할 수 있는 쉽고 효과적인 방법이다. 숨어 있던 몇몇 사례들만 확인해도, 우리는 언론 자유 사상의 본모습을 다시금 새롭게 바라보면서, 언론의 본성에도 한 걸음 더 다가갈 수 있다.

우월한 인간에게만 부여되는
'언론의 자유'

"비록 모든 사상의 바람이 이 땅 위에서 자유롭게 불어도, 진리가 그 자리에 있다면, 허가와 금지를 통해 우리가 그 힘을 의심하는 것은 부당한 일이다. 진리와 거짓이 서로 다투게 하라. 자유롭고 개방된 대결에서 진리가 패배하는 것을 누가 본 적이 있는가?"[2]

근대 언론 자유 사상의 시조로 꼽히는 존 밀턴은 1644년 언론 검열에 대한 역사상 최초의 항변서로 꼽히는 저서 『아레오파기티카The Areopagitica』[3]를 썼다. 이 책에서 밀턴은 '언론 자유'의 정수를 담은 기념비적 문구를 남겼다. 앞의 인용문처럼 진실과 거짓을 자유롭고 공개적인 환경에서 대결하게 하는 것이

존 밀턴

진실을 얻는 최선의 길이라는, 언론 자유 사상의 금자탑을 세운 것이다.

그 이후 지금까지, "나에게 어떤 자유보다 양심에 따라 자유롭게 알고 말하고 주장할 수 있는 자유를 달라"[4]는 밀턴의 호소는, 사상과 표현의 자유를 억압하는 모든 힘 있는 자들을 향한 수많은 사람의 절

규로 이어지고 있다.

그런데, 사람들 대부분이 잘 모르는 게 있다. 밀턴이 얘기한 언론의 자유는 언제 어디서나 모든 인간이 누릴 수 있는 권리를 뜻하지 않았다는 사실이다. 즉, 밀턴의 언론의 자유는 특정한 사람들만이 누릴 수 있는 자유였다. 밀턴에게는 자유가 신이 이성에 따라 사고하고 판단하는 사람에게만 부여한 권리였다. 그는 신이 모든 인간에게 이성을 부여했지만, 그 이성을 통해 '진실을 가려내는 능력'은 사람마다 다르다고 생각했기 때문이다. 다시 말해, 그는 논리적으로 추론하고 분석하는 능력, 명제의 진위와 행동의 선악을 판단하는 능력, 어떤 진리를 믿고 설명하며 담론을 펴는 능력, 논리나 경험으로 도달할 수 없는 세계와 사유가 있음을 반성하는 능력, 관념을 창조하는 능력 등 진위를 가려내는 데 필요한 능력은 (사람들 사이에) 같지 않다고 믿었다.[5]

하지만 밀턴의 이런 생각은 이를 접하는 요즘 사람들에게 자연스러운 의문을 자아낸다. 과연, 진위를 가려낼 수 있는 이성적 능력을 갖춘 이들이 누구인지 누가 어떻게 판단할 수 있는가? 도대체 그들은 누구인가?

사실, 존 밀턴은 '언론 자유의 경전'으로 불리는 『아레오파기티카』에서도 언론의 자유를 누릴 수 있는 사람들과 그렇지 않은 사람들에 대한 생각을 드러냈다. 청교도였던 그는 이 책에서 언론·출판의 자유를 옹호하면서도, 영국 성공회나 로마 가톨릭의 저작물은 근절해야 한다고 주장했다. 이는 밀턴이 애초부터 '모든 사람'의 '사상과 표현의 자유'를 지지하지 않았음을 명징하게 보여주는 것이다. 뿐만 아니라, '자유를 누릴 사람이 누구냐'에 따라 차별적인 밀턴의 '언론 자유관'은 단지 그의 글이나 뇌리에만 머물지 않고 행동으로도 이어졌다.

올리버 크롬웰Oliver Cromwell, 1599~1658이 청교도 혁명(1642~1651)으로 군주제를 전복하고 집권하자, 밀턴은 크롬웰 정부를 옹호하는 이념 투쟁의 선봉에 섰다. 또한 왕당파와 정치적 반대세력을 억압하며 출판물을 통제하던 당시 크롬웰 정부에서, 밀턴은 출판물을 사전에 심사하고 허가하는 일도 맡았다. 밀턴이 출판물에 대한 허가제와 검열을 반대하며 '언론 자유'를 주장한 것을 생각하면, 뜻밖의 변신이었다. 밀턴이 보인 이런 행태의 씨앗은 그의 표리부동한 사람 됨됨이가 아니라, 앞서 소개했듯이, 그의 언론 자유관과 인간에 대한 인식에 이미 담겨있었다. 진실을 가려내는 인간의 능력이 다르다는, 인간에 관한 차별적 사고가 그의 뇌리에 깊게 자리 잡고 있었던 탓이다.

밀턴처럼, 언론의 자유를 누구나 똑같이 누릴 수 있는 것은 아니라고 여기는 일은 지금도 거의 모든 사람에게 부지불식 간에 재현된다. "내 생각과 같으면 진실"이고, "내 생각과 같은 생각을 하는 사람은 이성적인 인간"이라고 여기는 경우가 어디 한둘인가? 마찬가지로 "나의 생각과 다르면 거짓"이고, "그런 생각을 하는 사람은 이성적 능력이 부족하다"고 판단하는 일도 그만큼 많다. 이런 인식은 남녀노소, 지위고하, 지식의 많고 적음을 가리지 않고 흔히 눈에 띈다.

더구나, 당혹스러운 일은 그들 중 많은 이들이 평소에는 언론의 자유를 열렬히 주장한다는 것이다. 그러면서도 이들은 자기 생각과 다른 견해를 펴는 언론이나 사람들은 언론의 자유를 누릴 자격이 없다고 말한다. 특히 "언론 자유"를 외치며 "권력을 감시한다"던 언론인들이 정치적 신념이나 사적 이해의 대변자가 되고, 언론을 통제하는 자리를 옮겨가는 변신은, 늘 있는 일이다. '17세기의 밀턴'은 21세기에도 아주 많다.

'자유롭고 개방된 사상의 시장free and open market of ideas'에서는 '자율적으로 진실을 찾아가는 교정 과정the self-righting process of truth'이 보장된다는 밀턴의 주장은 이후 현대 언론 사상의 초석이자 기둥이 되었다. 그러나 밀턴이 외친 언론 자유는 그가 이성적 진위 분별 능력을 지녔다고 믿은 엘리트들만을 위한 것이었다. 하지만, 그의 이런 사고와 언행은 그를 칭송해온 수많은 언론인과 보통사람들에게 주목받지 못했다.

밀턴의 평등하지 않은 언론 자유관에도 유의미한 시사점은 있다. 언론의 자유는 냉정한 이성으로 생각하고 토론할 수 있는 이들이 있을 때 진정한 가치를 향유할 수 있다는 것이다.[6]

밀턴의 언론 자유관에 깔린 이 복선은 결코 가볍게 지나칠 게 아니다. 지금의 한국 사회처럼, 수많은 사람이 이성보다 감정과 욕망, 혹은 배타적 정치적 신념과 견해에 휩싸여 진위를 판단하려 든다면, 언론의 자유가 있다 한들 무슨 의미가 있겠는가?

가짜 뉴스가 되어버린
제퍼슨 명언

"우리 정부의 바탕은 국민의 의견이고,……그리고 내가 '신문 없는 정부'와 '정부 없는 신문' 중 하나를 택해야 한다면 나는 잠시도 주저하지 않고 '정부 없는 신문'을 택할 것이다."[7]

미국 독립의 영웅으로 독립 선언문의 초안을 쓴 인물이자 제3대 대통령을 지낸 토머스 제퍼슨은 언론의 자유와 관련해 가장 많은 명언을 남긴 인물로 꼽힌다.[8] 그의 어록 가운데 가장 널리 알려진 게 '언론이 정부를 견제해야 하는 당위'를 역설한 앞의 언급이다. '신문 없는 정부'보다 '정부 없는 신문'을 선택하겠다

토머스 제퍼슨

는 제퍼슨의 말은 언론인들은 물론 많은 지식인에게는 상식이다. 그런데 우리가 아는 제퍼슨의 말에는 빠진 한 문장이 있다. 누락된 문장-밑줄 친 부분-을 포함해 다시 한번 그 원문을 소개하면, 다음과 같다.

"내가 '신문 없는 정부'와 '정부 없는 신문' 중 하나를 택해야 한다면 나는 잠시도 주저하지 않고 '정부 없는 신문'을 택할 것이다. 모든 사람이 그 신문들을 다 접하고 볼 수 있다면 말이다."[9]

어떤 뜻으로 읽히는가? 빠진 문장을 다시 포함하면, 지금까지 앞의 한 문장만으로 알려진 제퍼슨이 말과는 큰 차이가 있지 않은가? "모든 사람이 모든 신문을 다 볼 수 있어야 한다"는 누락된 짧은 한 문장이 간단한 단서但書가 아닌 탓이다.

그렇지만, 지금 이 순간까지도 수많은 언론인과 지식인들 사이에서는 이 '명언'이 의당 함께 있어야 할 단서가 빠진 채 수없이 회자되고 있다. 제퍼슨의 명언은 언론의 권력 감시에 관한 '기념비'다. 그러나 단서가 빠진 상태에서는 받침돌이 없어 홀로 서 있기 어려운 비석이나 다름없다.

'모든 이들이 모든 신문을 모두 본다'는 것은 제퍼슨의 시대에도 쉬운 일이 아니었다. 하지만 백 번 양보해서 그럴 수 있었다고 치자. 그로부터 200여 년이 지난 지금은 어떤가? 당시와는 비교할 수 없을 만큼 많은 뉴스 미디어가 있다. 뉴스와 뉴스 미디어가 홍수를 이루고 있는 시대다. 이런 시대에는 제퍼슨의 단서 자체가 지극히 비현실적이다.

더구나 디지털 시대에는 '메아리의 방Echo chamber'[10]이나 '필터 버블Filter bubble'[11] 같은 현상을 많은 이들이 우려한다. 인터넷과 소셜 미디어로 인해 많은 사람이 모든 신문을 보기는커녕 자신이 원하는 뉴스와 정보 콘텐츠에만 갇히게 된다는 걱정이다. 이런 시대에서는 "모든 이들이 모든 신문을 본다"는 제퍼슨의 단서는 더더욱 통용될 수 없는 얘기다.

따라서, 비현실적 조건이 달린 '신문 없는 정부'보다 '정부 없는 신문'을 택하겠다는 선언은 지금의 세상에선 공허하기 짝이 없는 말이다. '모든 신문'은 차치하고 '다양한 시각'조차 접하지 못하는 상황에서는, '단서'가 빠진 '신문 없는 정부보다 정부 없는 신문을 선택하겠다'는 제퍼슨의 '명언'은 '가짜 뉴스'와 진배없다.

그러면 왜 수많은 사람이, 그 가운데서도 제퍼슨의 역사적 어록을 온전하게 전해야 할 언론인들이 왜 "모든 이들이 모든 신문을 봐야 한다"는 단서에 눈감았을까? 수많은 사례에 대해 각각의 이유를 알기는 어렵다. 그러나 보편적인 이유는 어렵지 않게 추정해 볼 수 있다.

생각해 볼 수 있는 가장 주된 이유는 언론인들의 무지다. '프로페셔널'이라 자부하지만, 정작 언론인들은 자신이 몸담고 있는 언론에 관한 지식에선 우리의 기대에 크게 못 미치는 경우가 매우 많다. 어쩌면, 언론인들은 "세상의 일을 전하다 나의 등잔 밑을 보지 못했다"고 할지도 모른다. 하지만 그들이 어떤 변명을 내놓더라도 언론의 존재 이유를 상징하는 제퍼슨의 명언을 반쪽만 알고 있다는 것은 그 자체로 부끄러운 일이다.

다른 이유도 생각할 수 있다. 제퍼슨의 단서 문구를 알고 있는 언론인이 있다 하더라도, 이를 굳이 알리려 하지 않았다는 것이다. '언론이 정부 이상으로 지고한 가치를 지니고 있다'는 제퍼슨의 말이 반쪽이기는 하지만, 사람들의 뇌리에 이미 자리 잡은 상태에서 대중의 인식에 굳이 혼선을 줄 이유가 없을 테니 말이다.

요컨대 이유가 어디에 있든, 언론과 언론인들이 '언론의 존재 이유'에 관한 상징적 문구마저 결과적으로 왜곡해 왔거나, 왜곡되어 전해지는 현실을 방치했다는 사실에는 변명의 여지가 없다. 또한 누락

문구가 복원된 제퍼슨의 언급을 기준으로 하면, 사람들이 다양한 견해와 시각을 전하는 언론을 두루 보지 않는 세상에서는 언론이 정부보다 더 귀중하다고 결코 단언할 수 없다.

잠깐!

노예와 인디언은 예외인 자유

제퍼슨은 '언론의 자유'를 '진위 판단의 이성적 능력'을 지닌 인간만의 권리라고 여긴 밀턴과는 달리, 능력과 관계없이 모든 인간이 평등하게 지닌 권리라고 생각했다.[12] 나아가 그는 뛰어난 한 사람의 판단보다 다수의 판단을 더 신뢰했다. 유무죄의 판단에서 뛰어난 한 명의 판사보다 보통사람들로 이뤄진 배심원단의 판단을 그가 더 신뢰한 것도 그 예다.

그러나 제퍼슨의 이런 생각은 단지 머릿속에서만 머물렀을 뿐, 행동은 달랐다. 그는 죽을 때까지 자유를 구속당한 수백 명의 노예를 부리는 백인 농장주로 살았다. 심지어, 흑인이나 인디언은 멸종되거나 백인에 (혼혈로) 동화해야 한다고 생각했고, 대통령 재임 당시에는 인디언을 미시시피강 서부로 추방하는 비인도적 결정을 내렸다.

제퍼슨은 모든 인간에게 평등한 자유를 말했지만, 그의 사전에는 흑인이나 인디언이 자기들의 삶의 방식과 문화를 유지하면서 백인과 공존하는 세상은 존재하지 않았다. 공존을 위한 흑인과 인디언의 언론 자유 또한 설 자리가 없었음은 물론이다.

'무한한 자유'가 아닌
'충분한 자유'

"어떤 의견 표명을 침묵시키는 것은 현존하는 인류는 물론 미래 세대까지 강탈하는 것이다.……만약 그 의견이 옳다면 사람들이 진실을 확인할 기회를 빼앗기는 것이고, 만약 그 의견이 거짓이라면 그 거짓에 대비해 진실을 더욱 생동감 있고 명확하게 인식할 기회를 잃는 것이다."[13]

존 스튜어트 밀

19세기의 영국 철학자이자 경제학자, 존 스튜어트 밀은 학자라면 누구나 첫손에 꼽는 위대한 사상가다. 일반인들 가운데도 '어느 누구도 반대자를 침묵시킬 권리를 갖고 있지 않다'는 밀의 호소를 접하며 가슴 뜨거워졌던 추억을 지닌 이들도 많을 것이다.

밀의 이 언급이 담긴 『자유론On Liberty』은 자유주의가 현대 정치와 경제, 사회 등 모든 분야에서 가장 강력한 이념으로 굳건히 뿌리내릴 수 있게 하며 사상사에 큰 획을 그은 책이었다. 밀은 이 책을 통해 언론의 자유가 왜, 어떻게 사회 구성원과 사회에 필요한지 논리적인 근거들을 처음 체계적으로 집대성했다. 특히 그는 언론의 자유는 밀턴이 생각한 것처럼 선별적으로 주어지는 권리가 아니라, 보편적 기본권이라고 여겼다.

밀의 생각은 "다른 모든 사람이 동의하지 않는, 단 한 사람의 의견에도 표현의 자유를 보장해야 한다"[14]는 한 문장으로 집약할 수 있다. 어떤 의견이 "틀렸다"거나 "거짓"이라 할지라도 이를 이유로 그 표현의 자유를 억압해선 안 된다는 것이다. 그는 "표현의 자유가 제한 없이 허용되어야 사회는 진보할 수 있다"고 역설했다. 진실이 아니거나 해로운 의견은 공론장에서 자연스럽게 도태될 것이라는 '공론의 여과 능력'을 철저히 신뢰한 것이다.

이처럼 밀은 '제한 없는 언론의 자유'를 주장한 사람으로 알려져 있다. 그러나, 사람들은 밀의 이런 무제한적인 언론 자유에도 '조건'이 있었다는 사실은 자주 간과한 채 언론의 자유를 논할 때가 많다. 그 조건은 언론의 자유가 보편적 기본권이더라도, 공공의 복리를 해치고 사회의 진보를 가로막아서는 안 된다는 것이다.

밀에게 자유의 궁극적 목적은 '사회의 진보'와 '공공의 복리'였다. 따라서 그로서는 목적에 위배되는 자유까지 보장해야 할 이유가 없었다. 이를테면, '이성적 판단을 할 수 없는' 상태에 놓인 사람들에게 거짓 선동으로 피해를 줄 때조차 제한 없는 자유를 허용할 수는 없다고 밀은 말했다. 영화를 상영하는 어두운 극장에서 관객을 향해 "불이야"라고 '거짓'을 외치는 것 같은 예다.

보장되어야 할 자유에 관한 밀의 생각은 "타인에게 해가 되지 않는 한, 나의 자유는 침해될 수 없다"는 것이었다. 즉, "사회적 해악을 끼치는 자유는 제한할 수 있다"는 말이다. 다른 말로는 '위해 원칙 Harm principle'으로 불리는, 언론 자유의 보장과 제한에 관한 기준이다. 미국 연방 대법원이 1919년 언론 자유에 제한을 둘 수 있는 근거로 채택한 '명백하고 현존하는 위험 원칙rule of clear and present danger'15도 바로 밀의 '위해 원칙'에 기초한 것이다. 다시 말해, 밀에게 언론의 자유는 '무한한 자유'가 아니라 '충분한 자유'였다.

밀은 『자유론』을 통해 존 밀턴의 '개방된 사상의 자유 시장'과 '진실의 자율 교정 과정'에, 두 가지를 더해 근대 언론 자유 사상의 토대를 완성했다. 공론의 여과 기능에 입각한 '여론 다양성Diversity of

누가 무엇으로부터 누리는 자유인가?

언론 자유 사상의 3대 위인으로 꼽히는 존 밀턴, 토머스 제퍼슨 그리고 존 스튜어트 밀의 언론 자유관에는 작지 않은 차이가 있다.

밀턴은 본문에서 언급했듯이 '언론의 자유'가 거짓과 진실을 판별할 수 있는 '이성적 능력'을 지닌 인간에게만 부여된 자유라고 생각했다. 반면 제퍼슨은 언론의 자유가 선별적으로 주어지는 권리가 아니라 인간이면 누구나 지닌 보편적 기본권이라고 여겼다. 모든 인간이 태어나면서부터, 신분과 능력에 관계없이 평등하게 지닌 고유의 권리라는 것이다. 이런 생각은 밀도 마찬가지였는데, 말과 행동이 달랐던 제퍼슨에 비해, 밀은 여성의 참정권을 주장하는 등 말과 행동에서도 일관된 모습을 보였다.

세 사람 사이에는 언론 자유를 향유하는 주체뿐만 아니라 언론의 자유가 누구로부터의 자유인가에 관한 생각에도 차이가 있었다. 밀턴은 왕과 권력자로부터의 자유만을 상정했다. 그러나 제퍼슨은 국가나 종교 권력에 대해 국한된 소극적 자유가 아니라, '언론이 모든 형태의 사회적 간섭에서도 자유로워야 한다'고 주장했다.

언론 자유 사상의 '숨은 그림'

public opinion'과 사회적 해악을 끼치는 '언론과 표현의 자유'를 제한할 수 있다는 '위해 원칙'이 그 두 가지다.

언론 자유가 미국 헌법의 제1조?
우연이 만든 신화

우리가 알고 있는 언론 자유 사상과 관련해 바로잡을 필요가 있는 일들은 또 있다. 1791년 제정되어 지금에 이르기까지 표현과 언론 자유 이념의 징표처럼 받아들여지는 미국의 수정헌법 제1조 The First Amendment에 관한 얘기다.

> "의회는 국교를 정하거나 자유로운 종교활동을 금지하거나, 언론이나 언론의 자유를 제한하거나, 국민이 평화롭게 집회할 권리와 불만의 시정을 정부에 청원할 권리를 제한하는 법률을 제정할 수 없다."[16]

이 조문은 '언론 자유'가 최우선의 헌법 정신임을 상징하는 것으로 대다수 언론인과 많은 지식인에게 널리 알려져 있다. 그런데 이 조문과 관련해서는 알아야 할 것들이 여럿 있다.

먼저 조문 제정의 취지다. 이 조문의 취지는 미국 어디서나 '언론·출판의 자유를 제한하는 법률'을 만들지 않는다는 게 아니다. 정확한 뜻은, 연방 의회가 '각 주의 독립성을 침해해' 언론·출판의 자유를 제한하는 법률을 만들지 않는다는 것이다. 다시 말해, 주 정부와 주 의회가 '언론·출판의 자유를 제한하는 법률'을 만들고 시행하는 것과는 무관한 조항이다.

여기서 우리가 알아둬야 할 게 있다. 지금도 그렇지만 미국에서는 각 주의 자치 권한이 크다. 이런 전통과 제도 아래서 미국의 각 주에서는 수정헌법의 제정 당시는 물론 그 이후에도 주마다 다양한 형태로 언론에 대한 검열이나 통제가 상당 기간 존재했다는 사실이다.

물론 이런 사정들을 감안한다 해도, 언론·출판의 자유가 수정헌법의 제1조에 담긴 선언적 의미까지 부인할 필요는 없다. 그러나 여기에도 함정은 있다. 따져보면 상식적인 얘기지만, '표현과 언론, 결사의 자유'는 당시 인구의 절반이 넘었던 노예와 여성과는 무관한 것이었기 때문이다. 흑인과 여성의 참정권이 미국의 각 주에서 실질적으로 주어진 것은 수정헌법이 제정된 뒤 130~175년이 지나서였다.[17] 미국 수정헌법 제1조에서 규정한 언론의 자유는 제정 당시는 물론 그 후로도 아주 오랜 기간 백인 남성만의 자유였다.

뿐만 아니라, 언론인들이나 상당수 지식인은 언론의 자유가 미국 헌법의 '최우선 정신'이라는 통념을 갖고 있다. 언론·출판 자유가 미국 헌법에는 '제1조'인 까닭이다. 실제로 많은 법학자와 언론학자, 그리고 저널리스트들은 언론·출판의 자유를 담은 조항이 수정헌법의 조항들 가운데 첫 번째라는 이유로 다른 어떤 조항보다 중요한 것처럼 은연중 강조하는 경향이 있다. 그러나 이런 통념에도 교정이 필요하다.

엄밀히 말해 이런 통념은 수정헌법 제정 당시의 역사적 맥락을

간과하는 결과론적 이해에 불과하기 때문이다. 수정헌법 제정 당시, 미국의 연방 의회는 12개 조항으로 된 초안을 각 주에 보내 의견을 수렴했다. 그런데 그 조항들 중 '비례대표제 정족수'와 '의원의 세비 인상'을 담은 제1조와 제2조는 승인을 받지 못했다. 이 때문에 언론·출판의 자유에 관한 조항이었던 애초의 제3조가 자연스럽게 지금의 제1조가 된 것이다.[18] 따라서, 우연히 '제1조'가 된 것을 두고 헌법의 '최우선' 정신이었다고 해석하는 것은 일종의 과장이자 오해인 셈이다.

마찬가지로, 미국의 수정헌법 제2조을 보면, 이런 오해에서 더 쉽게 벗어날 수 있다. 미국의 수정헌법 제2조는 총기 난사 사건이 빈발하는 미국에서 가장 큰 논란이 되고 있는 '미국인의 무기 소지 권리'를 보장하는 조항이기 때문이다. 또한, 독자들에게는 뜻밖이겠지만, 미국인의 무기 소지 권리로 원용되고 있는 이 조항은 (연방정부에 대항할 수 있는) 주 정부의 저항권, 즉 무장할 수 있는 권리를 제한할 수 없다는 것이다.[19]

이처럼 미국 수정헌법의 제1조나 제2조는 모두 연방 국가인 미국의 독특한 역사와 각 주와 연방 사이의 권한 관계를 정리하는 것이 가장 중요했던 수정헌법 제정 당시의 사정을 보여주는 것이다.

역사가 담긴 각국의
헌법 1조

한 나라의 헌법 1조에는 그 나라의 정체성과 핵심 가치가 담겨 있다. 미국의 수정헌법 1조에 관한 오해도 미국의 독특한 헌법 개정 방식을 몰라 수정헌법 1조를 다른 나라의 '헌법 1조'로 착각하는 데 따른 것이라 할 수 있다. 미국은 헌법을 개정할 때, 기존 조항을 삭제하거나 변경하지 않고 새로운 조항amendment을 추가하는 방식을 사용한다. 따라서 미국의 헌법을 제일 앞에서부터 읽으면, '수정헌법' 1조는 최초 '헌법'의 마지막인 7조 뒤에 나온다. 미국 헌법의 1조는 연방 의회(상·하 양원) 구성과 권한 등에 관한 규정이다. 각 주가 모여 만든 연방제 국가로 미국이 생겨난 것을 생각하면, 당시로서는 가장 중요한 내용을 담은 셈이다.

내친김에 각 나라의 헌법 1조를 잠시 살펴보자. 먼저, 이탈리아, 그리스, 오스트리아, 중국 등은 '대한민국은 민주공화국'이라고 시작하는 한국처럼 국가의 성격을 1조에 담았다. 독일, 폴란드, 네덜란드는 각기 '인간의 존엄', '공공선', '평등' 등 국가가 추구하는 최우선의 가치를 각기 1조에 명시했다. 프랑스와 스페인같이 국가의 성격과 추구하는 가치를 함께 담은 경우도 있다. 천황에 관한 규정(일본)이나, 국명(헝가리)을 담은 나라도 있다. 이처럼 나라마다 다른 헌법은 그 나라의 역사와 지금의 모습을 가늠할 수 있게 한다.

한편, 거의 모든 민주주의 국가에선 언론의 자유를 헌법에 담고 있다(한국은 21조, 독일 5조, 일본은 21조, 인도는 19조 등). 다만 대부분 타인의 권리를 침해할 때는 제한할 수 있다는 내용이 들어 있다.

미국 수정헌법과
프랑스 인권선언의 차이

미국의 수정헌법(1791)과 프랑스의 인권선언(1789)에는 시대정신인 언론의 자유에 관한 내용이 담겨 있다. 앞서 소개한 미국의 수정헌법 제1조를 떠올리며, 그보다 2년 앞서 언론 자유의 정신을 담았던 프랑스의 '인권선언' 11조도 한 번 확인해보자.

"사상과 의견의 자유로운 소통은 인간의 가장 귀중한 권리의 하나이다. 따라서 모든 시민은 자유로이 발언하고 쓰고 출판할 수 있다. 다만, 법에 의해 규정된 경우에 있어서 그 자유의 남용에 대해서는 책임을 져야 한다."[20]

강조 표시된 대목처럼, 프랑스의 인권선언 11조에는 '자유의 남용에 관한 책임'이 명시되어 있다. 미국의 수정헌법 1조에는 없는 내용이다. 왜 그랬을까? 이유는 수정헌법 1조와 인권선언 11조를 제정할 당시, 서로 달랐던 두 나라의 사회적 배경, 그리고 수정헌법과 인권선언을 기초한 이들의 인식에서 찾아볼 수 있다.

미국의 수정헌법 1조를 기초한 이들은 "보통사람들을 문화적 · 지적으로 보다 우월한 자들에게 국가 지도指導를 양도할 태세를 갖춘 협조적 (언론) 소비자로 인식했다." 따라서 언론의 임무도 "글을 읽을 수 있는 대중이 (사회의 엘리트들에게) 그런 협조자가 되도록 만드는 것"

이었다.[21] 수정헌법의 기초자들은 언론의 자유를 정치 엘리트의 전유물로 생각한 것이다. 실제 당시 예외 없이 정파적이었던 미국 신문들은 정치적 엘리트층만을 대변하고 있었다.

뿐만 아니라, "수정헌법 기초자들은 정치 엘리트들이 대등한 입장에서 언론을 이용하게 되면 어느 쪽도 독단적 세력이 될 수 없을 것이라고 생각했다."[22] 독단적 세력이 없을 것으로 생각한 만큼, 언론 자유의 남용도 우려할 일이 아니었다. 즉, 언론 자유의 남용에 관한 내용이 수정헌법에 담기지 않은 것은 수정헌법을 기초한 이들이 지녔던 언론에 관한 인식과 사고의 한계, 그리고 당시의 언론 환경 때문이었다.

반면, 프랑스에서는 언론의 자유를 누릴 주체가 '엘리트'만이 아닌 '모든 인간'이었다. 수정헌법 1조와는 달리, 인권선언 11조에는 바로 이런 인식이 담겨있다. 실제로 프랑스에서는 이런 사회적 공감대가 사회 변화로 이어졌다. 인권선언이 나오고 5년 뒤인 1794년 프랑스 본토는 물론 모든 식민지의 노예제가 공식 폐지됐다.[23] 남북전쟁 이후인 1865년 미국 전역에서 노예제가 폐지되기 69년 전이었다.[24]

또한, 인권선언 당시 프랑스에서는 언론이 정치 엘리트들의 전유물이 아니라, 민중이 참여한 격렬한 계급 투쟁의 도구였다. 정파적 언론이 참여한 물리적 갈등과 충돌도 격렬했다. 그만큼, 언론 자유의 남용에 관한 사회적 우려도 더 컸다. 프랑스 혁명기 내내 혁명파와 왕당파, 혁명파 내부의 격렬한 투쟁이 끊이지 않았다. 이 와중에서 언론은 극단적 선전 선동에 앞장섰고 사회가 피투성이가 되게 한 핵심 주역의 하나였다.

"언론은 자유로워야 하지만 자유의 남용에 대해선 책임을 져야한다"는 프랑스 인권선언과, 언론 자유의 남용에 관한 어떤 책임도 담지 않은 미국 수정헌법은 이처럼 서로 달랐던 사회적 분위기와 인식에 따른 결과였다.

언론 자유의 남용을 규제하는 것은 '언론 자유' 사상이 뿌리를 내리던 시절부터 지금까지 나라와 사회, 시대마다 차이가 있다. 또한 자유의 남용이 낳은 실상과 역사적 사실을 모르면서, 혹은 알면서도, '자유 언론'의 무결성을 되뇌는 것은 때로 무책임한 일이 된다. 언론 자유의 현실은 언제나 행복한 결말로 끝이 나는 드라마가 아니다.

'시간'이 흘러야 드러나는 '진실'

언론 자유 사상의 고갱이는 어떤 경우에도 '개방된 사상의 자유 시장'은 우리에게 궁극적으로 진실을 안겨준다는 것이다. 진실을 호도하고 왜곡하는 힘 있는 자들이나 당파적이거나 부조리한 언론인들이 있건 없건 말이다. 그렇다손 치더라도, 진실이 드러나기까지는 이런 이들 때문에 더 긴 세월과 다툼이 필요하다.

그런데, 진실이 드러나기까지 많은 시간이 흐를수록, 사람들이 보지 못하는 진실은 더 많아질 수밖에 없다. 모든 사람이 진실이 드러날 때까지 살 수는 없기 때문이다. 진실이 몇 년 만에 드러난다 해도,

잔학한 폭력을
선동하는 언론

프랑스 혁명기, 언론 자유를 남용한 대표적 사례는 대표적 선전선동가, 장 폴 마라Jean Paul Marat와 그가 발행한 신문 『인민의 벗Ami du Peuple』이다.

1789년 프랑스 혁명 직후 창간된 『인민의 벗』은 로베스피에르Robespierre의 공포정치를 뒷받침하는 극렬한 선전과 선동에 앞장섰다. 이 신문은 독자들에게 증오심을 한껏 부추겼고 "혁명의 적을 타도하라"고 주문했다. 실제로, 신문을 본 사람들은 살의 가득한 군중이 되어 '혁명의 적들'에게 몰려갔다. 이로 인해 수많은 사람이 단두대의 이슬로 사라졌다.

사람들에게 야만적 폭력을 부추긴 언론은 현대 사회에도 있었다. 마라의 『인민의 벗』 못지않게, 극단적으로 정파적인 언론이 사람들을 극도로 잔학하게 만든 예다. 1994년 르완다에서는 4월부터 7월까지 약 100일 동안 극단적 후투Hutu족 민병대와 민간인들이 50만~100만 명에 이르는 투치Tutsi족과 온건한 후투족을 살해했다. 20세기에 벌어진 가장 끔찍한 인종 학살이었다. 이 과정에서 언론이 끼친 영향을 분석한 연구에[25] 따르면, 당시 후투족 강경파가 운영한 라디오 방송 RTLMRadio Television Libre des Mille Collines은 후투족을 향해 투치족에 대한 인종적 적개심과 학살을 선동했다. 이로 인해 폭력에 가담한 후투족 민간인과 그들에 의해 학살된 사람은 각각 5만여 명에 이르렀다. 또, RTLM이 민간인이 아닌 정규군과 민병대의 폭력에 미친 영향까지 감안하면 희생자의 규모는 훨씬 더 컸을 것으로 추정됐다.

암살당한 장 폴 마라.
그의 절친 다비드David의 그림

이를 기다리지 못하고 요절하는 이들이나 생이 얼마 남지 않은 노년의 사람들은 진실을 접할 수 없다. 당연히 진실이 드러난 데 따른 결실도 누릴 수 없다.

예컨대, 2022년 스코틀랜드에서는 16~17세기 스코틀랜드 곳곳에서 '마녀법Witchcraft Act'에 따라 처벌받은 피해자들을 사면하는 법안이 많은 시민단체의 지지 아래 발의됐다. 1563년부터 173년 동안 마녀법에 따라 기소된 3,837명의 사후 명예를 회복시키자는 법안이었다.[26] 그들이 기소된 이유는 "올빼미로 변신했다"거나, "악마와 춤을 췄다"는 등 기막힌 혐의였다. 그들 대부분은 이루 말할 수 없는 고문을 받았고 그중 3분의 2가량은 형장의 이슬로 사라졌다.

하지만, 400여 년을 지각한 이 법안이 그들에게 무슨 소용이 있겠는가? 스코틀랜드의 마녀에 관한 진실 말고도 '때늦게 찾아온 진실'은 우리에게 허망함만을 남긴다. 때늦게 진실이 드러났다는 말은 '거짓'이 그만큼 '진실' 행세를 했다는 얘기이기 때문이다.

프랑스 장교 드레퓌스의 간첩행위나 한국의 강기훈 유서 대필은 물론, 미국의 베트남전 전면 개입의 구실이 된 북베트남군의 통킹만 미군 함정 공격 사건도 모두 세월이 지나 억울한 누명임이 밝혀진 대표적 사례들이다. 물론, 뒤늦게 드러난 진실도 언론을 통해 전해졌지만, 어쩌면 모두 언론이 없었다면 아예 일어나지 않았을 수도 있는 일이었다. 거짓을 전달하고 확산시키며 이를 오랜 기간 기정사실화한 주체도 언론들이었기 때문이다.

진실이 드러나더라도 제때 드러나지 않으면, 사람들은 거짓을 바탕으로 일련의 사회적 선택을 하게 된다. '때늦은 진실'은 이미 거짓에 입각해 이뤄진 결과를 되돌리기도 어렵고, 많은 경우 거짓으로 인한 피해를 구제하는 것도 불가능하다. 때늦은 진실이 만신창이가 된 드레퓌스와 강기훈, 그리고 베트남전 피해자의 상흔을 치유할 수는 없다. 거짓이 회복할 수 없는 극단의 고통을 사람들에게 안기고 참혹한 전쟁으로 무고한 수백만 명의 생명을 앗아간 뒤, 뒤늦게 드러나는 진실을 두고 '승리한 진실'이라 할 수 있을까?

'지각한 진실'의 역사 속 사례 말고도, 한 사회의 정치적 선택이 이뤄지는 선거 때를 생각하면, 진실이 지각하는 바람에 세상이 정의롭지 않은 쪽으로 바뀌는 일도 흔한 일이다. 선거일이 가까울수록 거짓 정보나 가짜 뉴스는 폭발적으로 늘어난다. 여기에는 자유를 누리는 많은 언론이 앞장선다. "선거철이 되면 선정적인 기사들의 양은 정말 굉장하다"며 "선거에 관한 허위보도 구름이 프랑스를 뒤덮기 때문"이라고 말한 19세기 프랑스의 문호 발자크의 얘기를 보면, 이런 일은 200년 전에도 크게 다르지 않았다.

선거 시기에 거짓 주장이나 가짜 뉴스가 폭증하는 이유는 무엇일까? 진실이 밝혀지더라도, 선거일만 넘긴다면, 거짓 정보와 뉴스를 통한 소기의 목적은 달성할 수 있기 때문이 아닌가. 따라서 진실을 얻기 위해선 언론의 자유뿐만 아니라 진실이 밝혀질 때까지 걸리는 시간 또한 그 못지않게 중요하다. '지각한 진실'은 '진실'의 온전한 구실을 하지 못한다.

때늦게 드러나는 진실로는 거짓 때문에 입은 사회와 사람들의 상처를 회복시키지 못한다. "진실은 언젠가 밝혀진다"는 언론 자유 사상만으로는 현실 속의 민주주의도 보장하지 못한다. 적시에 드러난 진실과 지각한 진실 사이의 차이는 하늘과 땅 차이만큼 클 때도 많다. 나아가 "진실은 반드시 밝혀진다"는 언론 자유 사상의 대명제가 논리적으로 언제나 맞으려면 끝없이 긴 시간이 보장되어야 한다.

6장

부끄러움을 모르는 언론
묻히는 진실

과거나 지금이나 많은 언론이 주어진 자유를 저버리고, 권력과 금력 앞에 굴종한다. 특히 권력에 재빠르게 순종하는 언론은, 좌초한 '배'에서 승객보다 먼저 탈출하는 '선장'만큼이나, 소명과 책무를 헌신짝처럼 저버린다. 그뿐 아니다. 언론의 자유는, 대중과 공익이 아니라 언론과 언론인 자신의 사익을 위한 도구가 되기도 한다. 이런 일은 인간이면 누구나 예외가 아닌 이기적 본성에서 비롯된다.

언론은 '언제나' 진실을 전하지도 않는다. 현실을 반영하는 범죄 드라마나 법정 드라마에서, 우리는 목격자가 입을 닫아 버리는 장면을 자주 목격한다. 사건과 진실의 목격자라 할 수 있는 언론인의 세계에서도 같은 일이 벌어진다.

실상이 이렇지만, 대부분 경우 언론인들이 부조리와 과오를 드러내고 부끄러워하는 일은 드물다. 언론이 공익보다 사익을 추구했고, 권력과 금력 앞에 굴종했으며, 판단 착오로 진실을 덮었다 해도, 이를 고백하는 언론인은 흔치 않다는 말이다. "진실을 전해야 한다"는 언론의 존재 이유를 스스로 부정하는 게 쉽지 않은 탓이다. 대신, 언론은 잘

부끄러움을 모르는 언론, 묻히는 진실

못을 부끄러워하기보다는 잊으려 하기 일쑤다. 더 이상 잘못을 숨길 수 없을 때조차도 잘못에 이른 과정이나 결과를 미화하는 일도 심심치 않다.

이번에는 이런 언론의 행태를 보여주는 수많은 사례 가운데 몇 가지 일화들을 보자. 이 일화들만으로도 언론의 어두운 이면을 확인하기에는 충분하다. 독자들도 이미 저마다 유사 사례들을 헤아리기 힘들 만큼 경험했을 것이기 때문이다.

자유보다 굴종을
택하는 언론

시인 김수영은 명시名詩 〈풀잎〉에서 "바람보다 더 빨리 눕는다/ 바람보다 더 빨리 울고/ 바람보다 먼저 일어난다"고 노래했다. 비평가들은 '풀잎'이 가난하고 억눌려 사는 민중을, '바람'은 민중을 억누르는 지배세력을 상징하며, 시는 어두운 시대를 살아가는 민중의 끈질긴 생명력을 노래한 것이라고 해석한다.

그런데, 풀잎을 언론에 빗댄다면, 권력 앞에서 기회주의적인 언론을 이만큼 적절하게 묘사한 표현이 있을까 싶다. 권력의 바람이 불어오기 전에 먼저 눕고, 권력이 저물어갈 땐 재빠르게 표변하는 언론의 모습이 떠오르는 까닭이다. 언론의 이런 행태를 드라마틱하게 보여주는 한 일화를 보자.

'식인귀'에서 '황제 폐하'까지, '우화'가 된 '거짓 일화'

　　권력에 굴종한 언론의 상징으로 오랜 기간 많은 언론인과 지식인들이 자주 거론해온 사례가 있다. 프랑스 혁명기의 파리에서 발행되던 신문, 『르 모니퇴르 유니베르셀Le Moniteur Universel』(이하 『모니퇴르』)의 참담한 일화다. 지금도 추한 언론의 상징처럼 회자되고 있는 얘기다.

　　먼저, 일화의 역사적 배경이다. 보나파르트 나폴레옹Bonaparte Napoleon은 러시아 원정 전쟁에 실패한 데 이어 연합군에 잇따라 패배한 뒤 1814년 엘바Elba섬에 유배됐다. 그러나 그는 1815년 2월 26일 영국 해군의 감시망을 뚫고 엘바섬을 탈출해 이틀 만에 프랑스 해안에 상륙했다. 그러자 나폴레옹을 체포하라고 파견된 군인들은 나폴레옹의 편에 섰고, 그가 파리를 향하는 길에는 점점 더 많은 병사와 지지자들이 몰려들었다. 나폴레옹은 20여 일 뒤인 3월 20일 다시 집결한 휘하의 군대를 이끌고 파리에 입성했다.

　　전해져 온 일화는 이와 관련한 당시 파리의 일간지 『모니퇴르』의 보도 행태였다.[1] 일화에 따르면, 나폴레옹의 움직임을 전한 『모니퇴르』의 1면 헤드라인은 3월 9일자부터 22일자까지 극적인 변화를 거듭했다.[2] 불과 13일 동안 벌어진 일이다.

(3.9)　　식인귀, 소굴을 빠져 나가다

(3.10)　　코르시카의 아귀餓鬼, 후앙만에 상륙

(3.11)　　호랑이, 가프에 당도

나폴레옹에 대한 호칭이 "식인귀"와 "아귀"에서 "괴물", "폭군", "보나파르트", 그리고 "황제 폐하"로 급변하는 모습이 인상적이다. '식인귀'를 13일 만에 '황제 폐하'로 바꾼 『모니퇴르』의 극적 변신은, 권력 앞에서 언론이 얼마만큼 비굴할 수 있는지를 더 이상 설명할 필요가 없을 정도로 보여준다.

그런데 이 일화에 관해선 밝혀 둘 것이 있다. 일화를 사실로 굳게 믿고 거론해온 많은 이들에게는 꽤나 당혹스러운 일이겠지만, 이 일화는 새빨간 거짓이라는 점이다. 당시 『모니퇴르』의 지면에는 일화에 나오는 내용이 없었다. 모든 게 터무니없는 작자 미상의 거짓 일화라는 것이다.

그럼에도 지난 200년 동안은 물론, 지금 이 순간에도 수많은 사람이 추호의 의심도 없이 진실이라 생각하며 이 일화를 전하고 있다.

특히『모니퇴르』의 거짓 일화는 '개방된 공론의 장에서 진실은 반드시 드러난다'고 생각하는 자유 언론 사상의 옹호자들 사이에서도 진실처럼 회자됐다. 사실 이 순간에도 마찬가지다. 어이없는 일이지만, '언론의 자유'와 무관하게 진실이 거짓과의 다툼에서 승리하는 게 결코 쉽지 않다는 것을 일깨우는 사례다. '가짜'로 판명 난 일화를 소개하는

모두가 속은 『모니퇴르』의 거짓 일화

『모니퇴르』 일화가 거짓임이 드러난 것은 2020년 기자 출신의 역사연구자 데이비드 몽고메리David Montgomery에 의해서였다.[3]

몽고메리는 200년이나 진실로 믿어졌던 일화가 거짓임을 어떻게 밝혀낼 수 있었을까? 그 방법은 허탈감을 줄 만큼 단순했다. 일화의 소재가 된 당시의『모니퇴르』 지면들을 직접 확인한 게 전부였다. 『모니퇴르』에는 일화에 등장하는 사실 자체가 없었다. "1815년 이후 10년 만에 '사실'로 유포되며 200여 년 동안 사람들의 생생한 기억 속에 있던"『모니퇴르』 일화는 "원본 없는 수많은 복사본"을 낳았다. 출처조차 알려지지 않은 채 이 '가짜 일화'는 1841년 프랑스의 대문호 알렉상드르 뒤마Alexandre Dumas의 여행기에서부터 1856년 프랑스어 문법책, 나폴레옹 전쟁에 관한 어느 학자의 2001년 박사 학위 논문, 그리고 2004년 프랑스 신문 『리베라시옹Libération』의 기사에 이르기까지 의심의 여지 없이 어디에서니 인용됐디. 한국에서도 『모니퇴르』의 가짜 일화는 오랜 기간 반복적으로 진실처럼 회자되어 왔다. 지금도 인터넷 포털에서 '모니퇴르'를 검색하면, 언론인과 언론학자는 물론 일반 블로거에 이르기까지 『모니퇴르』의 거짓 일화를 전하는 글들이 무더기로 쏟아져 나온다.[4]

첫 번째 이유다.

잘못 전해져 온 사실을 바로잡기 위한 이유 말고도, 이 책에서 『모니퇴르』 일화를 거론하는 데는 더 중요한 이유가 있다. 이 일화는 비록 날조된 일화지만, 언론의 자유를 누리면서도 권력 앞에서는 소명을 내팽개치며 비열하기 짝이 없는 언론에 관한 최고의 '우화'이기 때문이다.

즉, 『모니퇴르』 일화는 비록 거짓이지만 매우 현실적인 얘기다. 권력의 풍향에 따라 아부하고 굴종하는 언론의 행태는 예나 지금이나 수많은 이들에 의해 여전히 반복되고 있다. 『모니퇴르』의 일화는 이를 전하고 듣는 이들에게 진위를 확인할 필요조차 없을 만큼 "너무도 있을 법한 일"이었다.[5] 거짓 일화가 무려 200년 동안이나 역사적 진실로 받아들여진 것은 이런 사정을 반영한다.

사실, 일화만큼 극적이지는 않았지만, 『모니퇴르』를 비롯해 당시 대부분의 프랑스 신문들은 권력의 변화에 따라 수시로 논조를 바꿨다. 『모니퇴르』만 해도 나폴레옹의 엘바섬 탈출 초기에는 관련 보도를 하지 않다가, 탈출 열흘 뒤인 3월 7일자에서야 소식을 전했다. 내용도 "나폴레옹이 바르Var(프랑스 남동부 지역)에 무력 진입함에 따라 반역자로 선포한다"는 국왕 루이 18세의 성명이 전부였다. 그 이후에도 나폴레옹보다는 루이 18세 쪽의 대응을 주로 보도했다. 그러나 나폴레옹이 파리에 점점 더 진격해오자, 보도 자체를 줄이다 아예 중단했다. 나폴레옹이 파리에 입성해 권력을 다시 잡은 이후, 『모니퇴르』가 보인 보도 태도는 독자들도 충분히 미뤄 짐작할 수 있을 것이다.

LE MONITEUR UNIVERSEL.

LE MONITEUR EST LE SEUL JOURNAL OFFICIEL.

Nº. 72.   LUNDI, 13 Mars 1815.

EXTERIEUR.
SAXE.
Dresde, le 26 février.

〈르 모니퇴르〉의 1815년 3월 21일치 1면. 'EXTERIEUR'는 '외부' 혹은 '외부 소식'을 뜻한다. 나폴레옹이 파리에 입성하기 하루 전인데도 1면의 첫 기사는 국외 소식을 전하고 있다.

출처: thesiecle.com

요컨대 『모니퇴르』의 논조가 변화한 것은 사실이지만, 날조된 일화처럼 200년 가까이 부끄러운 언론의 상징이 될 정도는 아니었다. 그럼에도 『모니퇴르』의 우화가 전하는 바는 분명하다. 사람들이 '거짓 일화'를 믿을 만큼, 많은 언론이 자유 대신 굴종을 택하는 게 현실이라는 점이다. 실제 이상의 비굴한 모습으로 전해져 온 『모니퇴르』도 수많은 사람의 경험과 문제의식이 낳은 '희생양'인 셈이다.

그만큼 자유 대신 권력과 금력에 굴종한 언론의 사례는 현존하는 지구촌의 뉴스 미디어의 숫자만큼이나 많다. 스스로 자유를 포기하고 권력에 아부하는 언론의 극적인 사례들도 드물지 않다. 권력 앞에 굴종한 한국 언론의 상징적 사례 둘만 더 확인해보자.

천황 폐하의 만수무강을 봉하하오며

한국의 대표적 일간 신문인 『조선일보』는 홈페이지에 "1920년 조선일보 창간부터 현재까지 흔들림 없이 지켜온 사시社是" 중의 하나로 '정의 옹호'를 밝히고 있다. 그리고 이는 "민족지로서 민족의 정의를 으뜸 가는 가치로서 정치적 정의, 경제적 정의, 사회적 정의를 옹호하겠다는 신념의 피력"이라고 설명한다.

실제로 3·1운동 1년 뒤인 1920년 3월 5일 창간된 『조선일보』는 한동안 민족지로서 민족의 정의를 으뜸가는 가치로 삼았다. 그해 4월 28일 고종의 아들로 대한제국의 마지막 황태자였던 영친왕英親王과 일본 왕족 나시모토노미야 마사코梨本宮方子(한국명 이방자)의 혼사를 '강제 결혼'이라 비판했고, 6월 1일에는 "조선 민중의 민족적 불평不平(불평등)!!"이라는 제하의 기사에서 "일본의 군국주의는 말할 수 없이 조선 민족을 학대하고 조선 민족을 멸망케 하였다"고 썼다. 그 밖에도 기사와 사설에서 삽화에 이르기까지 여러 차례에 걸쳐 일제의 식민통치를 비판했다.[6] 또한 1924년께부터 독립운동가들을 지지하는 '민족지' 면모를 보였고, 1930년대 중반에는 민족개량주의의 색채도 더해졌다. 그러나 바로 거기까지였다.

『조선일보』는 1937년 1월 1일 1면 한가운데에 당시 일왕 히로히토裕仁 부부의 사진을 대문짝만하게 실었다. 이후 1940년 태평양전쟁을 앞둔 일제에 의해 폐간될 때까지 『조선일보』의 독자들은 새해 첫날이나 일본 왕의 생일이면 어김없이 1면 머리기사로 실린 일왕 부부

일제 식민통치를 비판한 〈조선일보〉 보도. 일본 군국주의의 조선 통치를
적나라하게 비판한 1920년 6월 1일자 기사(왼쪽)와, 입에 자물쇠가 채
워진 모습을 그린 그해 7월 17일자 삽화.

출처: 조선일보

의 사진과 그들을 칭송하는 글을 봐야 했다. 당시『조선일보』는『매일
신보』[7]처럼 총독부의 기관지가 아니었고, '민족지'를 표방하며 독립적
으로 운영되던 신문이었음에도 말이다.

이 시절『조선일보』의 친일 행각은 널리 알려진 사실이다. 따라
서 수많은 세세한 실례를 여기서 더 다룰 필요는 없다. 대신 1940년 1
월 1일자『조선일보』1면 머리기사를 소개하는 것만으로도 충분할 듯
하다.

● 황기 2600년

건곤일전乾神一轉 욱광旭光 동천東天에 빛나고 서기瑞氣는 사해四海에 미
만彌滿한 기원 2600년이요 쇼와 15년의 원단元旦을 맞이하였다. 이날을
당하여 천황 폐하께옵서는 만수무강하옵심을 봉하奉賀하오며 황실의
유익강영愈益强榮하심을 봉축하는 것은 대일본 제국 신민의 무상無上한
경행이요 지고한 영광이다.……일선의 황군 장병이 황위를 장仗하고 숭

고한 사명을 달성하려고 천신만고를 감당하고 있다.……대일본제국 신
민은 누구나 이날이 황기 2600년이요 성전聖戰 제4년의 원단임을 깊이
기억하여서 억조일심으로 시간時艱 극복, 성업 달성에로 매진할 결심과
각오를 모고牢固하게 하여야……상上으로 황은에 보답하고 하下로 황국
의 사명에 충실하는 소이가 될 것이다.

독자들이 보기에는 어떤가? "황제 폐하가 충성스러운 백성들의
열렬한 찬송 속에 황궁에서 지난 밤을 보냈다"는 『모니퇴르』의 '거짓
일화'보다 더하면 더했지 덜하지는 않지 않은가? 누가 이런 찬양가를

굴종이 아니라고 할 수 있는가?

참신한 개혁 의지로 새역사 창조

2021년 11월 23일 한국의 모든 언론은 한국의 전 대통령인 전두환 씨 사망 사실을 일제히 알렸다. 보수 언론과 진보 언론 사이에 그에 대한 호칭('전前 대통령'과 '씨')이나 생애에 대한 평가에는 차이가 있었지만, 그가 5·18 광주 민주화운동을 유혈 진압한 독재자였음을 언급하지 않은 언론은 없었다.

『연합뉴스』는 "역사에 씻을 수 없는 과오와 상처를 남기고 생을 마감했다"고 썼다.[8] 진보언론『한겨레』는 "학살자 전두환 반성 없이 죽다"라 보도했고,[9] 전 씨의 대통령 재임 시절 권언유착 언론의 상징으로 꼽혔던 『조선일보』조차도 "전 전대통령만큼 끊임없이 비판받고 마지막 순간까지 논란을 일으킨 경우는 없었다"고 사설에 썼다.[10]

하지만, 그가 12·12 군사쿠데타로 권력을 잡으며 등장하던 시절, 한국의 주류 언론과 언론인들이 보인 모습은 지금과 달라도 너무 달랐다. 당시 언론의 보도를 보면, 언론 자유를 지키기는커녕 앞다퉈 권력 앞에 아부하고 굴종하는 모습이 그대로 드러난다.

지금처럼 당시에도 유력 신문이었던 『경향신문』의 1980년 8월 22일자 1면과 『조선일보』의 다음 날 3면의 지면에서 그 '불편한 진실'을 확인해보자.

1980년 8월 22일자 『경향신문』 1면

참신한 개혁 의지로 새 역사 창조, 전두환 육군 대장 예편,

평화적 정권교체 전통 기필코 수립. 구시대 물결 퇴조는 역사발전 순리

전두환 常委長(상위장) 당선 확실시, 27일 11대 대통령 보선 실시

전두환 대장 轉役辭(전역사)

부산 경주 지역도 全 장군 추대 결의

1980년 8월 23일자 『조선일보』 3면

인간 전두환, 육사의 혼이 키워낸 신념과 의지의 행동

"私(사)에 앞서 公(공)…나보다 국가" 앞세워

자신에게 엄격하고 책임 회피 안 해

이해관계 얽매이지 않고, 남에게 주기 좋아하는 성격

인맥 찾지 않아 주위에 사람 많이 몰려

낯 뜨거울 정도로 후안무치한 언론이 보여준 모습은 그 어떤 막장 드라마 못지않았다. 비단 『조선일보』와 『경향신문』만이 아니었다. KBS 등 공영 방송은 말할 것도 없었고, 대부분 언론은 줄지어 권력을 향한 아부와 굴종의 길로 내달렸다.

『경향신문』이 1980년 8월 19일부터 4회에 걸쳐 〈새 역사 창조의 선두자 전두환 장군〉이라는 연재 기사를 보도한 뒤, 〈육사의 혼이 키워낸 신념과 의지의 행동-인간 전두환〉(『조선일보』), 〈솔직하고 사심없는 성품-전두환 대통령 어제와 오늘, 합천에서 청와대까지〉(『중앙일보』), 〈우국충정 30년-군 생활을 통해 본 그의 인간관, 새 시대의 기수 전두환 대통령〉(『동아일보』), 〈전두환 장군 의지의 30년-육사 입교에서 대장 전역까지〉(『한국일보』) 등 한국 언론은 경쟁적으로 '인간 전두환' 시리즈에 뛰어들었다.[11]

『조선일보』를 필두로 전두환 집권기에 권언유착을 통해 비약적으로 사세를 확장한 언론들은 지금도 한국 사회의 가장 강력한 뉴스 미디어들이다. 날조된 『모니퇴르』의 일화가 없었더라도 유사한 사례는 세상에 얼마든지 널려 있다.

자유를 기득권 지키기에
활용하는 언론

언론은 때로 주어진 자유를 저버리고 권력에 굴종한다. 하지만,

때로는 주어진 자유를 공익이 아니라 자신들의 이익을 위해 거리낌 없이 활용하기도 한다. 이런 때는 자기 성찰은 물론, 객관·균형·공정 같은 보도 윤리도 당연히 뒷전이다. 특히, 기업적 혹은 직업적 이익을 위해 대다수 언론이 하나가 되면, 언론의 존재 이유인 대중의 기대와 뜻에 정면으로 거스르는 일도 마다하지 않는다.

자유를 자신의 이익을 위해 활용하는 언론과 언론인의 행태는 다양하다. 그 가운데 가장 흔한 행태는 기업 혹은 직업인으로서 '먹고사니즘'을 우선해 보도할 이슈나 내용을 선택하는 것이다. 또, 지인이나 언론계 동료에 관한 좋은 소식은 과도하게, 나쁜 소식은 숨기거나 줄여 보도하는 일도 다반사다. 언론인들의 '인지상정'으로 벌어지는 일들이다.

개별적 언론이나 언론인의 행태가 아니라 언론과 언론인 대부분이 직업적 이해로 하나가 되어, 오직 자신들의 목소리만 쏟아 놓을 때도 있다. 이는 언론계 차원에서 객관이나 공정 같은 가치와 다수 시민의 목소리를 집단적으로 외면한다는 점에서, 언론인 개별적 차원의 먹사니즘이나 인지상정에 따른 일탈과는 비교할 수 없을 만큼 심각한 문제가 된다. 언론과 언론인이 직업적 이해나 기득권의 유지를 위해 한목소리를 내는 것은 언론의 역할과 기능을 개선하기는커녕 언론과 관련된 적폐를 온존시킬 수 있기 때문이다.

'설마 그런 일이 있었을까?'하는 독자들도 있겠지만, 언론과 언론인들이 이익공동체가 되어 한목소리를 내는 것은 드문 일이 아니다. 대다수의 한국 언론이 이익공동체의 모습을 보인 문제적 행태 둘을 짚어보자. 2003~2007년 '정부 부처의 기자실 폐지' 당시와 2015년 김영란법[12] 제정 당시 언론의 보도행태다. 두 경우 모두 많은 언론은 하나같이 '언론 자유의 위축'을 얘기했다. 하지만, 그 이면에는 언론(인)의 취재 편의나, 사업적 혹은 직업적 이해관계가 자리 잡고 있었다.

그들만의 리그, 출입기자단

2003년 당시 노무현 정부는 기자실을 폐지하고 대신 '개방형 브리핑룸' 제도를 도입했다. 당시 정부 부처 안에 마련되어 있던 기자실은 출입기자단에 속한 기자들만 독점적으로 이용하고 있었는데, 이를 없앤 것이다. 대신 정부는 부처에 등록하는 모든 기자에게 부처의 브리핑과 질의응답을 개방했다. 기자실 폐지와 함께 기자단 소속 기자들이 아무 때나 부처 공무원의 업무 공간에 드나들던 행위도 제한됐다. 이런 일련의 조처는 기자단에 가입한 주요 언론사 기자들의 취재 독과점을 무너뜨리는 것이었다.

사실, 출입기자단과 기자실은 오래전부터 논란의 대상이었고, 지금도 마찬가지다. 정부 부처들의 기자실은 기자단에 속한 언론사 기자들의 전유물이고, 공무원들의 취재 응대는 기자실을 중심으로 이뤄진다. 기자단은 합의나 운영 규칙을 어긴 기자들을 출입정지 조처 등으로 징계하고, 신규 매체의 가입 여부도 결정한다. 기자실은 이런 행위를 현실적으로 뒷받침하는 공간이었다.

이 때문에, 정부의 기자실 폐지 조치 전에도 기자단과 기자실에 대한 비판은 적지 않았다. 언론의 취재는 최대한 보장되어야 하지만, 그 혜택이 제한된 언론사 기자들에게만 돌아가는 것은 문제가 있다는 이유에서였다. '언론의 자유로운 경쟁'과는 거리가 있는 제도이자 관행이었다. 기자단은 일종의 배타적 취재 독점 카르텔이었고, 기자실은 이 카르텔을 물리적으로 뒷받침했다.

이와 관련한 대표적 사례는 기자단이 결정하는 '엠바고embargo' 다. 엠바고는 기자단의 모든 기자가 어떤 특정 사안에 관한 보도를 일정 시점까지 미루기로 약속하는 일종의 담합 행위다. 엠바고는 취재원의 요청이나 기자단 구성원의 제안에 따라 기자단 차원의 합의로 정해진다. 물론, 납치나 유괴 사건에 대한 보도 등에서는 피해자의 안전과 범인 검거 등을 위한 엠바고가 필요할 수 있다. 그러나 많은 경우, 엠바고는 기자단에 속한 기자(언론사)들의 보도 경쟁을 줄여주는 구실을 한다. 또, 보도 자료를 제공하는 부처의 입장에서는 보도 시점을 적절하게 통제하는 수단이 된다. 따라서 엠바고의 상당수는 정부 부처나 기자들에게는 "누이 좋고 매부 좋은" 일이지만, 기자단 밖의 언론사나 일반 시민의 이해와는 동떨어진 것이다. 기자단과 기자실이, 개방되어야 할 '언론의 자유경쟁 시장'에 진입 장벽 구실을 하기 때문이다.

이런 비판과는 별개로, 언론계 안팎에서는 기자들의 출입처 중심 취재 관행이 최선의 보도를 저해한다는 견해도 적지 않았다. 기자들과 출입처 취재원들과의 거리는 가까워지고, 시민과의 거리는 멀어지며, 시민보다는 정부와 공직자 등 취재원의 관점과 처지가 보도에 더 큰 영향을 미치는 결과를 낳는다는 우려였다. 특히, 정부 부처를 상대로 한 출입처·출입기자단·출입기자실 관행은 한국과 일본을 제외한 서구의 언론 선진국에서는 찾아보기 어려운 것이었다.

기자단과 기자실에 대한 언론계 안팎의 이런 문제의식에도 불구하고, 막상 기자실 폐지가 추진되자 출입기자단에 가입해 있던 언론의 반대는 거셌다. 기자단에 속한 거의 모든 언론사가 기자실 폐지를 비판하는 보도만을 쏟아냈다. 이 보도들에는 기자실 폐지의 부당성만이 담겨 있었고, 기자단 밖의 언론들이나 시민사회 일각에서 나온 환영의 목소리는 온데간데없었다. 그만큼, 주요 언론들의 보도는 일방적이고 편파적이었다. "언론에 재갈을 물리겠다는 말인가", "기자실 폐쇄의 반민주성", "반민주적 기자실 통폐합 즉각 철회하라", "기자 밀어내고 장막에 숨는 정부", "국민의 눈앞에 철의 장막을 치는 정부" 같은 칼럼과 사설 등을 통해 이런 모습은 극명하게 드러났다.

기자실 폐지를 둘러싸고 그렇게 5년 이상 지속된 정부와 주류 언론 사이의 충돌은 똘똘 뭉친 주류 언론의 승리로 끝났다. 기자실 폐지 논란에 큰 관심을 보이지 않던 국민 여론이 주류 언론의 편으로 기울고, 기자실 폐지에 찬성했던 일부 정치인들마저 선거를 앞두고는 주류 언론을 의식해 태도를 바꿨다. 결국, 2008년 이명박 정부가 들어서며 기자실 폐지 정책은 폐기됐고, 정부 부처의 기자실도 모두 2003년 이전으로 원상회복됐다.

당시 기자실 폐지에 관한 주요 언론의 보도 태도는 요즘 유행어인 '답정너(답은 정해져 있고 너는 대답만 하면 된다)' 같았다. 기자단 가입 언론사들의 입장만 반복적으로 보도됐을 뿐, '균형'이나 '객관' 같은 보도 기준은 일찌감치 외면됐다. 언론은 자신들에 대해서도 객관적 시선이 필요하지만, 자신들의 기득권이나 이해가 걸린 사안의 경우 이를 기대하는 것은 비현실적이라는 것을 보여준 사례였다.

기자실과 기자단을 둘러싼 논쟁

출입기자단과 기자실은 일본 언론의 출입처 취재 방식과 그에 상응하는 관행을 그대로 모사한 것이었다. 또 일제로부터 해방된 뒤, 특히 박정희·전두환 등 권위주의 정권 시절에는 기자단이 권언유착과 언론 통제의 매개 구실을 했다는 평가도 많았다. 그러나 민주화 이후에는 기자단과 기자실의 유용성이나 폐단을 둘러싸고는 양론이 맞서 왔다.

유용하다는 쪽은, 기자단과 기자실이 기관과 공직자들에 대한 밀착 감시·취재로 정보의 은폐·왜곡을 막고, 언론에 대한 권력의 부당한 억압에 공동 대응을 할 수 있게 한다고 얘기한다. 또한 기자단과 기자실의 존재는 해당 기관에 무언의 압박으로 작용해 기관의 정보 공개량을 증가시키며, 언론사 간의 불필요한 경쟁을 제어하는 역할을 수행한다고 주장한다.

반면, 폐단을 말하는 쪽은, 기자단과 기자실이 기자단에 소속되지 않은 언론의 취재 기회를 직간접적으로 차단하며 취재의 특혜를 공유하는 배타적 카르텔이라고 지적한다. 또, 동일한 정보를 함께 접하는 경우가 많아 보도의 다양성이 사라지게 하며, 취재원이 기자들에게 금품과 향응을 제공하는 통로이자,[13] 기자들이 취재원에게 포섭되기 더 좋은 조건이 된다고 말한다.[14]

촌지와 접대를 받을 자유?

지난 2015년, 당시 한국 사회는 만연한 공직 사회의 부패 청산을 염원하는 국민적 요구를 반영한 김영란법의 국회 통과를 눈앞에 두고 있었다. 금품 수수와 부정 청탁을 금지하는 법의 적용 대상에는 공직자뿐만 아니라 언론인과 사립학교 교직원도 포함됐다. 그러자 '기자실 폐지 논란' 때와 마찬가지로 언론은 이를 일제히 비판하고 나섰다. 특히, 언론인을 김영란법 적용 대상으로 삼는 데 찬성하는 국민이 70퍼센트 안팎에 이르렀지만,[15] 언론은 이런 여론에도 아랑곳도 하지 않았다.

그 와중에 한국의 대표적 독립 언론으로 꼽히는 『한겨레』에도 김영란법에 관한 편집국 간부들의 칼럼들이 잇따라 실렸다. 그간 『한겨레』는 촌지 수수 등 언론계의 금품 수수 관행을 폭로하고 근절하는 데 앞장서온 신문이었던지라, 언론계 안팎에서도 김영란법에 대한 『한겨레』의 논조에 이목이 쏠리던 때였다. 그런데 뜻밖에도 『한겨레』에는 1월 29일자 '데스크 칼럼'에 "나는 김영란법 적용 대상을 언론인으로 확대하면 언론 탄압의 도구로 악용될 수 있다는 주장에 공감한다"는 칼럼이 실리더니, 열흘 뒤엔 다음과 같은 칼럼이 실렸다.

● 경찰국가 만들자는 '국회판 김영란법'

……김영란법은 더 이상 그 이름으로 불러서는 안 될 만큼 심하게 변질됐다. 애초의 김영란법은 적용 대상을 공직자로 한정했다. 그러나

국회 정무위는 언론사 임직원과 사립학교 교직원들을 추가로 집어넣었다.……적용 범위도 이들 모두의 '가족'(민법)까지로 한껏 확장했다.……한집에 사는 식구들 속내도 알 수 없는 게 요즘 세상인데, 사돈의 팔촌까지를 수시로 챙겨야 처벌을 면할 수 있게 된 것이다. 조선 시대 '오가작통법'을 연상시키는 이런 식의 포괄 입법은, 의원들 자신이 법안심사 과정에서 고백했듯, 세계 어디에도 유례가 없다.……그래서 어느 검찰 간부의 예상은 기우일 수가 없다. "수사기관이 마음만 먹으면 국민 누구든 사찰할 수가 있게 된다."……명분이 아무리 타당해 보여도 법은 함부로 만들 일이 아니다.(2015년 2월 9일)

다른 한국 언론에 비하면, 그나마 『한겨레』의 김영란법 비판은 양이나 질에서 상대적으로 상당히 소극적인 편에 속했다. 그럼에도, 이 칼럼은 언론인의 윤리를 앞장서 실천해온 『한겨레』의 기자들조차 언론인의 '기득권 방어' 대열에서는 쉽게 이탈하지 못한다는 인상을 줬다. 기자실 폐지 논란 당시에는 『한겨레』가 주류 언론사들과는 다른 행보를 보였다는 점에 비춰, 편집국 간부들의 잇따른 김영란법 비판 칼럼은 독자들을 놀라게 한 뜻밖의 일이었다.

한 달여 뒤, 『한겨레』에는 이 칼럼과는 정반대의 견해가 담긴 외부 필자의 기고가 실렸다. 『한겨레』의 편집국장과 논설주간까지 지낸 전 언론인의 글이었다. 그는 언론인은 공직자가 아니라는 이유로 "청탁하지 말고, 촌지 받지 말라는 법조문을……적용받지 않으려고 몸부림치는 모습은 보기가 참 민망스럽다"고 개탄했다. 또 "언론의 자유와 자율은 보장되어야 마땅하지만 진정한 자유와 자율은 도덕적인 우월성에서 온다"고 역설했다.[16] 이런 상반된 칼럼과 기고는 창간 때부터 촌지 거부 운동을 벌여온 『한겨레』조차 김영란법을 둘러싼 인식과 판단의 혼란을 보여준 것이었다.

냉정히 생각하면, 그때나 지금이나 김영란법에 압도적으로 찬성한 국민 여론은 이 법의 공익성을 상징한 것이었다. 하지만, 당시 대부분 한국 언론은 김영란법을 비판하는 데 '화력'을 쏟아부었고, 여론과는 정반대의 길로 폭주했다. 여느 때 같으면, 여론에 역행하는 이들을 비판하는 데 언론이 앞장섰을 터였지만, 이번만큼은 달랐다. 여론에 역행한 이가 바로 언론과 언론인 자신이었기 때문이다. 대신, 언론은 국민 여론을 세상 물정 모르는 대중의 오판으로 여겼다. 결과적으로, '언론 자유'는 결과적으로 '언론인의 기득권을 지키는 자유'가 되어 버렸다. 무엇보다도, 언론은 권력이나 금력이 아닌 자신의 이해에도 쉽게 굴복한다는 점을 잘 보여줬다.

유력 언론이 한목소리로 반대했음에도, '기자실 폐지' 조치와는 달리 김영란법은 그해 3월 국회를 통과해 시행됐다. 거의 모든 언론이 입법을 반대하는 보도를 융단 폭격하듯 쏟아냈음에도 입법을 지지하는 압도적 여론을 이기지는 못한 것이다.

지금도 김영란법에 관해선 다양한 평가가 있다. 하지만, 적어도 위의 칼럼처럼 조선 시대 '오가작통법'을 연상시키는 '악법'이라는 사람은 찾아보기 힘들다. "수사기관이 마음만 먹으면 국민 누구든 사찰할 수가 있게 된다"는 칼럼의 예언도 현실이 되지 않았다. 근래, 수사

기관의 자의적 수사나 표적 수사와 기소 등에 대한 비판적 여론이 적지 않다. 하지만, 적어도 그 수단으로 김영란법이 쓰인 경우는 찾아보기 힘들다.

되레, 김영란법 시행 이후에도 수백만 원대의 골프채를 받은 언론인, 향응과 승용차를 받은 언론인,[17] 해외의 호화 요트 여행 접대를 받은 언론인,[18] 심지어 개발 비리 관련 인물에게 수억 원대의 돈을 받은 언론인[19] 등 대중의 눈높이에 맞지 않은 금품과 향응을 받은 언론인들 사례가 심심치 않게 이어지고 있다.

언론이 신뢰를 잃는 방법은 참으로 다양하다. 주어진 자유를 기득권 지키기에 활용했던 한국 언론은 너나 할 것 없이 그렇게 또 한 번 신뢰를 잃었다. 그런데, 다행이라고 해야 할지, 희비극이라 해야 할지 형언하기 어렵지만, 김영란법의 시행을 두 달 앞두고 있던 다음 해 8월, 『한겨레』에는 앞서 데스크들이 쓴 칼럼과는 논조가 180도 바뀐 편집인의 칼럼이 실렸다.

● 한국 언론의 부끄러운 자화상

언론이 '김영란법' 적용 대상에 포함된 것은……언론 스스로 불러들인 업보다. 그동안 언론이 각종 특혜를 누려왔음은 부인하기 어렵다.…… 김영란법이 언론의 자유를 제약한다는 반론도 이런 점에서 수긍하기 힘들다. 언론의 기본 역할은 서민이나 노동자 등 사회경제적 약자 편에 서서 권력과 자본을 비판하고 견제하는 일이다.……힘 있는 권력 및 자본과 자유롭게 어울리라는 언론 자유가 아니라는 말이다. 그런데도 김영란법 때문에 그동안 특혜를 공유했던 권력 및 자본과의 접촉에 제한을 받는다고, 즉 언론 자유가 제약을 받는다고 불평하는 건 어불성설이다.……언론인은……어느 공직자보다 공공성이 훨씬 큰 일을 하는 집단인 것이다. 국민적 감시와 견제를 받는 공직자에 포함하지 못할 이유가 없다.(2016년 8월 2일)

언론의 극적인 논조 변화는 언제나 그 변화를 인식하는 사람들의 눈길을 끈다. 국민의 압도적 여론의 의미를 뒤늦게라도 이해한 것은 다행스러운 일이다. 언론의 소명에 충실한 언론인이라도 끊임없는 자성이 필요하다. 깨어 있지 않은 언론인은, 시민과 사회가 부여한 역할을 바르게 수행하기 어렵기 때문이다.

요컨대, 앞서 든 '기자실 폐지'와 '김영란법' 관련 두 사례는 대부분 언론이 하나가 되어, 자신들의 직업상 혹은 사업상 기득권을 위해 언론의 기능을 이용한 사례다. 오보의 시정이나 소속 언론인의 비리 사건의 보도에 인색한 한국 언론의 행태도 유사한 예라 할 수 있다. 어느 경우나 공익이 아니라 자신의 이해관계에 따라 선택적으로 보도하는 행위이기 때문이다. 또한, 앞서 말했듯이, 개별 언론사나 언론인들이 자신들의 이해를 보도에 반영하는 일도 헤아릴 수 없이 많다. 그들이 자신의 기득권이나 이해를 위해 집단적으로 한목소리를 내는 것은, 언론의 소명과 규범에서 벗어나는 전형적인 일탈 행위다.

모든 진실이
드러나지는 않는다

우리는 일상에서 확인되지 않은 명제나 주장을 너무도 당연하게 받아들이는 경우가 적지 않다. 그 대표적인 것 중 하나가 "진실은 반드시 드러난다"는 말이다. 그러나 실제로도 그럴까? 앞서 언급했듯이, '지구가 태양을 돈다'는 과학적 진실이 빛을 보기까지는 수천 년의 시간이 필요했다. 마찬가지로, 아직 드러나지 않은 과학적 진실은 헤아릴 수조차 없을 것이다.

자연과학의 영역이 아니더라도, '드러난 진실들'이 '묻힌 진실들'보다 많다고는 누구도 이야기하기 어렵다. 잠시 드러났다가 다시 묻히거나, 발굴조차 되지 않은 진실이 무수히 존재한다는 것은 독자들도 경험과 직관을 통해 충분히 알고 있을 것이다.

필자는 진실을 전달한다는 언론인으로서 살았다. 그간의 깨달음 하나를 얘기한다면, '모든 진실이 대중에게 전해지지는 않는다'는 것이다. 언론인이 지닌 인간적 한계를 비롯해, 취재가 보도로 이어지지 않는 다양한 상황 때문이다. 진실이 우여곡절 끝에 언론인까지는 도달했지만, 더 이상 알려지지 않은 채 덮이는 경우도 많다.

하지만, '드러나지 않은 진실들'의 존재를 입증할 방도는 마땅치 않다. 따라서, 개인적 경험을 언급하려 한다. 단서를 확보하고도 보도하지 않아 진실이 묻힌 사례다. "모든 진실은 드러나지 않으며, 우리는 드러난 진실만을 알 뿐"이라는 현실을 이해하는 데 도움이 될 것이다.

부끄러움을 모르는 언론, 묻히는 진실

1995년 6월 29일 오후 5시 50분께 서울의 대표적 백화점이었던 삼풍백화점 북관 5층에서는 "대피하라"는 고함이 터져 나오기 시작했다. 불과 7분 뒤 기둥들이 무너지며 건물은 붕괴했다. 지상 5층에서 지하 4층까지 완전히 매몰되는 데 단 20초가 걸렸다. 1,500여 명이 잔해에 파묻혔다. 붕괴로 인한 먼지 폭풍이 건물을 가렸고, 붕괴의 굉음이 사라지자 "살려 달라"는 사람들의 애원과 절규가 허공을 가득 메웠다. 지난 세기 한국은 물론 세계적으로도, 상상조차 하기 힘든 최악의 참사였다.

이 사고로, 501명이 숨졌고 사지 절단 등 중장애자를 포함해 937명이 부상을 입었다. 사망 판정은 받았으나 사고 뒤 100일이 지나도록 주검의 흔적조차 찾지 못한 이도 35명이었다.[20]

1995년 6월 삼풍백화점 붕괴 현장. (서울특별시 소방재난본부)

영영 돌아오지 못한 500여 명의 무고한 사람들은 그들의 삶에서는 물론 사고 순간의 진실들을 간직한 이들이다. 그러나 세상에 알려지지 않은 그들의 진실 또한 희생자들과 함께 잔해 속에 묻혀버리고 말았다. 온 사회가 슬픔에 잠긴 가운데에도 '생존자 구출'의 감동적인 소식들도 이어졌다. 그러나 시간이 흐르며 매몰된 생존자에 대한 희망도 사라져 갔다. 그러던 중, 사고가 난 지 11일과 13일 만에 잇따라 생존자가 나왔고, 사고 17일째 날에도 생존자가 구출되는 기적이 일어났다.[21]

그로부터 사흘이 지난 뒤, 참사 현장의 정보를 취합하던 서초경찰서의 한 간부는 필자에게 뜻밖의 얘기를 꺼냈다. "한 여성의 주검이 발견됐는데, 발견 당시 아무리 길게 봐도 숨진 지 하루가 안 됐다"는 말이었다. 무려 매몰되어 19일을 살아 견뎠던 피해자의 주검은 온전하고 깨끗했다고 했다.

그러나 이 소식은 세상에 알려지지 않았다. 필자가 "처절하고 슬픈 뉴스를 왜 보도하느냐"는 독자의 항의나 데스크의 핀잔을 걱정하다가 보도를 포기했기 때문이다. 당시의 한국 언론은 아침 신문에 보기 험한 사진도 쓰지 않던 때다. 물론, 시대나 나라가 달랐다면 비극적인 소식이 세상에 나왔을 수 있다. 참혹한 사진조차 여과 없이 보도하는 러시아의 언론이나, 선정적인 뉴스투성이인 요즘의 한국 언론이라면 충분히 가능한 일이다. "[단독] 매몰 생존 기록 경신……그러나 차가운 주검으로 발견" 같은 제목으로 말이다.

하여튼 먼 과거가 되어 버린 당시의 그 일이 이제 와 뉴스거리가 되기는 어려울 것이다. 19일을 극한의 고통 속에서 삶을 위해 분투했으나 끝내 살아나오지 못한 여성도 이제는 기억 저편으로 사라졌다. 진실은 이처럼 묻힌다.

언론에 의해 진실이 묻히는 이유는, 진실이 드러나는 이유만큼이나 많다. 권력과 금력의 외압이나 회유가 대표적이지만, 그와 무관하게 언론이나 언론인 스스로 침묵을 택하는 경우도 적지 않다. 이를테면, 대부분의 뉴스 소비자들 생각이 한쪽으로 완전히 쏠려 있는 상황에서, 언론은 그들이 믿지 않을 반대쪽 진실의 전달을 꺼린다. 또한 필자의 경험처럼, 사람들에게 극도의 슬픔과 고통을 주는 뉴스들도 언론은 회피하는 경향이 있다. 여기에 언론사의 사주나 상급자가 자신들의 이해관계나 확증 편향으로 보도를 막는 일도 드물지 않다.(☞ p. 62. '[잠깐!] 뉴스 생산 공정의 고속도로와 협로') 게다가, 아무리 뛰어난 언론인이라도 오판 가능성은 언제나 존재한다.

세상에 일찍 전해졌어야 할 진실이 뒤늦게 드러나는 많은 경우가 이런 상황에서 비롯된다. 또, 한 번 묻힌 진실은 다시 드러나기 매우 어렵다. 오랜 기간 언론인으로 살아온 이들이라면 취재 과정에서 인지한 모든 것들이 보도되지 않는다는 경험을 모두 가지고 있을 것이다.

이처럼 묻히고 실종된 진실은 너무도 많다. 아직도 생생한 기억으로 고통스러운 2014년의 세월호 침몰 참사에서도 299명의 죄 없는 이들이 그들이 마지막 순간까지 간직했던 진실들과 함께 깊은 바닷속으로 영원히 가라앉았다.(세월호 참사의 원인을 두고는 지금도 거짓과 진실의 다툼이 여전히 이어지고 있다.) 1980년 광주 민주화 항쟁 당시 시민들을 향한 발포 명령자도, 1963년 존 F. 케네디John F. Kennedy 미국 대통령을 암살한 배후도, 인혁당 사건이나 김대중 납치 사건 같은 많은 군사독재정권의 반정부 인사 탄압 사건의 온전한 진실도 여전히 드러나지 않았다. 수많은 미제 범죄 사건들 또한 마찬가지다. 드러나지 않는 진실은 이처럼 셀 수 없이 많다.

거짓과 진실이 아무리 다투더라도 모든 진실이 드러나지는 않는다. 만약 진실이 언제나 드러나는 것이라면, 진실을 밝혀야 한다는 언론의 소명을 그토록 강조할 이유도 없다. 언론의 소명이 강조되는 것은 그만큼 드러나지 않는 진실이 많다는 모순된 현실 때문이다.

7장

자유를 만끽하는
언론의 배신

언론 자유 사상을 금과옥조로 삼는 이들은 '언론 자유'의 이상과 순기능을 굳게 믿는다. 자유를 누리는 언론은 언제나 진실을 드러내고, 우리를 더 나은 사회로 이끌 것이라는 믿음이다. 그러나 '믿음'은 '과학'이 아니고, '이상'과 '현실'은 언제나 다르다.

실제로, 언론 자유는 이성으로 규율되지 않는 인간의 본능 앞에서는 공허한 '도그마'가 되기 일쑤였다. 언론의 자유도 평등하지 않아, 약자의 목소리가 거대한 확성기를 차지한 강자의 소리에 묻히는 일도 다반사였다. 사람들은 언론이 '지킬 박사'이길 기대했지만, '하이드' 같은 어두운 면모도 지닌 탓이었다.

'하이드'의 모습을 한 언론은 위대한 언론 자유 사상가들의 어록에도 생생하게 담겨 있다. 이들 모두 자유를 남용하는 언론을 직시하고 난 뒤에는, 언론에 관한 이들의 신념이 크게 흔들린 것이다. 단지, 그 어록들이 제대로 전해지지 않은 탓에 우리가 잘 모를 뿐이다.

토머스 제퍼슨이나 알렉시 드 토크빌은 언론 자유를 비타협적으로 옹호한 대표적 인물이다. 그러나 이들조차 시간이 지난 뒤 자유로

자유를 만끽하는 언론의 배신

운 언론의 역기능과 부조리한 현실에 개탄을 금치 못했다. 프랑스의 문호이자 언론인이기도 했던 오노레 드 발자크Honore de Balzac,1799~1850 도 언론의 자유가 만개한 시절의 인물이었다. 그는 애초 "저널리즘은 모든 인간적인 지성이며 문명 그 자체"라며 언론을 칭송했지만, 뒤에는 백해무익한 존재로 규정했다. 특히, 제퍼슨이나 발자크의 토로에는, 언론에 대한 깊은 환멸과 혐오가 담겨 있다. 보는 눈이 의심스러울 정도다.

언론이 지닌 부조리는 자유의 '빛'이 언론을 비출 때 생겨나는 어두운 '그림자'다. 이 그림자는 제퍼슨 같은 언론 자유의 열렬한 옹호자들도 보았던 만큼, 보통사람들도 충분히 볼 수 있다. 밝은 빛에 가려 잘 보이지 않을 뿐, 조금만 주의를 기울이면 누구에게나 보이는 그림자이기 때문이다.

언론 자유의 빛과 그림자는 언론에 관한 제도와 규범, 그리고 관행에 영향을 받는다. 한 사회의 구성원들은 유무형의 사회적 합의로 언론 자유에 관한 법과 제도, 관행과 전통을 결정해 왔고, 또 지속적으로 변화시켜왔다. 이런 변화가 언론 환경과 언론의 변화로 이어졌음은 두말할 나위가 없다. 따라서, 언론의 자유와 관련한 제도와 사람들의 인식은 죽은 '화석' 같은 존재가 아니다. 그것들은 언제 어디서나 사회 구성원들에 의해 변화하는 살아 있는 '생명체' 같은 것이라고 할 수 있다.

신념이 환멸로
제퍼슨의 변심

미국의 정치가이자 사상가, 토마스 제퍼슨은 언론의 자유에 관해 전무후무할 만큼 많은 어록을 남겼다. 그는 "언론이 자유롭고 모든 사람이 이를 읽을 수 있는 곳에서는 모든 이가 안전할 것"이라고 말했고,[1] "언론의 자유를 보호하기 위해서는 모든 이가 순교를 할 준비가 되어 있어야 한다"[2]고 역설했다. 특히 그는 계몽된 시민에 의존하는 민주국가에서 정부를 자유롭게 조사하고 비판하는 언론은 절대적으로 필요하다고 생각했다. 그만큼 언론 자유를 비타협적으로 옹호했던 인물이었다.

그러나 시간이 흐르며 언론의 자유에 관한 제퍼슨의 신념은 요동쳤다. 특히 그가 미국의 제3대 대통령이 된 1801년 이후에는 자유를 만끽하는 언론에 대한 실망과 환멸을 여과 없이 토로했다. 어떤 이들은 제퍼슨의 이런 변화가 그가 대통령이 되어 언론의 집중적인 취재와 보도의 대상이 된 탓이라고 여긴다.

하지만, 이것만으로는 제퍼슨의 극적 태도 변화를 모두 설명하기는 어렵다.[3] 왜 그가 그토록 언론 자유를 옹호했는지조차 이해하기 어려울 만큼 언론의 행태를 개탄했기 때문이다. 또 객관적인 지금의 시각으로 다시 보더라도, 당시 제퍼슨이 겪은 미국 신문들은 그가 절망적인 회한을 토로할 만큼 극도로 당파적이고 무책임한 보도를 일삼았다. 아울러, 남이 아닌 자신에 관한 언론의 보도에서는 어느 누구보다 그 진실성을 더 잘 판단할 수 있는 사정도 있었을 것으로 보인다.

제리 크누드손Jerry W. Knudson은 처음과 끝이 달랐던 제퍼슨의 언론관을 연구한 언론인 출신 학자다. 크누드손의 저서『제퍼슨과 언론: 자유로 인한 시련Jefferson and the Press: Crucible of Liberty』[4]에 따르면, 당시 미국의 신문들은 하나같이 사나울 만큼 당파적이었다. 추문은 물론 거짓을 보도하는 일도 아주 잦았다. 뿐만 아니라 민주공화당Democratic-Republican Party 소속이었던 제퍼슨의 대통령 재임 당시, 미국 신문의 약 4분의 3은 연방당Federalist Party 인사들이 장악하고 있었다.[5] 그만큼 많은 신문이 제퍼슨에 대한 우려와 경계심, 비난과 비판이 담긴 당파적 보도를 그의 임기 내내 쏟아냈다.

특히, 당시 미국의 신문들은 "흑인 노예, 샐리 헤밍스Sally Hemings 와의 불륜으로 태어난 노예를 친아버지처럼 키웠다"는 추문까지 폭로하며 제퍼슨을 맹렬히 공격했다. 당시는 백인이 흑인 노예로부터 낳은 자식을 친자식처럼 키우는 것이 금기 중 금기였던 때였다. 이 보도로 정치인 제퍼슨은 백인 공동체의 배은망덕한 배신자가 됐고, 백인 사회의 일원으로서도 큰 고통을 겪었다.

이런 일들을 겪으며, 제퍼슨은 극도로 당파적이고 거짓과 추잡한 가십gossip을 보도하는

제퍼슨과 흑인 노예 헤밍스를 수탉과 암탉으로 그린 삽화(1804년).
출처: American Antiquariana Society

'자유로운 언론'에 대한 실망을 여과 없이 드러냈다. 자유를 남용하는 언론에 대한 실망은 물론, 혐오와 환멸의 감정도 감추지 않았다.

대표적인 그의 어록을 보자. 그가 그토록 옹호했던 언론 자유의 신념은 흔적도 찾아보기 어려운 말들이다. 그러나 언론 자유를 옹호한 그의 언급들과는 달리, 거의 알려지지 않은 것들이다. 미국 독립 초기, 미국의 신문과 언론인은 유일한 공적 정보의 공급자였지만, 동시에 매우 당파적이었고 모질고 거친 보도를 일삼던 미국의 신문과 언론인들에 관한 얘기다.

- 신문은 대부분은 (자신이) 불만을 품은 사람들에 관한 과장된 묘사다. 이곳(미국)의 언론 자유는 이전의 어떤 문명국가도 알지 못했거나 감내했던 적이 없을 만큼 심각하게 남용되어왔다.[6]
- 이제 신문에서 보는 것은 아무것도 믿을 수 없다. 진실이 오염된 운반 수단(신문)에 실리면서 의심받게 됐다.[7]
- 늑대가 어린 양의 피 앞에서 그렇듯 신문들은 희생자들의 고통에 굶주려 있다.[8]
- 환한 대낮에 있지도 않았던 것에 대한 신문들의 끔찍한 추측과 거짓을 40년간 경험하며, 나는 신문들이 읽을 가치도, 주목할 가치도 거의 없다고 생각한다.[9]

앞서, 5장에서 언론 자유 사상의 주창자였던 존 밀턴이 성공회나 가톨릭의 저작물을 근절해야 한다고 주장했고, 훗날 크롬웰 정부에서 출판물을 심사하고 허가하는 일을 맡았었다는 사례를 소개한 바 있다. 그의 후예인 제퍼슨의 언론 자유에 관한 신념은 그가 생을 마칠 때까지 천국과 지옥 사이를 오가듯 심하게 흔들렸다. 밀턴이나 제퍼슨 같은 언론 자유 사상의 주창자들조차 피할 수 없었던 이런 모습은, 언론 자유의 이상과 현실 사이에 있는 본연의 간극을 보여준다.

잠깐!

당파적 언론의 여전한 추문 보도

제퍼슨과 흑인 노예 샐리 헤밍스의 불륜을 전한 기사의 첫 문장은 지금도 여전한 추문 폭로 기사의 전형이다.

"미국민의 존경을 받는 자가 오랫동안 자신의 노예 중 하나를 첩으로 삼았다. 그녀의 이름은 샐리이고 그녀의 아들 이름은 톰이다. 톰의 용모는 대통령(제퍼슨)과 놀라울 정도로 닮았다고 한다. 그 소년의 나이는 10살에서 12살이다."[10]

유사한 일은 지금도 반복된다. 2013년 9월 6일 한국의 최대 보수 신문 『조선일보』는 당시 보수 정권과 심한 알력을 빚고 있던 채동욱 검찰총장의 추문을 1면 머리기사로 보도했다. 당시 기사의 첫 문장이다.

"채동욱蔡東旭(54) 검찰총장이 10여 년간 한 여성과 혼외 관계를 유지하면서, 이 여성과의 사이에서 아들(11살)을 얻은 사실을 숨겨온 것으로 밝혀졌다."[11]

두 기사는 놀라울 만큼 닮았다. 우연이겠지만, 천진한 혼외자의 나이까지 유사하다. 19세기 미국에서 흑인 노예로 살아야 했던 제퍼슨의 혼외자는 그렇다 치자. 21세기 한국에서 어린 소년에게 지워진 삶의 멍에는 어찌할 것인가? '언론 자유'를 위해 어쩔 수 없이 치러야 할 대가일까? 두 기사는 200여 년이라는 시간과 미국과 한국이라는 공간을 뛰어넘어, '자유를 만끽'하는 언론의 속성을 잘 보여주는 사례다.

밀턴은 당대와 후세 사람들에게 "진실과 거짓이 싸워 진실이 진 것을 본 적이 있느냐"고 확신에 차 반문했다. 하지만, 그 자신도 사상의 자유로운 공개 시장에서 진실이 승리한다는 것을 결국 믿지 못했다. 또, 제퍼슨에게 언론의 자유는 신앙이나 다름없었지만, 그 또한 죽을 때까지 자유 언론에 대한 당위와 환멸 사이를 오갔다.

우리는 이런 실상을 알고 나서도, 밀턴의 '확신에 찬 반문'과 제퍼슨의 '자유 언론 사상'에 공감할 수 있을까?

자유로운 언론에 관한 환상

지금껏 많은 이들은 언론 자유의 당위성과 자유로운 언론의 이상적 가치만을 되뇌어왔다. 하지만, 이제는 언론 자유의 현실에 대한 근본적인 질문을 던져볼 차례다. "언론의 자유는 언제나 우리에게 진실이 드러나게 해줄까?", "우리에게 행복을 가져다줄까?", "우리를 더 나은 사회로 이끌까?" 같은 질문 말이다. 답을 찾으려 할 때는 앞서 언급했듯이 '믿음'은 '과학'이 아니며, '이상'과 '현실'은 엄연히 다르다는 점은 염두에 두어야 한다.

밀턴은 "자유롭게 개방된 대결에서 진실이 진 것을 어느 누가 보았는가?"라고 확신에 차 반문했다. 자유로운 언론이 우리를 '진실'에 다다르게 할 것이라는 믿음이 담긴 말이다. 그러나 과연 그럴까? 언론인이기도 했던 프랑스의 문호 발자크의 말은 다르다. 밀턴에 대한 반박이나 다름없는 발자크의 견해를 접하고 나면, 다른 생각이 들 것이다.

> "각 신문을 통해 어떤 회의장의 모습을 읽는 것은, (교향악단의) 각 파트의 악기 소리를 따로 듣는 것과 같다. 그러나 아무리 신문을 모아 조합해 봐도, 결코 회의장 모습 전체를 볼 수는 없다."

독자들은 과연 밀턴과 발자크의 엇갈리는 견해 가운데, 어느 쪽이 현실에 더 가깝게 느껴지는가? 밀턴의 '믿음'보다 발자크가 토로한 '현실'이 더 수긍할 만하다고 느끼는 독자도 적지 않을 것이다. 엇갈리는 언론 보도를 접하고 나면, 진실은 오리무중이 되고 결국 관심에서 멀어지는 일도 드물지 않다.

세월이 흘러도, 자유로운 언론이 우리를 더 나은 세상으로 이끌 것이라는 믿음에는 도전이 끊이지 않았다. '진실이 실종된' 언론 보도를 꼬집었던 발자크는 "요즘의 언론은 그저 힘없고 고립된 사람들을 향해서만 자유롭게 말하고 있다"고 비판했고, 급기야 "언론을 죽이는 방법은 그들에게 자유를 주면 된다"는 극언도 서슴지 않았다.

미국의 언론인 월터 리프먼도 언론에 관한 20세기 최고의 저작 중 하나로 꼽히는 『여론』에서 "언론에 의한 민주주의는 과거에도 없었고, 현재에도 없으며, 미래에도 없을 것"이라고 단언했다. 언론이 언제나 진실을 드러낼 것이라는 믿음이나 민주주의를 지켜내는 가장 중요한 존재라는 생각은 환상이라는 말이었다.

언론 자유와 표현의 자유에 관한 권위자로 꼽히는 법학자들도 전통적인 언론 자유 사상을 이론을 비판했다. 에드윈 베이커C. Edwin Baker, 1947~2009는 "고전적인 '사상의 시장 이론'에 대한 가정은 거의 전 지구적 차원에서 배척되고 있다"고 말했고,[12] 프레더릭 샤우어Frederick Schauer도 높은 수준의 자유로운 경쟁에도 불구하고 거짓이 오랜 기간 지속될 수 있다고 지적했다.[13] 이런 주장들은, 설령 모두가 과장된 것이라 하더라도, 자유의 밝은 빛이 언론을 비출 때 생겨나는 그림자를 드러내는 데는 모자람이 없다. 누구도 부인하기 힘든 비근한 현실을 하나 더 보자.

언론사 사주는 물론, 저널리스트 가운데 적지 않은 이들이 권력과 돈이라는 사익을 좇는다. '먹고사니즘'에 빠져, 언론인의 소명보다 직업적 이해를 우선하는 언론인들도 많다. 그렇다면 '진실'과 '사익'이 부닥칠 때 이들은 어떻게 행동할까? 또, 예나 지금이나 여전한 당파적 언론인들은 당파적 신념과 객관적 사실 앞에서 무엇을 선택할까? 그뿐 아니다. 현실에서는 편향 없는 시선을 지니려 노력하더라도, 경험이나 지식, 혹은 이성적 사고 능력이 부족한 언론인들도 있기 마련이다. 과연 이들 모두는 밀턴이 말한 '진실과 거짓의 다툼'에서 어떤 구실을 할까?

우리가 경험해온 개탄스러운 '언론의 현실'은 숭고한 '언론 자유의 이상'보다 결코 덜 중요하지 않다. 동서고금을 막론하고 '언론 개혁'의 필요성이 몇백 년 동안 '언론 자유'의 당위성 못지않게 반복해 제기되어온 것이 그 반증이다. 독자들도 눈앞의 현실과 지난 경험을 차분히 돌아보면, 대부분 부조리한 언론을 경험했을 것이다.

물론, 부작용 없는 약이 없듯이 언론 자유 사상을 옹호하는 이들에게는, 언론 자유의 모든 역기능도 진실을 얻기 위해 불가피한 과정으로 여겨질 수 있다. 하지만, 그 과정에서 겪는 고통과 혼란은 만회하기가 쉽지 않다. 의지와 규범을 아무리 되뇐다고 한들, 현실은 우리의 기대와는 다르게 전개된다. 따라서 언론 자유의 현실적 귀결은, 위대한 사상가들이 꿈꾼 이상과 그들이 뒤늦게 개탄한 현실 사이 어디인가에 있다. 언론 자유의 이상은 찬란하게 밝은 빛이지만, 그 현실은 짙은 회색빛 그림자다.

저널리스트의
어두운 본성

근대적 신문이 등장한 이후, 동서양을 불문하고 주요 정치인이나 사상가, 사회운동가들은 책자나 신문, 팸플릿 등 인쇄 미디어를 이용해 자신의 주장을 편 경우가 많았다. 그들 중에는 직접 신문을 발행하거나 저널리스트로 활동한 사람도 꽤 있었다. 그 초기의 대표적 인물이 프랑스 사실주의 문학의 거장, 오노레 드 발자크였다.

작가로서 발자크는 『고리오 영감』, 『외제니 그랑데』, 『인간희극』, 『골짜기의 백합』 등 독자들도 한 번쯤 듣거나 읽어 봤을 걸작을 여럿 남겼다. 그런데 그는 신문에 글을 쓴 저널리스트로도 활동했고 두 번

이나 신문사를 직접 운영한 언론사 사주이기
도 했다.

오노레 드 발자크

그런 발자크가 신문사 경영을 접은 뒤인
1843년, 자전적 경험을 담아 저널리스트와
언론의 치부를 들춰낸 책을 펴냈다. 국내에도
두 차례나 번역, 출간된 『저널리스트의 본성
에 관한 보고』(이하 '저널리스트의 본성')[14]다. 그
런데 이 책에는, 언론인에 관한 송곳 같은 독설이 가득하다. 언론인이
면 누구나 자존감이 무너지는 듯한 느낌을 받을 정도다.

책의 배경은 프랑스 혁명을 거치며 '언론 자유 사상'이 뿌리를
내리고 자유를 만끽하는 언론이 곳곳에 등장했던, 근대 신문의 본격적
인 성장기였다. 지금으로부터 180여 년 전이다. 그런데도 책을 읽다
보면, 이게 도대체 언제 일인가 하는 생각이 절로 든다. 언론과 언론인
의 모습이 그 시절 프랑스나 요즘의 한국이나 별반 다르지 않아서다.[15]
마치 언론(인)에는 세월이 흘러도 변치 않는 유전자가 있는 것처럼 말
이다.

먼저, 언론의 생존 논리에 대한 군더더기 없는 발자크의 얘기부
터 들어 보자. 어떤 언론이나 '소명'보다 '경제적 생존'이 우선일 수밖
에 없으며, '뉴스 소비자 없이는 뉴스 미디어가 생존할 수 없다'는 간
명한 통찰이다.[16]

그는 "어떤 신문이든 구독자가 늘지 않으면 사라지게 되며, 끊임
없이 구독자들의 생각을 예측해내야만 살아남게 된다"고 말했다. 그

래서 "가장 많은 구독자를 가진 신문은 대중과 가장 닮은 신문"이라는 것이다. 언론의 이상이나 규범만으로는 이해할 수 없는, 언론의 경제적 생존 논리를 간단하고 명료하게 설명한 것이다.

발자크는 언론인의 당파적인 행태에 관해서도 정곡을 찌르는 어록을 남겼다. 어록을 읽고 나면, 마치 그가 오늘치 한국의 신문들을 읽고 한 말들인가 하는 생각이 들 정도다. 공정이나 균형, 객관

〈기자의 본성에 관한 보고Les Journalistes: Monographie de la presse Parisienne, 1843〉

같은 저널리즘의 규범과는 거리가 먼 당파적 언론인들의 행태다.

- 야당 편 신문의 주필은 정부가 무슨 일을 하든지 어디 흠잡거나 비난할 게 없나 찾기에 급급하다. 반면, 여당 편 신문의 주필은 정부를 방어하기 급급하다.
- 같은 사건도 (언론인들은) 정반대의 결론을 내리는 일이 다반사이며, 결국 그 사건은 터무니없는 결론으로 끝이 나기도 한다.

언론의 당파적 보도행태는, 수많은 이들이 헤아릴 수 없을 만큼 경험하고 있을 터다. 발자크의 시대나 요즘이나 정치세력이 경기장의

선수들이라면, 언론들은 이들의 응원단 구실을 하는 일이 비일비재하다. 사실, 때로는 응원단원인지 선수나 감독인지도 헷갈릴 때가 적지 않다. 물론, 많은 경우, 언론의 당파적 보도는 모든 언론이 의식할 수밖에 없는 독자들의 정파적 태도에 기인한다.[17] 하지만, 이와는 별개로 "시민을 위해 복무한다"는 소명보다 자신의 정치적 신념이나 당파적 사익을 우선하는 언론인들이 있다는 점도 빼놓을 수 없다.

발자크는 당파성과 무관한, 언론인들의 직업적 습성에 기인하는 부조리한 행태들에 대해서도 다음과 같이 일갈했다.

- 먼저 때려라! 변명은 그 후에 하면 된다고 언론인들은 생각한다.
- 언론인들은 '있을 법한 일'을 모두 '확실한 사실'로 만들어 버린다.
- 언론인들은 (언론인으로 일하려면) 진실을 감출 줄도 알아야 한다.
- 언론인이라는 직업에 오래 종사하다 보면, 생각이 편협해져 결국 보잘것없는 사람이 되기 쉽다.

불행하게도 언론인들의 이런 습성은 근절되기 어렵다. 소명 의식에 투철한 언론인들조차 부지불식간에 빠져들고, 항상 경계한다고 해도 때로 쉽게 떨쳐 버리지 못하는 습성인 까닭이다. 언론에 관한 기대가 큰 사람들은 저널리즘의 규범으로 언론인들의 이런 습성이 개선되기를 고대한다. 그러나 모든 의사에게 '히포크라테스 정신'을 바랄 수 없듯이, 모든 언론인이 '참된 언론인'이기를 기대할 수는 없다.

심지어 퓰리처상을 받은 저명한 언론인조차 대중을 속이고자 하는 유혹에 빠지는 일도 심심치 않게 일어난다. 이를테면, 『워싱턴 포스트』의 기자 재닛 쿡Janet Cooke은 1981년 '8세 소년의 헤로인 중독 이야기'를 보도해 퓰리처상을 받았으나, 날조된 기사였음이 드러났다.[18] 역시 퓰리처상 수상자인 『뉴욕 타임스』 편집장 로젠탈A. M. Rosenthal은 1964년 30여 명이 살인 사건의 현장을 목격했지만 경찰에 신고하거나 피해자를 도운 이가 한 명도 없었다는 보도를 주도했다. '방관자 효과'라는 심리학 용어까지 만들어낸 보도였다. 그러나 이 보도도 훗날 사실이 아니었음이 밝혀졌다.

발자크는 언론인의 사익 추구와 당파성, 그릇된 습성과 행태를 시종 모질게 비판했다. 그리고 그는 결국 프랑스의 언론을 "기생충"으로까지 표현하며 "언론은 백해무익하다"는 극단적인 결론을 내놓았다.

- 언론은 끊임없이 허황된 거짓말을 한다.
- (프랑스의 언론인들은) 프랑스라는 피부에 달라붙어 사는 기생충으로……피부를 쓸데없이 찌르며 괴롭혀 왔다.
- 만약 지금 언론이 존재하지 않는다면, 절대 만들어내지 말아야 한다.

발자크는 시대가 달라져도 변치 않은 언론의 본모습을 일찍이 다각도로 드러냈다. 다만, 그의 진단과 평가는 시종일관 과장된 표현과 환멸, 냉소로 가득 차 있다. 이 때문에 그의 촌철살인을 접하는 사람들에게는 그만큼 강렬하고도 효과적으로 다가온다.

하지만 현실이 아무리 부조리하다 해도, 환멸과 냉소는 결코 답이 될 수 없다. 이상이 아무리 현실과 동떨어져 있다고 해도, '어두운 밤바다' 같은 현실에서 '등대' 구실을 할 수는 있다. 이상향을 가리키는 작은 희망의 불빛마저 없다면, 우리는 어느 방향으로도, 또 조금도 앞으로 나가기 어렵기 때문이다. 따라서, 현실을 바로 보려는 행위가 이상을 저버리는 일이 되어서는 안 될 일이다.

대중 언론이 무시하는
소수의 목소리

프랑스의 정치철학자이자 역사가였던 알렉시 드 토크빌은 '완전한 언론 자유'를 주장한 또 한 명의 대표적 인물이다. 그는 가까이 교류했던 존 스튜어트 밀에게도 영향을 끼친 철저한 자유주의자였다. 토크빌은 '자유에 대한 위협' 없이 '언론의 남용'을 억제하는 것은 불가능하다는 신념을 지녔던 사람이었다.

알렉시 드 토크빌

특히 토크빌은 '다수에 의한 폭정tyranny of the majority'을 막는 길은 (언론의) '무한한 자유unlimited freedom'라고 역설했다. 그러나, 토크빌 역시, 1831년 9개월여 동안 미국을 여행하고 쓴 『미국의 민주주의 Democracy in America』(1835)[19]에서 미국 언론의 횡포와 파괴적 성향을 다음과 같이 토로했다.

- 정당들의 기관지 역할을 하는 신문에 범람하는 거친 모욕, 옹졸하고 악의적인 가십거리, 공격적인 비방이 가득 찬 것을 보는 것은 경멸감이 들 정도로 한심한 일이다.[20]
- (언론은) 대부분 증오와 시기심에 사로잡혀 있고, 이성적이기보다는 격정적으로 말하며, 거짓과 진실을 함께 퍼뜨린다.[21]

토크빌은 숨질 때까지 일관되게 무제한적인 언론의 자유를 옹호했다. 그러나 그 역시 자유를 남용하는 현실 속 언론을 보면서는 언론과 언론인에 대한 경멸을 감추지 못했다. 그의 눈에 비친 언론은 개인의 사생활을 추적하고 약점을 폭로하며, 언론이 지녀야 할 원칙을 저버리고 있었기 때문이다.

그럼에도 토크빌이 언론 자유의 필요성을 끝까지 주장한 이유는 '다수'에 의한 폭정을 막는 데는 자유로운 언론이 반드시 필요하다고 굳게 믿었던 까닭이다. 하지만 이 또한 시간이 흐르며 현실은 다른 모습으로 전개됐다. 토크빌의 기대와는 달리, 언론은 대부분 경우 '소수의 목소리'보다 '다수의 목소리'를 더 의식하며 그들을 대변했다. 영향력과 수익에 필요한 더 많은 독자와 시청자를 의식한 탓이다. 기업으로 생존하고 성장해야 하는 개별 언론 기업의 생리가 낳은 귀결이었다. 언론이 자유를 누리는 환경에서, 소수의 목소리가 다수의 목소리에 묻히는 상황은 토크빌도 상상하지 못한 일이었다.

20세기 들어, 수백만 부를 찍어내는 신문과 일거에 수천만 명에게 전파를 쏘는 방송이 등장하자, 사정은 또 달라졌다. 대중 미디어 시대의 유력 신문과 방송은 단순한 전달자가 아니라 근대 이전 시기 군주나 영주 이상의 힘을 지닌 존재로 떠올랐다.

이와 관련해 대중 미디어 시대의 언론인, 월터 리프먼이 남긴 말은 시사하는 바 크다. 그는 "어떤 사실과 어떤 인상을 보도할 것인가에 관해 (언론이) 갖는 재량은 너무 크다"고 지적했다. 이어 "언론의 자유는 여론을 형성하기 위해 주어지는 것"인데, "건강한 여론을 위해서는 여론으로 신문이 만들어져야지, 신문이 여론을 만들어내려 해서는 안된다"고 우려했다. 하지만, 지금껏 자기 뜻대로 여론을 만들어내려는 언론의 행태는 중단 없이 계속되고 있다.[22]

지난 세기 이후 거대해진 신문과 방송의 목소리는 엄청나게 커졌다. 특히 이들 대중 언론이 한목소리를 낼 때는, 다른 소리는 모두 묻혀버리고 말았다. 사회적 소수의 소리는 물론, 때로는 일반 대중의 소리조차 들리지 않는 상황도 드물지 않았다. 이런 사정은, 힘없는 사회의 소수는 물론, 다수도 언론 자유의 이상을 현실에서 경험하는 것을 더욱 어렵게 했다.

뿐만 아니라, 근대 언론이 등장한 이래 언론과 언론인들은 '힘 있는 자들'의 편에 서기 일쑤였고, 자기 자신의 편에 서는 일은 그보다 더 잦았다. 특히 이번 세기 들어, 대중이 언론의 보도를 믿지 않는 이른바 '탈진실Post-truth 시대'가 찾아온 이유도, 언론이 다수의 대중보다 소수 기득권층의 이해를 대변한 데서 찾는 학자들이 적지 않다. 지난 세기 후반 이후, 법률가와 학자 등 전문가들과 언론(인)들이 금력과 권력을 가진 자들을 대변하고 있다는 대중의 집단적 각성이 탈진실 시대를 낳았다는 것이다. 언론이 기득권층의 편에 서면서, 힘없는 소수의 대변은 말할 것도 없고 다수의 대중을 대변하는 것조차도 언론에 기대할 수 없게 됐다는 얘기다.

우리도 언론 자유 사상에 대한 선입견을 버리고, 언론 자유 사상

잠깐!

탈진실은 외면당한 다수의 선택

2016년, 옥스퍼드영어사전 편찬위원회는 '올해의 단어'로 '탈진실post-truth'을 선정했다. 탈진실은 "사람들이 사실facts보다 감정이나 선입견에 입각해 주장(견해)을 받아들이는 상황"[23]을 뜻한다. 또한, 사람들이 기성 언론이 제공하는 정보facts를 믿지 않는 지금의 시대상을 상징하는 말이다. 유사한 개념으로는 '진실의 부식truth decay'도 있다.[24]

많은 학자가 '탈진실 시대'는 언론인을 비롯한 사회의 전문가 집단에 대한 대중의 불신에서 기인한다고 말한다. 대중에게 정보와 견해를 제공하는 이들 전문가 집단이 (다수인) 대중이 아니라, (소수의) 기득권층을 위해 복무해왔다는 대중적 각성의 결과라는 것이다.

이와 관련해, 저명한 경제학자 루이지 징갈레스Luigi Zingales는 탈진실은 대중의 합리적 선택이라고 설명한다. 그에 따르면, 20세기 중반까지만 해도 언론과 학자, 지식인들은 부유층이 아닌 인류의 진보에 관심이 컸지만, 20세기의 중반이 끝나갈 무렵부터는 광고 수입이나 연구자금 등의 원천인 대기업과 부유층에 의존하며 그들의 '집사butlers' 구실을 했다. 특히 사회의 경제적 양극화는 부의 집중을 더욱 촉진했고, 이런 추세를 더 심화했다. 따라서, 대중이 언론을 비롯한 전문가 집단을 불신하게 된 것은 지극히 합리적 반응이라는 것이다.[25]

의 이상과 현실을 냉철하게 살펴봐야 한다. 근대 이후 많은 이들에게 금과옥조처럼 여겨진 '사상의 자유 시장 원리'가 과연 현실에서 구현되고 있는지, 현실과 동떨어진 희망 사항이나 당위일 뿐인지를 깊이 성찰해야 한다. 언론의 부조리한 생리를 이해한다면, 기대에서 오는 실망은 줄어들고, 실효성이 있는 현실적 대안을 찾는 일도 그만큼 쉬워질 것이다.

한국 언론의
현주소

서구에서는 언론 자유와 그에 따른 저널리즘의 규범이 긴 세월에 걸쳐 자리 잡았다. 법과 제도는 물론, 언론의 전통과 관행의 모습으로 뿌리내렸고, 일상에도 깊이 스며들었다. 언론인은 물론 사회 전반의 관심과 참여가 이뤄낸 결과다.

그 대표적인 결실이 미국의『뉴욕 타임스』나『워싱턴 포스트』, 영국의『가디언』이나『더 타임스』, 프랑스의『르 몽드Le Monde』와『르 피가로』, 독일의『프랑크푸르트 알게마이네 차이퉁Frankfurter Allgemeine Zeitung』과『디 벨트Die Welt』처럼 각국을 대표하는 언론이다. 이 신문들을 보면 부러움이 앞선다. 우리가 매일 접하는 한국의 유력 언론은 예나 지금이나 서구의 이런 언론과는 많이 다른 탓이다.

사실, 우리 사회의 대다수 구성원은 한국의 언론이 주어진 소명을 제대로 하고 있는지에 대해 심각한 의문을 품고 있다. 언론에 자유가 주어진 이유를 진정으로 자각하고 있는지, 객관·공정·균형 같은 저널리즘의 핵심 규범들을 실천하는지에 대해 많은 이들이 회의적이다. 실제로 한국 언론의 신뢰도는 다른 나라들에 비교해도 형편없이 낮다.

한국의 언론은 왜 우리의 기대와 동떨어진 모습을 하고 있을까? 먼저, 디지털 시대의 도래나 심각한 정치적 양극화 등의 환경적 요인을 들 수 있다. 그렇지만 그 못지않게 중요한 원인은 한국 언론 자신에게 있다. 한시도 외면하지 말아야 할 언론 본연의 소명에 충실하지 않았던 게 다른 이유에 비해 두드러지기 때문이다.

한국의 많은 언론인에게는 언론의 소명과 저널리즘의 규범이 서구 유력 언론의 언론인들만큼 체화體化되어 있지 않다. 언론이 왜 있어야 하고 언론 자유가 왜 주어진 것인지를 아는 것과, 아는 것을 넘어 삶과 일 속에서 이를 실천하는 것은 크게 다르다. 하물며, 자유가 왜, 무엇을 위해 주어진 것인지 제대로 모르거나 안다고 해도 절감하지 못한다면, 그 귀결은 더 말할 나위가 없다. 언론의 자유를 통해 무슨 책무를 어떻게 다해야 하는지 깨닫기는 어렵고, 실천은 더욱 요원한 일이된다.

한국의 많은 언론인이 '깃털'보다 가벼운 기사를 쓰고, 부정확한 기사와 노골적인 편향이 드러난 기사를 쓰는 이유도 거기에 있다. 게다가 그런 기사를 쓰고도 '다 그런 거 아냐' 혹은 '어쩔 수 없지 않아' 같은 자기합리화를 부록처럼 덧붙이는 일도 흔하다. 독자나 시청자의 비판적 시선에도 자신들의 취재·보도 행위를 합리화하며 눈과 귀를 닫는 모습은 최소한의 자정 능력마저 없는 게 아니냐는 의문을 낳는다. 불행하게도 이런 인식과 행태는 언론에 대한 신뢰의 지속적인 추락을 초래하고, 우리 사회와 언론 모두에게 고통스러운 상흔을 남긴다.

그러나 작금의 현실이 이렇더라도, 희망이 아예 없는 것은 아니다. 언론 수용자인 한국인들은 세계사적으로 유례를 찾아보기 어려울 만큼 역동적이기 때문이다. 언론에 관한 한, 한국 사회는 가야 할 길이 멀지만, 만약 그 길에 시민이 함께한다면, 못 이룰 일도 없다는 것이다. 하지만 그런 상황은 저절로 오지 않는다. 무엇보다 스스로를 객관적으로 성찰하고, 언론의 본성을 깊이 이해하며 비판적으로 수용하는 시민들이 늘어나는 일이 반드시 선행되어야 한다.

더 많은 이들이 정치적 진영 논리에서 벗어나 이성적으로 판단하려 하며 비판적으로 언론을 소비할 때, 시민들은 언론의 변화를 추동하는 핵심적인 힘이 될 수 있다. 실제로 언론이 건강한 해외의 사례를 보더라도, 언론의 순기능을 극대화하고 역기능을 최소화하는 일에는 언제나 언론 수용자들의 직간접적인 압력과 참여가 있었다.

언론에 무관심하거나 언론을 활용하려고만 드는 이들만 사회에 가득하다면, 언론은 결코 사회의 이기利器가 될 수 없다. 언론인 스스로의 각성과 성찰도 필요하지만, 이를 추동하는 사회 구성원들이 반드시 있어야 한다는 것이다. 그렇지 않다면, 생래적으로 선과 악의 두 얼굴을 가진 언론이 바로 서는 일은 기대하기 어렵다. 언론을 바로 세우는 일은 법과 제도뿐 아니라 언론의 전통과 관행의 개선과도 맞물려 있다. 이 모두를 이끌고 당기는 공론의 주체는 바로 언론 수용자인 시민이다.

불행한 역사

부족한 성찰

노골적 정파 보도, 눈살을 찌푸리게 하는 선정적 보도, 분노를 자아내는 무책임한 보도에 이르기까지, 21세기의 한국 언론은 제퍼슨과 토크빌, 그리고 발자크가 본 19세기 미국과 프랑스의 언론과 무척이나 닮았다. 세월의 간극이 느껴지지 않을 정도다. 지금의 한국 언론이 200년 전 그 나라들의 언론과 유사한 이유는 무엇일까?

한국 최초의 근대 신문인 『한성순보漢城旬報』는 1883년에 나왔다. 또, 우리 헌법에 '언론의 자유'가 등장한 때는 1948년이다. 지금으로부터 각각 141년과 76년 전이다. 길다면 긴 세월이지만, 서구 언론의 역사에 비할 바가 아니다. 서구 최초의 근대 신문과 최초의 일간지는 각기 1605년과 1702년에 등장했다.[1] 언론의 자유가 프랑스 인권선언과 미국 헌법에 명시된 시점도 1789년과 1791년이었다. 말하자면, 한국 언론의 역사는 서구의 3분의 1에 불과하다.

하지만 그 짧은 기간 한국의 언론은 외세의 침략과 일제 강점기, 그리고 민족상잔의 비극과 언론 자유를 억압하는 독재를 겪었다. 간간이 짧은 자유를 누리기도 했지만, 1980년대 말 이전까지는 대부분 자유를 탄압받거나, 스스로 권력에 굴종한 역사였다.

1990년대 민주화에 이은 언론 자유화 조처로, 한국 언론은 오랜만에 자유를 얻었다. 그러나 그것도 잠시, 2000년대 들어서는 디지털 시대의 거센 물결에 휩싸였다. 억압이나 굴종에서 벗어나 정상 궤도에 접어드는가 싶더니, 곧바로 언론 환경의 지각변동을 맞이한 것이다. 안타까운 일이지만, 그 10여 년 사이에도 한국의 전통 언론은 양적으로만 성장했을 뿐, 질적으로는 한 걸음도 앞으로 나가지 못했다.

그러니 한국 언론이 지나온 시간은, 한국의 많은 언론인이 언론의 소명과 저널리즘의 규범 같은 '기본'도 체화하지 못한 채 '응용문제'를 푼 기간이라 해도 과언이 아니다. 여기에는 언론을 둘러싼 환경, 즉 억압받고 미성숙했던 한국 사회의 민주주의도 한몫했다. 언론의 역할과 민주주의의 수준은 불가분의 관계인 까닭이다.

한국의 언론인이 처했던 환경과는 별개로, 언론인들 자신에게도 문제가 있었다. 해방 이후, 언론 자유 사상과 객관주의 저널리즘은 한국 언론의 지배적 이데올로기였다. 하지만, '언론 자유'가 주어진 이유, 즉 언론의 소명에 대한 성찰은 소홀하기 짝이 없었다. 특히, 언론의 자유를 누리게 된 1990년대 이후에도, 다수의 한국 언론과 언론인들은 사회의 기대에 부응하지 않았다.

저널리즘의 규범은 언론의 자유가 방종과 남용으로 흐르지 않도록 하는 구실을 한다. 하지만, 한국의 언론에서는 공정·균형·객관의 핵심 규범을 저버리는 일이 늘 벌어졌다. 많은 언론인이 독재 권력 아래서는 권력에 순응적이었고, 자유를 누리기 시작한 뒤에는 그 자유가 자신들에게 주어진 진정한 이유에 대해 무심했다. 근래 한국 언론의 현주소는 '자기 성찰의 부족'과 '현실 안주'라고 해도 과언이 아니다.

한국 언론과 언론인의 자기 성찰 부족과 변하려는 노력의 부재는 날마다 쏟아져 나오는 보도를 통해 지금도 쉽게 확인할 수 있다. 정부, 정당(정치인), 대기업 관계자의 발언을 그 배경이나 의도, 내용의 진위에 대한 검증 없이 그대로 보도하는 '따옴표 저널리즘'[2]이 대표적인 사례다. 베끼기 보도도 만연해 있다. 통신사인 『연합뉴스』가 숫자나 이름을 틀리게 보도하면, 많은 언론사가 이를 그대로 옮기는 바람에 오보가 확산한다. 이른바 "복붙(복사해 붙여넣기) 저널리즘'으로 불리는 행태다. 이 모두 '언론인은 사실을 검증하는 사람'이라는 기본 인식이 실종된 결과다.

보도의 프레임은 대중의 인식에 영향을 끼치는 언론의 대표적 특성이자 방식이다. 보도를 접한 사람들이 그 프레임에 따라 현안을 보는 까닭이다. 이 책의 앞부분에서 설명했듯이, 전염병이 번지는 상황에서, 언론이 대규모 집회를 '집회의 자유'와 '공공의 안전'이라는 관점 중 어디에 초점을 맞추느냐에 따라 사람들의 생각은 달라질 수 있다. (☞ p. 98. '언론과 민주주의: 아는 게 힘, 모르는 게 약')

지난 수년간 거의 모든 한국 언론에 등장하는 '입법 독재'나 '검찰 독재' 같은 표현도 이런 프레임의 하나다. 하지만, 거부권을 가진 여당 대통령과 거부권을 무력화할 수 없는 다수 야당이 있는 상황에서 '입법 독재'라는 표현은 사실에 부합하지 않는다. '다수 야당의 횡포' 같은 평가는 가능하나, 다수 야당의 입법이 실제로 현실화하지는 않기 때문이다. 반면, '검찰 독재'는 검찰이 정치적 도구로 사용된다고 판단할 경우, 권력 남용을 비판하는 의미로 쓰일 수 있다. 즉, '입법 독재'는 사실에 부합하지 않고, '검찰 독재'는 '의견'에 따른 용어다. 그러나 대부분의 한국 언론은 프레임과 관련된 이런 용어를 사용할 때도 의견과 사실을 구분하지 않는 것은 물론, 사전적 의미조차 이해하지 않고 쓴다.

한국 언론에는 '핵심 관계자' 같은 익명의 취재원이 등장하는 기사도 넘쳐난다. 이런 익명 취재원이 얼마나 남용됐길래 '윤핵관', '이핵관' 같은 유행어까지 나왔을까? 특히, 자신이 속한 조직이나 정파의 이익에 복무하는, '대통령실'이나 '정당'의 '핵심 관계자'들은 보호받아야 할 양심적 제보자나 취재원이 아니다. 정치 기사에 등장하는 대부분의 익명 취재원들은 언론을 정치의 도구로 삼는 사람이라고 보는 게 훨씬 더 실제에 가깝다. 이 때문에 이런 검증 없는 보도나 '익명 취재원'의 잦은 등장은, 과연 언론이 누구 편인지 의문을 제기하게 만든다. 언론이 정치·경제 권력에 포획되어 그들의 스피커 구실을 하거나, 자신이 원하는 방향으로 대중을 이끌려 한다는 의구심이다. 하지만 한국의 주요 언론 보도에 등장하는 익명 취재원의 비율은, 〈그림 5〉에

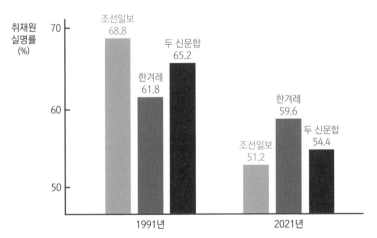

[그림 5] 취재원 실명률(%)의 변화 : 조선일보와 한겨레(1991년 vs 2021년)[3]

서 보듯이 오히려 20년 전보다도 더 늘었다. 한 연구에 따르면, 1991년 『조선일보』와 『한겨레』의 기사에 등장하는 취재원 가운데, 실명을 밝힌 취재원의 비율은 두 신문 평균 65.2퍼센트였지만, 2021년에는 54.4퍼센트로 감소했다.

　　문제의 심각성은 이런 보도 관행이 한국의 주요 신문이나 방송 같은 유력 언론에서도 전혀 다르지 않다는 데 있다. 한국의 유력 전통 언

같은 듯 다른
언론의 모토motto

언론사의 모토는 해당 언론사와 소속 구성원들에게 가장 중요한 실천 강령이자, 독자를 향한 다짐이다. 그리고, 모토에는 해당 사회와 언론의 역사가 스며들어 있다. 1장 첫머리에 소개했듯이, 한국의 유력 신문들은 하나같이 불편부당(균형)과 정직을 모토로 내세운다. 하지만, 서구의 유력 신문들은 다르다.

　"비판의 자유가 없으면 진정한 칭찬도 없다"(『르 피가로』)
　"의견은 자유롭게, 사실은 신성하게"(『가디언』)
　"민주주의는 어둠 속에서 죽는다"(『워싱턴 포스트』)
　"전할 수 있는 모든 뉴스"(『뉴욕 타임스』)
　"우리는 잡음이 아닌 뉴스를 전달한다"(『USA 투데이』)[4]

이 신문들의 모토는 언론의 소명을 담고 있으면서도 다채롭다. 천편일률적이어서, 개성 없는 한국 신문들과는 뚜렷한 간극이 있다. 실상과는 다른 '균형'이나 '정직'을 모토로 삼는 한국 언론의 표리부동이나 허장성세와는 차이가 크다.

론이 대중의 신뢰를 잃고 있는 첫 번째 이유는 그 누구도 아닌 언론 자신에 있다. 이런 보도 방식으로는 "대중에게 더 나은 삶과 행동의 근거를 제공해야 한다"는 언론의 본래 소명도 결코 제대로 실현할 수 없다.

요컨대, 지금의 한국 언론이 『뉴욕 타임스』나 『르 몽드』와는 비교할 수 없을 정도로 미성숙한 모습을 보이는 것은 언론인들이 자초한 결과다. 균형과 공정, 사실과 의견의 분리라는 객관주의 저널리즘은, 오랜 기간 한국 언론에게는 '어린아이'가 입은 '어른의 옷'이었다. 하지만 이런 한국 언론의 지난날은 오늘도 반복되고 있다. 그러나 성찰은 부족하다.

노골적 당파성
기울어진 운동장

주지하다시피, 한국의 가장 큰 신문들은 권력과 금력에 포획되는 길을 택하며, 노골적인 정파성을 띠면서 성장했다. 일제와 군부 독재 시절이 그 대표적 기간이었다. 그 과정에서 이를 보다 못한 뜻있는 언론인들의 투쟁과 헌신이 있었지만, 권력이나 금력과 손잡은 언론사 사주들의 아성을 허물지는 못했다.

민주화가 진전되고 대부분의 민영 언론사들은 권력의 억압에서 자유로워졌다. 하지만 그 뒤로도 노골적인 당파적 보도 태도만큼은 변함이 없다. 차이가 있다면, 과거에는 정치 권력의 억압에 기인한 바 컸지만, 지금은 거의 온전히 스스로 선택한다는 점이다. 그 이유는 언론이 크고 작은 '언론 권력media power'을 추구하기 때문이다. '언론 권력'은 언론이 자신의 정치적 신념이나 경제적 이익을 위해 정치·경제·사회·문화 전반 혹은 특정 분야에 영향을 미치는 현상이다. 선거 시기나 특정 정책의 채택 여부가 결정되는 시기에 가장 두드러진다. 이런 때면 유력 언론은 거의 예외 없이, 감독이자 선수가 되어 한국 사회의 의사결정 과정에 깊이 개입하려 든다.

또한 대부분 한국인은 언론이 당파적일 뿐 아니라, 그 분포도 한쪽으로 뚜렷하게 기울어져 있다고 생각한다. 한국 언론의 지형은 '기울어진 운동장'이라는 것이다. 어느 쪽이든, 한쪽으로 기울어진 언론 지형은 여론 다양성의 감소와 왜곡을 낳는다. 그런데, 기울어진 방향에 관해서는 보수와 진보 진영의 인식이 정반대다. 둘 다 한국의 언론 지형이 상대편에 기울어져 있다고 주장한다.[5] 하늘에 해가 둘일 수 없듯, 양립할 수 없는 주장이지만 두 진영 모두 이런 주장을 굽히지 않는다. 두 진영의 이처럼 상반된 인식은, 자신들에게 우호적인 언론은 공정하지만, 비우호적인 언론은 편파적이라고 보는 데서 비롯된 것이기 때문이다.

그렇다면 한국 내의 진영 논리에서 벗어난 해외의 시각에서 보면, 한국 언론은 어느 쪽으로 기울어져 있을까? 보수 진영의 판단과는 달리, 대부분의 해외 언론은 "한국 기성 언론의 지형이 보수로 기울어진 운동장"이라고 평가해왔다. 아시아·태평양 지역에 관한 국제뉴스 전문 매체인 『디플로마트The Diplomat』는 2021년 8월 한국 언론의 문제를 다룬 기사에서 "(한국에서는) 권위주의 시대의 거대 언론사였던 조선, 중앙, 동아일보 등 3대 신문이 오늘날에도 여전히 지배적이며 눈에 띄게 보수적 성향을 보이고 있다"며 "한국인 대부분이 뉴스를 접하는 포털 사이트 네이버에서도 보수적인 신문 기사들이 대부분을 차지하고 있다"고 평가했다.[6] 참여형 온라인 백과사전인 영문판 『위키피디아』도 "한국에서는 보수적 신문들이 더 광범위하게 읽힌다"고 설명하고 있다.[7]

참고로, 이 평가들은 집권 세력에 따라 정치적 편향이 달라지는 공영 방송을 포함하지 않는다. 또한 여론에 작지 않은 영향력을 지닌 유튜버들과 각종 온라인 커뮤니티 등 신흥 언론이나 유사 언론까지 감안한 것은 아니다. 따라서, 전통 언론인 신문 이상으로 확대해 한국의 언론 지형을 볼 때는 다른 판단도 가능하다는 점은 유념할 필요가 있다.[8]

한편, 『디플로마트』의 당시 기사에는 눈길을 끄는 또 다른 대목이 있었다. 보수로 기울어진 한국 언론을 거론한 데 이어, 한국 언론은 한국인의 32퍼센트만이 신뢰하고 있고 한국 언론의 신뢰도는 46개국 중 최하위권인 38위라고 언급한 것이다. 기울어진 한국의 언론 지형이 언론의 신뢰도 저하에도 간접적인 영향을 끼치고 있다는 가볍지 않은 첨언이었다. 이어서는 한국 언론의 낮은 신뢰도에 대해 살펴보자.

미국의
언론 지형

미국 언론의 정치적 지형은 어떤 모습일까? 한국과 달리, 미국의 유력 언론들은 선거 시기마다 특정 정당이나 후보를 사설 등을 통해 공개적으로 지지해온 관행을 이어왔다. 이 덕분에 미국 유력 언론의 정치적 편향은 비교적 명시적으로 드러난다.

예컨대, 2016년부터 2024년까지 발행 부수 기준 상위 100대 신문 가운데 민주당과 공화당 후보를 각각 지지한 신문의 상대적 비율을 보면, 평균적으로 약 9:1에 이르렀다. 미국 언론의 정치적 지형 역시 한쪽으로 크게 치우친 '기울어진 운동장'인 셈이다.

다만, 한국과 미국을 단순 비교하긴 어렵다. 미국 언론은 사설이나 칼럼 등 의견 보도에서는 정파성을 분명히 드러내지만, 사실 보도에서는 공정성·균형·객관성이라는 저널리즘의 규범을 상대적으로 충실히 지킨다. '불편부당'을 앞세우면서도 사실 보도에까지 노골적인 정치적 편향을 담는 한국 언론들과는 사뭇 다르다.

그런데 미국 언론의 대선 후보 공개 지지 관행은 2000년대 이후 급격히 약화되고 있다는 점은 주목할 필요가 있다. 발행 부수 기준 상위 100대 신문 중 특정 후보를 지지한 곳이 2004년에는 91곳이었으나, 2024년에는 29곳에 불과했다. 그 원인으로는, 독자 반발에 대한 우려, 경영상의 리스크 회피, 그리고 대형 미디어 소유주의 영향력 등이 꼽힌다.[9]

자유의 역설
추락하는 신뢰

자유를 누리는 언론이 신뢰를 잃는 것은 지난 세기말 이후 심화된 세계적 현상이다. 이른바 앞 장의 끝부분에서 소개한 탈진실 시대의 특징이다. 그런데 앞의 『디플로마트』가 언급한 것처럼, 한국 언론의 신뢰도는 다른 나라와 비교해도 그 상태가 이만저만 심각한 게 아니다.

로이터저널리즘연구소The Reuters Institute for the Study of Journalism는 각 나라의 언론 신뢰도를 해마다 조사해 발표한다. 이 기관의 2023년 조사 결과를 보면, "당신이 보는 뉴스를 신뢰하느냐"는 질문에 "그렇다"고 답변한 한국인은 28퍼센트에 불과했다. 2016~2023년 8개년 평균은 그보다 더 낮은 25.5퍼센트였다. 4명 중 단 1명만이 자신이 본 뉴스를 신뢰하는 것이다. 이는 해마다 70퍼센트 안팎을 기록하는 핀란드의 절반에도 크게 못 미치는 수치다. "눈 떠보니 선진국"이나 "눈 떠보니 후진국"이라는 말이 요즘의 유행어지만, 적어도 한국 언론의 신뢰도는 어제나 오늘이나 명백한 후진국이다.

실제로, 국제적 순위에서도, 한국 언론의 신뢰도는 부끄러울 만큼 낮다. 한국이 조사에 처음 포함됐던 2016년은 27개국 중 26위, 2017~2020년에는 4년 연속 조사 대상국(36~40개국) 중 꼴찌였다. 조사 대상국이 46개국으로 늘어난 2021~2023년 역시 38~41위로 최하위권이었다.

[그림 6] 각국의 언론 신뢰도(2018~2021년 평균) (단위: %)

- 로이터저널리즘연구소, '디지털 뉴스 리포트 2018, 2019, 2020, 2021' 4개년 평균치 비교를 위해 2018년 이후 조사 대상국 36개국만 반영

반면, 한국 언론이 누리는 자유의 수준은 다르다. '국경 없는 기자회Reporters Without Borders'의 언론자유지수[10]를 보면, 한국은 2015~2017년과 2024년에는 180개국 가운데 중상위권(60~70위), 2018~2023년에는 상위권(41~47위)이었다. 북유럽 국가들에는 못 미치지만, 서유럽 국가들이나 미국과는 별 차이가 없고, 일본보다는 대체로 훨씬 나은 언론 자유를 누리는 것으로 평가됐다.

이처럼, 한국 언론은 '누리는 자유'의 정도에 비해 '얻는 신뢰'는 매우 낮다. 언론의 자유가 클수록 신뢰도도 높고, 반대일 때는 신뢰도가 낮다는 통념과는 반대인 셈이다. 이를테면, 한국과 함께 해마다 바닥 수준의 신뢰도를 보이는 헝가리와 그리스는 언론의 자유가 작다. 또 언론의 자유가 세계 최고 수준인 핀란드·노르웨이·덴마크 등 북유럽 국가들은 신뢰도에서도 세계 최고다. 그러나 한국에는 언론의 자유와 신뢰 사이의 이런 상관관계가 존재하지 않는다.

그렇다면, 한국의 언론이 누리는 자유에 어울리지 않게 신뢰받지 못하는 이유는 무엇일까? 먼저 개별 언론이나 언론인이 어찌하기 힘든 언론 외부적 요인이 있다. 탈진실의 범지구적 풍조, 사회의 정치적 양극화 등이 대표적이다. 한국의 언론만이 아니라 다른 나라의 언론도 마찬가지로 겪고 있는 보편적 원인이다.

특히, 정치적 양극화가 심화하면, 진영 논리에 매몰된 사람들이 늘어나고 상대 진영에 편향된 언론을 향한 불신도 커진다. 나에게는 '참언론'이 남에게는 '기레기'이고, 남에게 '참언론'이 나에게는 '기레기'인 세상이 되는 것이다. 이런 세상에서는 언론에 대한 전반적인 불신이 커질 수밖에 없다. 실제로 세계적으로 정치적 양극화가 심한 국가로 꼽히는 미국이나 프랑스도 언론의 신뢰도가 하위권을 맴도는 게 그 실례다.

그러나 어떤 상황에서도 언론은 신뢰를 잃은 책임에서 자유로울 수 없다. 정치적 양극화를 완화하는 것도 정상적인 언론의 책무인 까닭이다. 설령 언론이 본성상 정치적 편향을 떨쳐낼 수 없다고 해도, 객관·공정·균형의 규범과 사실 보도를 우선한다면, 정치적 양극화와 언론의 신뢰도는 모두 개선될 수 있다. 즉, 주어진 언론의 자유를 남용하지 않으면서 소명을 추구한다면, 한국 언론처럼 최악의 신뢰도를 보이지는 않을 것이라는 얘기다.

따라서 한국 언론이 불신을 받는 근본적인 이유는 언론의 자유가 '남용'으로 이어진 탓으로 집약할 수 있다. 불편부당을 말하면서 당파적 편향이 가득한 뉴스를 쏟아내고, 진실 보도를 약속하면서 부정확하거나 과장된 기사를 쓰고도 신뢰받기를 기대할 수는 없다.

자유를 마음껏 누리는 언론이 신뢰받지 못하는 데는 자유의 남용 말고 다른 이유가 있을 수 없다. 소중한 언론의 자유를 공정, 균형, 객관의 규범을 저버리는 데 쓰는 셈이기 때문이다. 한국의 한 언론인은 이 현실을 다음과 같이 한탄했다.

"우리 언론의 다수가 매일같이, 아니 매 순간 보여주고 있는 모습은 '가끔 사실을 말하고, 자주 사실을 제조하며, 언제나 사실을 가공하는' 것이다. 한때는 타기唾棄돼야 할 것으로 여겨진 사실 전달의 '기계적 균형'

이 어느덧 언론에 기대하는 최대치가 돼버렸다. 더욱 심각한 것은 한국 언론 일부의 문제였던 것이 이제는 대부분 언론, 아니 모든 언론의 문제가 되고 있다는 것이다."[11]

이유 여하를 막론하고, 언론의 높은 자유도와 낮은 신뢰도가 공존한다면, '언론이 왜 자유로워야 하는지'에 대한 합리적 의문이 생겨날 수밖에 없다. 지금껏 여러 차례 언급한 것처럼, 언론 자유는 그 자체로 사람들이 진실에 다가가는 길을 열어주지 않는다. 언론 자유의 이상이 현실 속에서는 그저 환상일 때도 많다. 대표적 사례가 바로 한국의 언론이다.

국경 없는 기자회의 크리스토프 들루아르Christophe Deloire 사무총장은 2021년 그해 세계 각국의 언론자유지수를 발표하며 "저널리즘은 거짓 정보에 대한 가장 효과적인 백신"이라고 강조했다.[12] 이 말대로라면 언론이 자유로울수록 언론의 거짓 정보는 줄어들고 언론에 대한 신뢰는 커져야 한다. 백신의 효과다. 그러나 한국은 백신이 통하지 않는 나라가 됐다. 저널리즘의 규범이 허구한 날 수많은 기사에서 실종되는 탓이다.

진보 정부와 보수 정부, 자유도와 신뢰도

2002~2023년의 22년간,[13] 국경없는기자회의 언론 자유 순위를 보면, (진보·보수 정부가 공존한 해를 제외하고) 노무현·문재인 정부 시기

에는 평균 41위, 이명박·박근혜·윤석열 정부 시기에는 평균 55.7위였다. 대체로 진보 정당의 집권기에는 언론 자유가 개선되고, 보수 정당의 집권기에는 악화했다.

그러나 언론의 신뢰도는 이와는 반대로 진보 정부 집권기에 상대적으로 더 낮아지는 경향을 보인다. 로이터저널리즘연구소가 2017년부터 해마다 26~47개국 언론을 대상으로 조사한 결과를 보면, 문재인 정부 5년 동안, 한국 언론의 신뢰도 순위는 2021년 한 해를 빼고는 해마다 꼴찌였던 반면, 윤석열 정부 들어 3년 동안은 그보다 높은 하위 7~10위를 기록했다. 즉, 한국 언론은 진보 정부 아래서 더 많은 자유를 누리지만, 상대적으로 더 신뢰할 수 없는 보도를 했던 셈이다.

한편, 대부분의 한국 언론은 언론의 자유도가 하락하면, 앞다퉈 이 사실을 보도한다. 그러나 자유도가 더 높을 때 신뢰도가 더 낮은 이

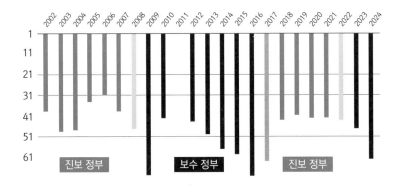

[그림 7] 한국의 언론자유 순위 추이 (2022~2024)
• 자료: 국경없는기자회, 옅은 색깔은 정권교체 첫해. 2011년은 조사 없음

사라지는 사실fact, 넘쳐나는 논평

요즘 한국 언론에는 언제부터인가 사실 보도는 줄고 정파성 강한 직업적 정치 평론가들의 해석과 논평으로 가득한 시사 프로그램이 넘쳐난다. 기성 전통 언론에서 소규모 유튜브 방송까지, 이런 콘텐츠는 부지기수다.

평론가들의 상당수는 취재와 보도의 규범을 제대로 익힌 적이 없는 정치인, 학자(교수), 변호사 같은 이들이다. 전·현직 언론인도 드물게 있지만, 이들도 평론가로 변신하면 별반 다르지 않다. 정파의 대변인을 방불케 하는 장면도 반복된다. 반면, 일선의 기자들은 치열한 속보 전쟁 속에 발생 사건이나 발표 기사 쓰기에도 바쁘다. 그러나 이런 기사들의 대부분은 차별성이 없는 기사들이다.

'차가운 사실'보다 '뜨거운 의견'이 쓰나미처럼 밀려드는 형국이다. 언론의 사실 보도가 해석과 논평으로 상당 부분 대체되고 있다. 한국 언론은, 사람들이 스스로 견해를 형성할 수 있게 하는 사실들facts을 제공한다는 객관주의 저널리즘으로부터 더 아득하게 멀어지고 있다.

유는 보도는커녕 자성도 하지 않는다.

언론은 오직 도구?
한국 정치의 후진성

언론을 대하는 정치인들의 태도에 대해,『워싱턴포스트』의 편집국장이었던 마틴 배런Martin Baron은 "자신들에게는 이익이 되면 진실, 이익과 멀면 거짓"이라고 말했다.[14] 배런의 말은 어느 한 나라만의 얘기도 아니며, 정치인의 목적은 '진실'이 아니라 '유권자의 지지'라는 점에서 생경한 얘기도 아니다. 물론 한국의 정치인들도 마찬가지다.

특히 대다수 한국 정치인들은 정치적 양극화를 이끌고 또 편승하면서 그 흐름을 더욱 심화시켰다. 정치적 양극화는 진영을 넘어 전 사회적으로 동의하는 진실을 실종시킨다. 각 진영이 서로 다른 '진실'을 주장하면서, 객관적 사실에 대한 사회적 합의를 방해하기 때문이다. 그 과정에서, 각 정파의 정치인들은 언론을 정치적 이익을 위한 도구로 삼았고, 불행하게도 이런 경향은 근래에 더욱 두드러지고 있다. 설령 정치인들이 지닌 명분이 아무리 훌륭하다고 해도, 언론을 그것을 위한 도구로 인식하는 것은 매우 부적절하고 위험한 일이다.

실제로 사회와 언론의 성숙보다는 정치적 유불리만을 따지며 언론을 도구로 인식하는 정치인들의 태도와 행동은 한국 사회와 언론의 후진성을 심화시켰다. 야당 시절에는 공영 방송의 정치적 독립을 외친 이들이, 집권 여당이 되면 공영 방송의 제도적 독립을 외면했다. 여기엔 진보(자유주의) 정부나 보수 정부 모두 별반 차이가 없었다. 진보 정당이든 보수 정당이든 집권하고 나면, 언론 정책을 주관하는 정부 기관이나 공영 방송의 책임자를 정할 때 언론에 관한 이해보다는 자신들과의 친밀도를 우선 따졌다. 방송·통신·인터넷 산업과 해당 분야의 언론 정책과 규제를 주관하는 방송통신위원회 위원장에 지난 정권은 '판사' 출신 인사를, 이번 정권은 '검사' 출신 인사를 임명하는 식이었다.

심지어 정치적 이득과 크게 관계가 없는 순수한 언론지원 기관들의 책임자 자리조차 선거에 도움을 준 전직 언론인을 위한 논공행상에 활용했다. 이를테면, 한국언론진흥재단은 '저널리즘의 신뢰 강화'와 '언론과 함께 국민의 정보 복지 향상 기여'을 목표로 언론을 지원하는 공공기관이다. 하지만, 극히 예외적인 경우를 제외하면 이 재단의 책임자들마저 집권당의 선거 캠프 출신 인사들이거나 이른바 '폴리저널리스트'[15]의 길을 걷던 이들이었다.

이처럼 진보나 보수 정부를 막론하고, 언론과 관련한 정부 부처와 공공기관을 집권 세력의 정치적 도구로 삼는 것은 이미 관행이 됐다. 또한 언론과 관련된 정부 부처에서 공영 방송에 이르기까지, 정권이 바뀔 때마다 '내로남불'식으로 반복되는 정파적 인사는 언론의 중립, 공정, 균형 같은 가치마저 집권 세력의 정치적 잣대로 다시 측정되는 결과로 이어지고 있다.

대표적인 사례가 '가짜 뉴스' 심의와 규제의 기준이다. 야당일 때는 비우호적 뉴스를 "가짜 뉴스"라고 비판하는 데 그치지만, 집권 뒤에는 공적 기관을 통해 규제하고 처벌한다. 근래에는 집권 세력에 의해 임명된 공영 방송의 사장이 "이전 정부 시절, 가짜 뉴스와 불공정 보도를 했다"며 대국민 사과까지 하는 일이 벌어졌다.[16]

물론, 한국 언론의 보도에는 오보나 과장, 정파적 편향이 적지 않다. 그러나 문제는 이를 가려내고 재평가하는 주체가 우리 사회에서 가장 정파적인 인물들이라는 데 있다. 하지만 이들이 '가짜 뉴스'를 골라내 규제하고, 이전 정권 시절의 보도에 대한 '반성문'을 발표하는 행태가 국민적 신뢰를 얻기는 어렵다.

특히, 지난 윤석열 정부에서는 다른 정부 부처와는 달리 정부 여당과 야당의 추천 인사로 구성되는 방송통신위원회(방통위)나 방송통신심의위원회(방심위) 같은 합의제 기관마저, 그 취지를 몰각한 운영이 이뤄지는 일까지 벌어지고 있다. 두 기관은 공영 방송의 경영진 선임은 물론, 방송과 인터넷 언론 등에 대한 규제 및 인허가 기관으로, 한국에서 가장 중요하고 강력한 권한을 지닌 언론 관련 정부 부처다. 그러나 2024년 10월 현재, 위원 정원이 5명인 방통위는 탄핵 소추되어 직무 정지된 위원장을 포함해 2명으로, 정원 9명의 방심위는 3명만으로 운영되는 파행은 정파적 이익을 언론 본연의 역할보다 앞세운 극단적 사례다.

'자유주의 정부'든 '보수 정부'든 한국 언론 전반의 객관적 신뢰도를 높이는 환경 조성에는 관심이 없거나 크게 부족하다. 공영 방송은 물론, 언론 지원 업무를 맡은 공공기관들까지 지극히 정파적인 기관장들에 의해 정치투쟁의 최선봉에 서는 일이 반복되는 이유다. "어느 누구도 반대자를 침묵시킬 권리를 갖고 있지 않다"는 신념이 있어야 할 자리에 "바르고 옳은 우리의 말만 듣게 해야 한다"는 독선과 배제가 들어서는 것이다.

그뿐이 아니다. 지난 10여 년 동안 한국의 위정자들이 언론과 관련해 실천한 정책과 제도 또한 실망스럽기 그지없다. 보수 정부였던 이명박 정부는 한국 언론의 지각변동을 가져온 종합편성채널을 도입했고, 문재인 정부는 『서울신문』을, 윤석열 정부는 YTN을 민영화했다. 그러나, 누구도 이런 정책이 '언론의 소명에 관한 부족한 성찰', '노골적인 당파성과 기울어진 언론 지형', '누리는 자유에 걸맞지 않은 신뢰의 추락' 같은 한국 언론의 고질적 문제를 개선하는 데 기여했다고 생각하는 이는 없을 것이다.

'권위주의 정부'에서 '민주 정부'로 이양되던 시기를 제외하면, 지금껏 여론 다양성이나 건강한 언론 환경 같은 사회적 과제는 한국 정치인들의 시야에는 아예 없었다고 해도 과언이 아니다. 한국 정치의 가장 큰 후진성은 정치인들이 언론을 도구로만 인식한 데 따른 당연한 귀결이라 할 수 있다.

신흥 언론인의
위험한 줄타기

2000년대 이후, 한국에선 인터넷을 기반으로 활동하는 다양한 유형의 많은 언론인이 등장했다. 대부분 영세한 군소 매체의 언론인들이지만, 기성 대중 언론에 버금갈 만큼 성장한 경우도 있다. 유튜브, 팟캐스트 같은 디지털 미디어 플랫폼을 기반으로 활동하는 이들이다.

특히 이들 가운데, 정치 분야에 특화한 '언론인'들은 전통 언론을 정파적이라고 비판하지만, 자신들은 그보다 더 정파적이다. 대체로, 중립과는 거리가 멀고, 객관, 공정, 균형 같은 저널리즘의 규범도 그다지 중시하지 않는다. 반면, 자신들의 정치적 성향은 더 적극적으

채널	구독자
매불쇼	241
김어준의 겸손은 힘들다 뉴스공장	210
진성호방송	182
펜앤드마이크TV	163
사람사는 세상 노무현재단	131
신의한수	150
딴지방송국	121
배승희 변호사	128
서울의 소리	102

[그림 8] 주요 정치 유튜브 채널 현황

(2025년 4월 기준, 단위: 만명)

로 드러낸다. 그럼에도 불구하고, 대표적인 이들의 유튜브 채널 구독자는 200만 명을 훌쩍 넘는다. 유력 신문들의 발행 부수를 추월한 지는 이미 오래고, 지상파나 종편 방송의 유튜브 채널을 추월한 경우도 여럿이다. 이는 사회적 영향력에도 그대로 반영되어, 대표적 인물인 김어준과 유시민은 '가장 영향력 있는 언론인(사회인)' 조사에서 해마다 최상위권에 든다.[17]

　　이제 이들은 전통 언론인과 구별되는 '신흥 언론인'이자, 한국 언론사의 한 페이지를 장식할 만한 명실상부한 언론인이다. 특히, 인터넷 매체로 시작해 팟캐스트와 유튜브 등 다양한 플랫폼을 운영하는 김어준은 한국의 신흥 언론을 개척한 인물이라 할 만하다.

자양분이 된 전통 언론과 정치적 양극화

신흥 언론인이 등장하고 성장한 근본 배경은 디지털 미디어의 등장과 발전 때문이었다. 신흥 언론인들은 누구나 언론인이 될 수 있는 디지털 시대에 능동적으로 적응한 이들이었다. 이들은 유튜브나 팟캐스트 같은 플랫폼을 통해 시청자와 청취자의 공감과 참여를 극대화했고, 이는 어떤 텍스트보다 생동감이 넘치는 콘텐츠를 제공할 수 있게 했다.

또한, 인터넷 커뮤니티와 소셜 미디어 같은 사람들의 새로운 소통의 장은 그간 드러나지 않았던 전통 언론의 치부를 드러냈고, 신흥 언론은 바로 그 점을 파고들었다. 특히 신흥 언론들은 정파적 편향을 솔직하게 드러내며 대중에게 다가갔다. 신흥 언론의 이런 태도는, 겉으

[그림 9] 한국의 유튜브 뉴스 이용률 (단위: %)
● 로이터저널리즘연구소, 디지털뉴스리포트 2024

로는 '균형', '정직', '공정', '불편부당' 같은 가치를 내세우면서도 실제로는 정파적 보도를 해온 전통 언론에 실망한 대중의 관심을 끌었다.

이보다 더 결정적 구실을 한 것은 언론 시장의 경제적 원리와 한국 사회의 정치적 양극화였다. 먼저, 경제적 원리는 신흥 언론이 더 강한 정파성으로 전통 언론과 차별화하는 결과를 낳았다. 신흥 언론은 같은 수준의 정파적 보도로는 전통 언론과 경쟁할 수 없기 때문이다. 예를 들어, 전통 언론과 신흥 언론의 정파성이 같은 수준이면, 사람들은 정보의 양과 품질에서 여전히 우위에 있는 전통 언론을 소비한다. 따라서 신흥 언론은 언론 시장에서 생존하고 성장하려면 전통 언론보다 더 정파적이어야 했다.

여기에 때마침 심화된 한국 사회의 정치적 양극화는 자신이 지지하는 정치 진영의 이해를 대변하는 언론을 소비하려는 사람들을 증가시켰다. 이들이 좌파나 우파 편향의 신흥 언론을 적극적으로 소비하면서, 신흥 언론의 진영 내 영향력은 급격히 커졌다.

이는 점점 더 잦아지고 있는 신흥 언론의 특종 보도로도 이어지고 있다. 심화된 정치적 양극화와 신흥 언론의 영향력 증가로 신흥 언론에 전해지는 제보 또한 늘어나는 까닭이다. 특히 정치적 사안을 공론화하려는 제보자들은 신흥 언론을 선택하는 사례가 늘고 있다. 신흥 언론은 제보의 내용이 그들의 정파성에 부합할 경우 보도할 가능성이 매우 크고, 검증 능력이 제한적이어서 제보 내용을 그대로 보도하는 경향이 있다. 제보자들에게는 자신들의 제보 내용이 그대로 보도될 가능성이 커 그만큼 매력적이다. 또한, 어느 정도 영향력을 지닌 신흥 언

론에 보도되면, 유력한 전통 언론에 보도된 것과 다름없이 세상에 알려지기 때문이다.[18]

정치인과의 노골적 유착

언론의 사명은 유권자를 대신해 정치인과 권력을 감시하고 비판하는 일이다. 정치인과 언론이 한 몸이 되면, 진실의 은폐와 왜곡을 낳는다. 언론은 어떤 정파성을 지녔든 정치인과 '건강한 긴장 관계'를 유지하며, 그들에게 불편한 질문을 던질 수 있어야 한다. 그러나 강한 정파성을 지닌 신흥 언론의 영향력이 커지면서 이런 긴장 관계는 사라지고 있다. 대신, 각 정치 진영별로 신흥 언론인들과 정치인들 사이의 유착이 공고해지고 있다

근래 한국에서, 좌파와 우파의 정치인들이 각기 좌파와 우파에 편향적인 신흥 언론에 출연해 진행자와 호흡을 맞추며 정파적 발언을 하는 것은 이미 익숙한 광경이다. 특히 선거를 앞두고는 후보로 나선 정치인들이 앞다퉈 영향력이 큰 신흥 언론에 출연하려 애쓴다. 2024년 4월 국회의원 총선거 때만 해도 여야의 여러 후보가 각기 보수 성향과 진보 성향의 대형 유튜브 채널들에 앞다퉈 달려가 정파적 견해를 쏟아냈다.

정치인이 신흥 언론을 어떻게 여기느냐는 2024년 12월 3일 윤석열 전 대통령의 계엄령 선포로 촉발된 탄핵 정국에서도 명징하게 드러났다. 탄핵 정국은 선거 때 이상으로 한국 사회의 정치적 긴장이 높

아진 시기였다. 이 시기에, 정치적 위기에 몰린 윤 전 대통령은 현직 대통령이라는 지위도 아랑곳하지 않고, 보수 유튜브에 노골적 밀착 행보를 보였다. 또한 탄핵 이후 조기 대통령 선거 국면이 가시화하면서, 유력 차기 대통령 후보였던 이재명 당시 더불어민주당 대표도 기성 전통 언론 대신 우호적 유튜브 채널에만 잇따라 출연했다.

정치인이 언론을 통해 자신과 정견을 알리려는 행위를 탓하기는 어렵다. 사실 한국만의 현상도 아니다. 미국의 도널드 트럼프 전 대통령 역시 대통령 재임기와 이후 대선 국면에서까지 다양한 보수 성향 유튜버 및 온라인 인플루언서들과 적극적으로 교류해왔다. 이들은 유튜브 등 디지털 플랫폼을 기반으로 젊은 남성층에 강한 영향력을 가진 인물들로, 트럼프는 이들과의 인터뷰, 공동 출연 등을 통해 자신의 메시지를 전통 언론보다 더 효과적으로 확산시켜왔다. 이는 특히 2024년 대선을 앞두고 더욱 두드러졌으며, 트럼프의 정파적 메시지를 실시간으로 유통하는 주요 경로가 되었다.[19]

그렇지만 진행자와 정치인이 하나가 되어 자신들의 정파적 견해를 대변하고, 상대 진영을 비판하기만 하는 신흥 언론의 모습은 한국이나 미국 어디에서도 사회적으로 결코 바람직한 일은 아니다.

특히 한국에서는 정파적 신흥 언론과 정치인이 공생하는 '생태계'가 뚜렷하게 자리를 잡았다. 이런 공생을 통해 신흥 언론은 수익과 영향력을, 정치인은 진영 내의 정치적 지지를 효과적으로 획득하고 있다. 그 사이 사회를 둘로 쪼개는 양극화는 더욱 심화되고 있다.

전통 언론과의 '적대적 공존'

신흥 언론과 전통 언론은 서로를 비판하며 못마땅해하지만, 누구도 승자가 되기 어려운 '적대적 공존' 상태에 접어들었다. 이유는 다음과 같다.

먼저, 신흥 언론은 전통 언론 없이 존재할 수 없는 구조적 한계를 지니고 있다. 물론, 신흥 언론의 독자적 보도가 과거보다 늘었고 인터뷰, 대담 등의 콘텐츠에서는 신흥 언론이 전통 언론에 못지 않아진 것도 사실이다. 하지만, 신흥 언론의 비판과 해석의 대표적 소재는 여전히 전통 언론이다. 전통 언론에 대한 대중의 불신 탓에, 신흥 언론이 대중의 이목을 끄는 효과적 방식은 전통 언론의 부실한 보도나 단편적 보도를 비판하는 것이기 때문이다. 이러다보니, 아이러니하게도 전통 언론을 가장 열심히 보는 이들은 신흥 언론인들이다.

신흥 언론은 태생적으로 전통 언론처럼 사회 전 분야를 대상으로 일상적으로 사실을 수집하고 보도하지 않는다. 따라서 신흥 언론은 전통 언론이 없으면 요리의 재료를 구하지 못하는 주방장 같은 처지라고 할 수 있다. 물론, 신흥 언론도 독자적인 발굴 보도를 할 때가 있다. 열성 구독자의 증가와 그들의 제보가 가장 큰 힘이다. 여기에, 상대 정파의 비리에만 집중하며, 유착 관계가 깊은 우호적 정치인들로부터 정보를 쉽게 획득하는 점도 독자적 발굴 보도를 가능하게 하는 주요인이다. 그렇다고 해도, 일상적 취재 조직을 운영하지 않는 신흥 언론의 사실 보도에는 분명한 한계가 있다.[20]

반면, 전통 언론은 신흥 언론이 못마땅하지만 어쩔 도리가 없다. 디지털 미디어와 인프라에 힘입어 언론 시장에 이미 뿌리를 내린 신흥 언론을 자력으로는 뉴스와 의견 시장 밖으로 밀어낼 수 없기 때문이다. 오히려 유튜브 등 디지털 미디어의 활용에서는 신흥 언론을 벤치마킹하는 처지다. 나아가 유력 신흥 언론(인)이 뉴스 시장에서 중요한 역할을 하면서, 전통 언론도 이들을 취재·보도의 대상으로 삼지 않을 수 없게 됐다. 뉴스 소비자가 관심을 갖는 사안을 외면할 수 없기 때문이다. 심지어, 최근에는 영향력이 작은 전통 언론이 취재한 정보를 유력 신흥 언론(인)이 보도 전에 예고하듯 흘려 관심을 끄는 일종의 협업 양상까지 나타나고 있다.

신흥 언론에 매료된 사람들 가운데는 신흥 언론들이 더욱 성장해 기성 전통 언론을 대체하기를 바라는 이들이 적지 않다. 그러나 그렇게 되더라도, 결과는 기대와는 다를 것이다. '우파 유튜브 채널인 펜앤마이크(구독자 171만명)나 신혜식의 '신의 한수'(구독자 161만명)가 『조선일보』를, '김어준의 겸손은 힘들다'(구독자 210만명)나 매불쇼(구독자 241만명)가 『한겨레』를 대체하는 데 불과할 것이다.[21] 이들 신흥 언론들도 대규모 인력으로 일상적인 취재와 보도를 하는 순간, 전통 언론의 구조적 한계와 문제를 똑같이 겪게 될 수밖에 없다. 신흥 언론이 전통 언론을 완전히 대체하기도 어렵지만, 설령 그런 일이 일어난다고 해도, 그것은 신흥 언론이 전통 언론으로 탈바꿈하는 것과 다름없을 것이기 때문이다.

요컨대, 역설적이지만 전통 언론이 없으면 신흥 언론도 지금의 영향력을 유지하기 어렵고, 전통 언론 또한 신흥 언론을 언론 시장에서 배제할 수 없다. 그 사이 한국 언론 전반의 수준을 낮추는 둘 사이의 적대적 공존은 시간이 지날수록 더욱 심화하고 있다.

유시민의 '언론 개혁'

신흥 언론인들이나 그들에게 공감하는 이들 가운데는 신흥 언론인을 '언론 개혁의 주체'로 여기는 이들이 적지 않다. 이런 주장을 앞장서서 하는 유시민의 얘기를 보자.

> "김어준이 뭘 하느냐. '이게 뉴스야'라고 말해주는 사람이에요. 그러니까 혁명이 일어나고 있는 거예요……(김어준의 방송은) 민주당 선거운동본부 비슷해. 실시간 접속 20만 명에 하루에 백몇십만 명씩 그걸 보고 있단 말이에요.……(김어준 씨는) 절대 공평하지 않아. 편파적이야. 기계적 균형도 지키지 않아. 기존 규범을 파괴한 거예요. 나는 이게 저널리즘에 개혁의 길이라고 봐요."[22]

정말, 그의 말이 옳을까? 먼저, 김어준이 "대중에게 무엇이 뉴스인지 말해주는 사람"인 것은 맞다. 이는 필자를 포함해 많은 사람이 김어준을 언론인으로 여기고 대우하는 이유다. 김어준의 방송이 "민주당 선거운동본부 비슷하다"는 것도 사실에 부합한다. 그렇더라도, 김어준의 방송은 여전히 언론이다. 어떤 이는 "정당의 기관지 같은 언론이 무슨 언론이냐"고 반문할 수 있다. 하지만, 뉴스 전달, 여론 형성, 정보 제공의 기능을 수행하는 존재를 언론 아닌 다른 무엇으로 부를 수는 없다. 다만, 사나울 정도로 당파적이었던 19세기 미국이나 프랑스의 신문 같은 정파적 언론이다.

그러나 "김어준의 행위가 언론 개혁의 길"이라는 유시민의 주장에는 문제가 있다. 그의 언급에서 '김어준'을 '신혜식'으로, '민주당'을 '국민의 힘'으로 바꿔보면, 그 이유를 쉽게 파악할 수 있다. 김어준이 언론 개혁의 주체라면, 정확하게 같은 논리로 신혜식도 언론 개혁의 주체가 될 수 있다는 말이기 때문이다. 그러나 이 말에는 유시민도 동의하지 않을 것이다.

또, 혹시라도 언론 개혁의 과정에서 김어준은 남고 신혜식은 사라질 것이라고 유시민이 생각한다면 이는 큰 오산이다. 지난 인류 역사의 경험을 보면, 편향적인 언론은 어김없이 그 반대 편향을 지닌 언론의 등장을 불러왔다. 지금도 지구촌 어디에서나 목격되는 현실이다. 따라서 '민주당의 선거운동본부' 같은 언론과 '국민의 힘 선거운동본부' 같은 언론이 언론 개혁의 결과라면, 이는 한국 언론을 200년 전 서구 신문의 수준으로 퇴보시키는 일이다.

신흥 언론이 전통 언론을 대체할 수 있다는 생각 또한 비현실적이다. 앞서 언급했듯, 당장 전통 언론이 사라지면, 신흥 언론은 '총알 없는 군인'이나 '책 없는 서점 주인' 같은 처지가 된다. 또한, 신흥 언론이 전통 언론과 같은 규모로 취재와 보도를 할 수 있게 된다고 해도, 그때는 지금껏 전통 언론이 보인 한계를 똑같이 겪게 될 것이기 때문이다.

그렇다면, 유시민은 왜 그런 주장을 폈을까? 이유는 보고 싶은 것만 본 탓이지 않을까 싶다. 특히 좌파 신흥 언론의 뒤를 이어 급성장한 우파 신흥 언론의 존재는 그다지 안중에 없는 듯하다. 강한 정파성을 지닌 언론이 등장해 대중의 인기를 끌 수 있다. 그러나 그런 정파성으로 사회 전반을 아우르는 언론 개혁을 이끌어 낼 수는 없다.

신흥 언론 시대의 시험지: 김어준과 삼프로TV

2024년 12월, 국회 청문회장에 출석한 '언론인' 김어준은 충격적인 폭로를 했다. 윤석열 정부가 비상계엄하에서 여당 대표 암살조를 준비했고, 이를 북한 소행으로 위장하려 했다는 것이었다. 그의 주장은 이미 항간에 떠돌던 소문과 유사했지만, 전국에 생중계되는 자리에서 제시한 근거는 "우방국 대사관발 제보"라는 단 하나뿐이었다. 그 '우방국'이 어디인지도 끝내 밝히지 않았다. 공적 발언의 형식은 갖췄지만, 사실을 검증할 수 없는 내용이었다. 검증 불가능한 폭로나 음모설의 반복적 제기는 신흥 언론의 대표적 특성이다. 언론 윤리에는 명백히 반하는 것이지만, 김어준은 또 한 번 전 국민의 주목을 받았다.

일부 전통 언론은 사실 검증은 물론 검증 가능성에 대한 설명조차 생략한 채, 그의 발언을 전했다. 그의 폭로의 진실성 여부를 떠나 전통 언론 스스로 신뢰를 떨어뜨린 또 하나의 사례였다.

사실, 신흥 언론인, 특히 김어준의 검증 없는 폭로나 음모설 제기는 처음이 아니다. 그는 이미 2012년 대선 이후, 부정선거 음모론을 국내에 본격적으로 끌어들였다. 선관위 서버 조작설, 개표기 해킹 의혹 등을 수년간 반복했고, 다큐멘터리 영화까지 만들었지만, 이들 의혹은 대부분 허위로 드러났다. 그럼에도 그는 지금껏 정정도, 사과도 하지 않았다. 그 사이, 그와 유사한 부정선거론의 진원지는 우파 유튜버들로 바뀌었다. 신흥 언론인의 말이 뉴스가 되고, 책임은 사라지는 일은 좌우 신흥 언론인들을 오가며 여전히 반복되고 있다.

하지만, 모든 신흥 언론이 같은 길을 걷는 것은 아니다. 삼프로 TV는 시사를 다루면서도 정파성을 띠지 않는 예외적인 신흥 언론이다. 주로 경제 이슈를 중심으로 다루는 이 유튜브 방송의 구독자는 2025년 4월 기준 260만 명으로, 정파적 신흥 언론들을 압도한다. 삼프로TV의 위상은 2022년 대선 당시 양 진영의 후보인 이재명 후보와 윤석열 후보가 모두 출연한 유일한 신흥 언론이라는 점에서도 드러난다.

삼프로TV의 성공 비결은 전통 언론인들을 능가하는 주요 진행자들의 전문성, 깊이 있는 분석과 쉬운 설명, 시의적절한 주제 선정, 그리고 Q&A · 전문가 인터뷰 · 토크쇼 등 다양한 전달 형식에 있다. 시청자와의 소통 방식, 유튜브 알고리즘 등 디지털 플랫폼의 속성을 이해하고 적극 활용한 점도 빠르게 성장한 원동력이다. 이를 통해 삼프로 TV는 콘텐츠의 내용과 형식 양면에서 전통 언론보다 더 낫다는 평가를 받아왔다.

삼프로TV는 시사를 다루면서도 정파성에 기대지 않고 성장할 수 있다는 가능성을 보여준 사례다. 일상적인 취재 · 보도 활동을 하지 않는다는 점에서는 다른 신흥 언론들과 다르지 않지만, 전통 언론과의 적대적 공생이 아니라 고품질 보완재로서 자리매김하며, 기존 정파적 신흥 언론들과는 다른 길과 희망을 제시하고 있다.

에필로그

한국 언론의 미래를 위한 제언

이제, 어두운 바다에 탐조등을 비추듯, 언론의 실상을 살펴온 이 책의 여정을 마무리할 시간입니다.

돌이켜 보면, 지난 세기 내내 전통 언론은 대중에게 빛과 같은 존재였습니다. 신문과 방송으로 일거에 수천만 명에게 정보를 전달한 전통 언론은 사회적 의사소통의 중심에 서 있었습니다. 대중은 전통 언론을 통해 세상을 이해했고, 개인과 공동체의 중요한 결정을 내렸습니다. 그러나 그 빛이 강해질수록, 그늘도 함께 짙어졌습니다.

20세기 중반의 끝 무렵부터 대중은 전통 언론의 어두운 그늘을 더욱 뚜렷이 인식하기 시작했습니다. 언론은 왜곡된 사실과 감춰진 진실을 드러내며 사회 변화를 이끌어 내기도 했지만, 권력과 금력에 포획되거나 스스로 권력의 도구가 되기도 했습니다. 당파적 논조와 자극적인 뉴스는 대중의 관심을 끌었지만, 그 과정에서 사람들의 신뢰는 서서히 무너졌습니다. 전통 언론이 어두운 밤길을 밝히는 등불이 되길 바랐던 사람들의 기대는 기대만큼이나 큰 실망이 됐습니다.

디지털 시대의 도래는 전통 언론의 지배적 위치를 더 크게 흔들었습니다. 인터넷과 소셜 미디어의 발달로, 사람들은 전통 언론 없이도 다양한 정보를 얻을 수 있게 되었고, 그 과정에서 전통 언론의 부조리와 한계도 뚜렷하게 사람들 앞에 드러났습니다. 전통 언론의 정보 공급의 독과점도 무너졌습니다. 이로 인한 수익성 악화는 뉴스룸 축소와 보도 품질의 저하로 이어졌고, 이는 다시 수익성을 더욱 나빠지게 하는 악순환으로 이어졌습니다. 그뿐만 아니라, 디지털 시대가 가져온 정보의 '풍요'는 때로는 감당하기 힘든 '홍수'가 되었습니다. 정보가 넘쳐나는 만큼, 거짓 정보와 왜곡된 사실도 함께 늘어났기 때문입니다.

한국 사회 역시 이러한 변화 속에서 언론에 대한 많은 과제를 안고 있습니다. 정치적 양극화와 정파적 언론, 저널리즘의 기본 규범 실종, 범람하는 오보와 가짜 뉴스, 금력과 권력에 일상적으로 포획되는 언론, 그리고 언론 품질을 악화시키는 경제적 구조 등이 그 대표적인 예입니다.

그러나 아무리 어려운 과제라도 포기할 수는 없습니다. 언론의 어두운 면모를 완전히 제거할 수는 없지만, 그 어둠을 조금이라도 옅게 만들 수는 있습니다. 또, 작은 변화로도 우리가 얻을 수 있는 것은 의외로 클 수 있습니다. 하지만 어떤 특정 언론사 한 곳이라면 모를까, 한국 언론 전반에 관한 처방은 필자의 능력 밖의 일입니다. 그럼에도 더 나은 한국 언론을 위해 오늘도 번민하는 분들과 고민을 함께 나누고자, 이 에필로그를 통해 반드시 유념해야 할 몇 가지를 제언하고자 합니다.

다름을 인정하는 사회적 숙의

모든 약에 부작용이 있듯, 언론에 관한 정부의 정책적 개입이나 사회적 차원의 간여에는 언제나 언론 자유를 침해하는 속성이 있습니다. 시장의 실패를 교정하려는 정부의 개입이 언론 분야에서도 때로 '시장의 실패'보다 더 나쁜 '정부의 실패'를 초래하는 것도 그 때문입니다.

언론의 자유는 민주주의 사회를 지탱하는 가장 근본이 되는 기둥입니다. 집을 고칠 때도 기본 골조에는 함부로 손을 대지 않습니다. 마찬가지로, 언론에 관한 변화를 꾀할 때는 변화에 따른 순기능보다 역기능을 먼저 살펴야 합니다. "자유를 위협하지 않으면서 언론을 규제할 수는 없다"는 토크빌의 말을 각별히 생각해야 합니다. 따라서, 언론에 개입하는 모든 정책과 제도는 반드시 사회적 숙려 기간을 갖춰야 합니다. 언론에 관한 한, 아무리 좋아 보이는 정책이나 제도라도 속전속결식으로 추진하는 것은 반드시 피해야 합니다.

🔬 프랑스 혁명 당시의 인권선언이나 미국의 수정헌법만 보더라도,

언론 자유의 개념과 실천에는 차이가 있었습니다. 가장 큰 이유는 사회 구성원들의 언론에 관한 인식이 달랐던 까닭입니다. 서로 다른 인식은 서로 다른 시대나 사회의 현실에서 비롯합니다.

이를테면, 근래의 한국과 핀란드의 언론 환경 차이는 18세기 미국과 프랑스 사이의 차이보다 훨씬 더 큽니다. 2020년 로이터저널리즘연구소의 보고서에 따르면, 핀란드에서는 '내 생각과 같은 뉴스'를 보기 원한다는 사람이 전체의 11퍼센트였지만, 한국에서는 그 4배인 44퍼센트였습니다. '내 생각과 다른 뉴스'를 원한다는 사람도 핀란드에서는 12퍼센트였지만, 한국에서는 세계적으로도 가장 작은 4퍼센트에 불과했습니다('중도적 관점의 뉴스'를 원한 사람은 각기 77퍼센트와 52퍼센트였습니다). 그만큼 한국인은 배타적으로 뉴스를 소비하고 있습니다.[1] 게다가, 같은 연구소가 전 세계 주요 40개국을 대상으로 조사한 각국의 언론 신뢰도 조사에서는 핀란드는 1위였고 한국은 꼴찌(40위)였습니다.(☞ p. 226 '〈그림 6〉 각국의 언론 신뢰도')

이런 차이는 핀란드와 한국이 풀어야 할 과제도 다르다는 것을 보여줍니다. 과제가 다르다면, 언론의 부조리를 개선하는 방법도 달라야 합니다. 실제로 유사한 언론 정책도, 사회마다 다른 결과를 낳습니다. 다시 핀란드 등 북유럽 국가와 한국의 예를 보겠습니다.

핀란드 등 북유럽 국가들은 구독자 수 등을 기준으로 언론사들에게 공적 자금을 지원합니다. '스칸디나비아 모델Scandinavian model'로 불리는 제도입니다. 언론의 경영상 어려움을 줄이고 더 건강한 보도 환경을 도모하려는 것입니다.

■ 나의 관점과 같은 뉴스　　■ 특정 관점이 없는 뉴스　　■ 나의 관점과 다른 뉴스

	나의 관점과 같은 뉴스	특정 관점이 없는 뉴스	나의 관점과 다른 뉴스
평균	28	60	12
튀르키예	55	28	10
멕시코	48	28	24
필리핀	46	28	26
한국	44	52	4
브라질	43	51	6
슬로바키아	40	52	8
말레이시아	39	41	21
루마니아	37	57	5
케냐	36	29	35
불가리아	34	60	6
스페인	34	55	11
폴란드	34	62	3
헝가리	33	64	3
체코	32	65	3
남아공	31	41	29
포르투갈	31	65	4
미국	30	60	10
대만	30	67	3
아르헨티나	28	57	15
크로아티아	28	67	5
칠레	28	56	16
싱가포르	28	55	17
홍콩	24	68	8
이탈리아	22	65	13
호주	22	63	15
벨기에	21	65	14
아일랜드	21	63	16
프랑스	20	58	22
캐나다	20	63	17
그리스	19	74	7
오스트리아	19	74	7
스위스	18	70	12
네덜란드	18	70	12
일본	17	78	6
독일	15	80	5
스웨덴	14	76	10
덴마크	14	68	18
영국	13	76	11
노르웨이	12	71	17
핀란드	11	77	12

표 2 각국(40개국) 뉴스 소비자가 선호하는 뉴스 (단위: %)
● 로이터저널리즘연구소, '디지털 뉴스 리포트 2020'

한국에서도 2021년 5월 외견상 유사한 제도가 추진된 적이 있습니다. '미디어 바우처media voucher 제도'입니다. 18세 이상의 모든 성인에게 2만~3만 원 정도의 바우처를 지급한 뒤 마음에 드는 언론사를 직접 골라 후원하도록 하는 제도였습니다.[2]

그러나 앞서 언급한 것처럼 한국과 북유럽은 언론은 물론 언론 소비자의 소비 행태에 매우 큰 차이가 있습니다. 북유럽은 '나의 관점'과 다른 보도를 보려는 이들이 더 많은 사회입니다. 그러나 한국은 '나의 관점'과 같은 언론을 보겠다는 비중이 세계 최고 수준이고, '나의 관점'과 다른 언론은 아예 볼 생각도 하지 않는 이들이 세계에서 가장 많은 나라입니다.[3] 이런 차이는 제도나 정책도 크게 다른 결과를 낳습니다. 북유럽의 스칸디나비아 모델은 언론의 정파성을 심화시키지 않

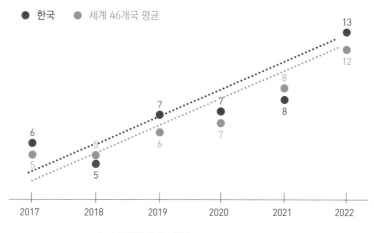

뉴스 무관심층의 비율(2017~2022년) (단위: %)

출처: 한국언론진흥재단, 〈디지털 뉴스 리포트 2022한국〉

으면서 품질 높은 보도를 견인할 수 있습니다. 그러나 한국의 미디어 바우처 제도는 정파성이 강한 진영 언론의 전쟁에 언론 소비자들까지 바우처를 들고 참전하게 하는 것입니다. 현재 한국인들의 배타적 뉴스 소비가 심각하기 때문입니다.

한국은 뉴스 무관심층이 세계 평균보다도 높고, 가파르게 증가하는 나라입니다. 따라서 한국에서 미디어 바우처의 사용은 정파적 성향을 지닌 적극적 소비자들이 주도할 가능성이 큽니다. 그렇게 되면, 언론들은 바우처로 후원하는 언론 소비자를 의식해 정파적 보도를 더 강화할 공산도 큽니다.

한국의 미디어 바우처 법안이 무산된 것은 다행입니다. 이 법안은 언론 환경을 개선하기보다 사회를 더욱 극단적인 상태로 몰아갈 위험이 컸기 때문입니다. 요컨대, 언론 자유와 책임, 남용의 문제를 두고서는 어느 나라나 어느 시대나 같은 기준이나 정책을 적용할 수는 없습니다. 인류가 언론 자유의 가치와 이상을 공유한다고 해도 시대와 사회마다 다른 현실적 조건을 감안해야 합니다. 그러지 않으면, 언론의 태생적 부조리를 최소화하지 못하는 것은 물론, 되레 심화시키게 됩니다. 근래 지구촌의 숙제로 떠오른 가짜 뉴스 문제에 대한 대처도 나라마다 각양각색이라는 점은 이를 잘 보여주는 사례입니다.[4]

🔬 언론에 대한 '필요한 최소'의 규제는 언제나 가능합니다. 단, 조건이 있습니다. 시대와 사회의 현실에 부합해야 하며, 사회 구성원들의 충분한 공감을 얻을 수 있어야 한다는 것입니다. 미국의 독립선언

과는 달리, "언론 자유의 남용을 법으로 규율할 수 있다"는 내용이 프랑스 인권선언에 담긴 이유도 언론 자유의 남용을 우려하는 프랑스 사회의 컨센서스가 있었기 때문입니다.

따라서 우리 사회의 구성원들이 언론의 본모습을 체계적으로 이해하고, 정파적 유불리를 떠나 뜻을 모을 수만 있다면, 시대와 사회에 유익한 방향으로 언론을 규제하는 제도와 정책을 펼 수 있습니다. 한국에서 적용 대상에 언론인까지 포함한 김영란법을 제정한 것은 그 대표적 예입니다. 법 제정 당시, 거의 모든 한국의 언론은 날마다 언론인이 적용 대상에 포함된 이 법의 제정을 비판하고 반대했습니다. 그럼에도 법이 제정될 수 있었던 것은 한국인의 70퍼센트 이상이 이를 지지했기 때문입니다.

아울러, 언론에 관한 제도나 정책만큼은 다수의 요구에 의한 사회적 선택이라 할지라도 소수의 의견에 귀를 열어야 합니다. 다수의 판단이 항상 옳지는 않으며, 다수의 선택도 실패할 가능성은 작지 않습니다. 인류의 역사는 '시장의 실패'나 '정부의 실패' 뿐만 아니라 '다수의 실패'도 숱하게 보여줬습니다.

'신성 모독'과 '청년 선동죄'라는 이유로 기소됐던 소크라테스 Socrates, B.C 469?~B.C 399는 배심원(501명)의 5분의 3의 찬성으로 유죄를 선고받고, 압도적 다수의 찬성으로 사형에 처해졌습니다.[5] 오늘날의 기준으로는 터무니없는 일입니다. 수많은 무고한 생명을 앗아간 중세의 마녀사냥, 세계대전과 홀로코스트를 초래한 1940년대 나치 독일의 유대인 학살, 알코올 밀매와 조직범죄를 증가시킨 1920년대 미국의 금주법 등은 모두 압도적 다수가 선택한 결과입니다. 유사한 사례는 수없이 많습니다.

다수의 실패라는 함정은, 특히 언론에 있어서는 가장 우려할 만한 결과를 낳습니다. 언론과 관련한 윤리나 정신이 언제나 소수의 목소리와 여론 다양성 등을 향하는 것도 같은 이유입니다. 언론에 대한 사회적 규제와 관련해서는 반드시 충분한 시간 동안 '다수'가 아니라 '가장 많은 이들'이 참여하는 사회적 숙의熟議가 필요합니다.

그러나 정치인과 언론인, 시민사회 모두가 진영 논리에서 벗어나지 못한다면 사회적 컨센서스를 이뤄내기 위한 첫 번째 관문도 통과하기 어렵습니다. '나의 진실'만을 생각하는 진영 논리에 빠지면, 언론을 '나와 다른 타인의 주장과 견해'가 공존하는 장으로 생각하기 어렵기 때문입니다.

언론 환경과 언론을 개선하려면, 무엇보다 먼저 언론은 빛과 그림자 모두를 지니고 있다는 사실을 이해해야 합니다. 우리 편 언론이나 남의 편 언론 모두 타고난 한계와 부조리를 지니고 있음을 안다면, 우리 편을 드는 언론만 존재할 가치가 있다고 여기기는 어려울 것이기 때문입니다.

언론에 관한 '이상'은 하나라도, 그 '현실'은 나라나 시대마다 다릅니다. 언론과 사상의 시장에도 '시장의 실패'와 '정부의 실패', 그리고 '다수의 실패'가 존재합니다. 실패를 최소화하며 '이상'에 한 걸음 더 다가가고, 부조리한 '현실'에서 그만큼 더 벗어나려면, 언론에 관한 제도와 정책은 시간이 걸리더라도 사회적 공감대를 충분히 이뤄내야 합니다.

더 나은 언론과 언론 환경 세상을 여는 열쇠는 사회적 숙의와 구성원들의 결의입니다. 어떤 정파나 진영도 언론의 개혁을, 상대 정파나 진영을 배제한 채 홀로 이뤄내겠다는 생각은 버려야 합니다. '나와 우리만을 위한 언론'은 반드시 '남과 그들만을 위한 언론'을 만들어내기 때문입니다.

"어느 누구도 반대자를 침묵시킬 권리를 갖고 있지 않다"는 생각과 태도는 더 나은 언론을 위한 첫걸음입니다. '옳다'고 여기는 나의 생각만이 아니라, '옳지 않다'고 생각하는 다른 이들의 견해와 주장에도 표현의 자유를 보장해야 한다고 믿는, 시민과 언론인, 그리고 지식인들이 공론의 주체로 나서야 합니다.

1940년대, 미국의 '언론자유위원회Commission on Freedom of the Press'는[6] 미국 언론의 자유와 책무에 관한 이정표를 세웠습니다. 80여 년 전의 일입니다. 수없이 접한 내용이지만, 한국의 언론인으로서는 매번 부럽기 그지없었습니다.

'천 리 길도 한 걸음부터'라는 말이 있습니다. 비록 늦었지만, 지금이라도 우리도 이런 기구를 범사회적으로 함께 만드는 것은 생각해 볼 만한 일입니다. 이를 위해서는 배타적 논리에서 벗어나 언론을 이해하고 행동하는 언론인과 시민이 있어야 합니다. 그렇지 않다면, 자유 언론의 이상은 단지 구호에 그치고, 한국 언론에 드리운 어두운 그림자도 걷히기 어려울 것입니다.

정파적이라도 '품질 높은 보도'를 추구해야

많은 사람이 언론의 정파성이 사회에 해를 끼친다고 생각합니다. 실제로 정파성을 띤 언론은 사실을 왜곡하는 렌즈의 구실을 하기 쉽습니다. 하지만, 언론의 정파성은 인간과 사회, 그리고 그 속에서 태어난 언론의 본성입니다.[7] 근대 언론의 출현 이래, 정파성을 탈피한 언론은 없었고, 앞으로도 없을 것입니다.

그럼에도 많은 이들은 정파적 편향이 없는 언론을 끊임없이 기대하고, 그 기대에 부응하지 않는 현실에 반복적으로 실망합니다. 언론으로부터 정파성을 없앨 수 있다는 기대는 무망한 일입니다. 언론으로부터 정파적 편향을 거세할 수 없다면, 우리는 다른 방향으로 나아가야 합니다. 바꿀 수 없는 것을 억지로 고치려 하기보다는, 개선할 수 있는 것에 관심과 의지를 모으는 게 현명한 일입니다. 가장 현실적인 대안은 언론(보도)의 품질을 향상시키는 것입니다.

그러면, 언론 보도의 품질이란 무엇일까요? 사람들이 언론을 선택하고 소비하는 두 가지 기준이 있습니다. 언론 보도가 자신의 생각에 가까울수록 좋아하지만(확증 편향), 그렇지 않더라도, 정확한 사실에 근거한 논리적이고 친절한 보도도 원한다는 것입니다. 전자가 언론이 지닌 편향이고, 후자는 언론이 지닌 품질입니다. 따라서 사람들은 의식적이든, 무의식적이든 언론의 '편향'과 '품질'을 비교하며 소비할 언론을 선택합니다.

예를 들어, 어떤 사람이 좌파 성향의 신문들과 우파 성향의 신문들 가운데, 한쪽을 주로 본다면 편향에 따른 소비입니다. 반면, 같은 우파 편향의 언론이라도 『조선일보』와 유튜브 채널인 〈가로세로연구소〉 가운데 『조선일보』를 선택하는 것은 품질에 따른 소비입니다. 독자들은 매체들의 품질이 엇비슷하면 자신의 생각(편향)에 더 가까운 매체에, 편향이 엇비슷하면 더 높은 품질을 지닌 매체에 눈길을 줍니다. 이는 우파 편향의 독자라도 매우 낮은 품질의 우파 편향 신문보다 다소 좌파 편향을 띠고 있더라도 품질이 높은 신문을 보려 한다는 뜻입니다.

품질이 높으면, 그 매체의 정파성과 무관하게 관심을 갖는 독자나 시청자가 많아집니다. 『뉴욕 타임스』나 『워싱턴 포스트』는 세계적으로 가장 높은 품질을 인정받고 있습니다. 동시에 정치적 견해를 넘어 두터운 독자층을 갖고 있습니다. 하지만 두 신문 모두 분명한 정파성도 지니고 있습니다.

널리 알려진 연구에 따르면, 『뉴욕 타임스』와 『워싱턴 포스트』는 미국의 주요 언론 20곳 중 민주당에 가장 편향적이었습니다.[8] 다른 기관들의 조사에서도 두 신문은 폭스 뉴스는 물론, AP 통신과 영국의 BBC에 비해서도 확실한 민주당 편향을 지닌 것으로 평가되고 있습니다.[9] 실제로, 두 신문은 1960년 이후 2020년까지 미국의 대통령 선거에서 예외 없이 민주당 후보를 지지했고,[10] 사실 보도의 양에서도 민주당 쪽에 유리한 이슈에 대한 보도가 더 많았습니다.[11]

하지만, 언론계와 학계 어디서나 이 신문들의 품질은 높은 평가를 받습니다.[12] 이유는 이 신문들이 '사실'과 '의견'을 엄격하게 구분하고, 사실 보도에서도 정치적 의도로 사실들을 골라 반영하거나 배제하지 않기 때문입니다. 편파적인 취재원 인용을 삼가는 것은 물론 익명 출처의 인용 등에도 엄격한 기준을 적용합니다. 정파성이 있더라도 이런 신문이 인정받는 이유는, 정치적 편향은 없더라도 선정적인 '~카더라' 소식 일색인 황색 언론이 사회적으로 더 유용하지 않은 것과 같은 이유입니다.

이런 점에서, 언론의 품질은 언론이 지닌 정파성과는 별개입니다. "정파적이라도 고품질 언론이 있을 수 있다"는 말입니다. 따라서, 『뉴욕 타임스』나 『워싱턴 포스트』에서도 사라지지 않은 정치적 편향을 한국의 언론에서 없애겠다는 시도는 현실적이지 않습니다. 따라서 정파성에서 벗어나려는 노력보다는 먼저 보도 품질을 개선하는 것이 한국 언론의 미래를 위해 더 효과적인 실마리가 될 것입니다.[13] 언론 보도의 품질이 높아지면, 정치적 편향은 완화되는 부수 효과도 기대할 수 있습니다. 고품질을 추구하다 보면, 익명 출처나 부실한 사실관계 등을 동원한 무리한 편향 보도를 자제하게 되기 때문입니다.

안타깝게도 한국 언론의 품질은 나날이 더 나빠지고 있습니다. 물론, 여기엔 언론 기업을 둘러싼 경제적 환경 악화라는 구조적 원인이 있습니다. 디지털 시대 이후 전통 언론의 수익성이 악화하면서 품질 개선을 위한 투자가 어려워졌기 때문입니다. 그렇더라도 언론의 위기 속에서 최후의 승자는 결국 품질 높은 기사를 제공하는 언론일 것입니다. 따라서 더 나은 미래를 꿈꾸는 개별 언론사의 당면 과제는 보도의 품질을 개선하는 것입니다. 만약 투자 여력이 없다면. 자금부터 마련해야 합니다. 투자 여력이 있다면, 보도 품질의 개선을 최우선 과제로 삼아야 합니다. '콘텐츠 유료화'나 '독자 후원제' 같은 언론사들의 수익 개선 시도도 품질 개선이 없다면 부질없는 짓일 뿐 아니라 언론 기업의 미래까지 갉아먹는 것임을 잊지 말아야 합니다.

일선의 언론인들도 자신의 신념과 경험에만 의존해, '어제'처럼 '오늘' 보도하는 것은 쉬운 일입니다. 반면, 보도의 품질을 높이는 일은 어렵습니다. 그러나 어려운 일에 도전하지 않으면 내일은 오늘보다 결코 나아지지 않을 것입니다.

한국 언론 역시 미국의 많은 언론처럼 정치적 편향을 명시적으로 드러내는 것을 적극 검토할 필요가 있습니다. 선거 시기에 사설 등을 통해 특정 정당에 대한 지지를 분명히 표현하는 것입니다. 한국 언론의 속 다르고 겉 다른 처신이 너무 오랜 세월 지속됐습니다. 짧은 기간 안에 이런 이중성이 개선될 가능성도 없어 보입니다.

이제 더 이상은, 실천 없이 입으로만 되뇌는 공정이나 균형, 불편부당 같은 가치는 무의미합니다. 그런 가치를 아무리 말로만 강조한들, 이미 대중은 믿지 않을 뿐더러 되레 언론에 대한 불신만 더 커질 뿐입니다. 정파성을 숨기는 데 쏟을 에너지가 있다면, 그조차도 보도의 품질을 높이는 데로 돌리는 게 훨씬 현실적이고 또 효과적입니다. 보도의 품질은 탄탄하게 검증된 충분한 사실들facts로 뒷받침됩니다. 따라서, 언론 보도의 품질이 조금이라도 높아진다면, 지금처럼 정파적 의견만 넘쳐나는 한국 언론의 문제를 조금이라도 개선하는 데 기여할 수 있습니다.

언론의 변화를 가져올 수 있는 근본적인 힘과 토대는 알 권리의 주인 공인 우리 사회의 구성원들입니다. 다음과 같은 이유 때문입니다.

언론(보도)의 품질을 높이는 데는 언론사 경영자나 언론인의 노력이 중요하지만, 그것만으로는 충분하지 않습니다. 사실들을 충분히 수집하고 철저히 검증해, 이치에 맞고 이해하기 쉬운 보도를 하려면 많은 비용이 듭니다. 감추려는 사람들이 많거나 힘 있는 사람의 거짓일수록, 오랫동안 사람들을 속인 거짓일수록, 진실을 드러내는 데는 더 많은 인력과 자원, 시간이 필요합니다. 그리고 이를 뒷받침하기 위한 힘은 구독이든 후원이든, 광고 수입이든 결국 언론 소비자에게서 나옵니다. 즉, 언론 소비자가 언론의 품질 개선을 위한 동기와 재원을 제공한다는 뜻입니다. 즉, 언론의 품질은 궁극적으로 언론 소비자가 얼마나 현명한지에 달려 있습니다.

이런 사정은 대규모 인력을 운영하는 전통 언론이나, 장기간에 걸친 심층 취재를 수행하는 탐사보도 전문 매체 모두에게 해당합니다. 반면, 신흥 언론은 근본적으로 다른 비용 구조를 가지고 있습니다. 이들은 주로 이미 공개된 사실이나 보도를 해석하고 비평하기 때문입니다.

그런데, 근래 언론 소비자의 구독과 후원은 신흥 언론에 몰리고 있습니다. 대표적인 사례가 강한 정파성을 거리낌 없이 드러내며 정치적 이슈에 대한 해석과 논평을 제공해 인기를 끄는 유튜브 채널들입니다. 반면, 전통 언론은 디지털 시대 이후 광고와 독자 감소로 수익성이

정파성 완화의
'선의'와 보도의 '품질'

언론인 가운데에서는 소속된 언론의 관행적 정파성을 탈피하려는 젊은 언론인들도 적지 않습니다. '당파적 언론'이라는 그간의 평가를 의식해, 정치적으로 균형 잡힌 보도를 추구하는 선의, 그리고 진보와 보수 정치 세력 간의 차이를 이전 세대만큼 절실하게 느끼지 않는 젊은 세대의 변화한 가치관이 그 배경이라 할 수 있습니다. 특히, 뉴스룸의 조직 문화가 상대적으로 더 자유로운 『한겨레』와 『경향신문』 같은 진보 언론에서 지난 몇 년간 관찰되는 일입니다.

그러나, "지옥으로 가는 길은 선의로 포장되어 있다"는 말처럼, 좋은 의도만으로 좋은 결과를 기대할 수 없습니다. 의도와 무관하게, 어떤 언론사가 기존의 정치적 보도 편향을 바꾸면, 기존 편향에 효용을 느끼던 소비자는 이를 해당 언론사의 변심, 즉 '신뢰 파괴'로 받아들입니다. 따라서 언론사가 보도 편향을 바꿀 때는, 이 변화가 불편한 독자나 시청자들에게 더 친절하고 이치에 맞는 보도, 즉 품질 개선으로 보상해야 합니다. 그렇지 않은 한 기존 독자의 이탈은 불가피합니다.

특히 편향 변화로 유입되는 독자가 이탈하는 독자보다 적은 때는,[14] 어느 언론사나 영향력 감소와 경영상 어려움을 자초하게 됩니다. 경영상 어려움은 다시 품질 개선을 위한 투자를 어렵게 해, 결국 애초에 의도하지 않았던 미로 속을 헤매게 됩니다.

편향을 바꾸며 품질을 높이는 일은 어렵지만, 가능한 일입니다. 『뉴욕 타임스』는 20세기 초에, 『로스앤젤레스 타임스Los Angeles Times』는 1960년대에, 기존의 정치적 보도 편향을 크게 바꿨지만, 보도 품질의 개선을 동시에 이뤄냈습니다. 이를 통해 두 신문은 평판과 수익을 획기적으로 개선할 수 있었습니다.[15]

지속적으로 악화하고 있습니다. 이런 사정은 전통 언론의 품질 개선 투자를 더욱 어렵게 만들고 있습니다.

현실적으로, 광범위한 분야에서 대규모 인력을 운영하며 사실을 수집하고 보도하는 일은 전통 언론만이 하고 있습니다. 지금의 신흥 언론은 그렇게 할 수 없습니다. 때때로 사회적 파장이 큰 보도가 신흥 언론에 의해 이뤄지기도 하지만,[16] 이는 예외적인 일입니다. 신흥 언론에는 일상적인 취재 인력이나 활동이 거의 없는 탓입니다.

8장 끝부분에서 언급한 것처럼 지금 한국에서는 전통 언론과 신흥 언론이 '적대적 공존'을 하고 있습니다. 이 공존은 두 가지 악순환을 낳고 있습니다. 하나는 수익성 악화가 비용 절감으로 이어지며 품질과 신뢰의 하락을 낳고 이는 다시 수익성 악화를 초래하는 전통 언론의 악순환입니다. 다른 하나는 전통 언론의 신뢰 추락으로 매우 정파적인 신흥 언론이 부상하고, 그 결과로 언론 전반의 신뢰가 추락하는 전체 언론의 악순환입니다.

이 악순환을 끊어야 합니다. 끊어야 할 고리는 전통 언론에 있습니다. 두 가지 악순환의 핵심 고리는 모두 전통 언론의 추락하는 품질과 신뢰입니다. 따라서 전통 언론의 품질을 끌어 올릴 수 있다면, 한국 언론이 빠져 있는 이중의 악순환에서도 조금이나마 벗어날 수 있습니다. 전통 언론의 품질이 높아지면, 신흥 언론의 품질도 개선되고 두 언론의 적대적 공존도 약화될 것입니다.

현명한 언론 소비자가 더 나은 언론을 만들어갑니다. 현명한 언론 소비자는 언론의 정파성만을 따지지 않고, 보도의 품질을 평가하는 사람입니다. 자신의 생각과 다른 보도를 하더라도 품질 높은 보도를 하는 언론과 그렇지 않은 언론을 구별하는 노력이 우리 모두에게 필요합니다. 언제일지 모르지만, 한국인들에게도 북유럽 사람들처럼, '내 견해에 맞는 보도'만 찾지 않고, '내 견해와 다른 보도'를 보려는 때가 오길 바랍니다. 듣고 싶은 얘기만 전해주는 언론은 당장 쾌감을 줄 수 있지만, 사회나 개인에게 이롭지 않습니다. 이견에 귀 기울이는 것은 개인과 사회에 분명 더 이롭습니다.

학문에는 왕도가 없듯이, 전통 언론의 품질 악화를 저지하고 다시 개선하는 일에도 남모를 비책이 있을 수 없습니다. 유일한 해결책은 저품질 언론(보도)이 득세하더라도 진흙 속에서 진주를 발견하려고 소비자들이 노력하는 것입니다. 마음에 드는 사실과 의견을 전해주는 언론보다 조금이라도 더 품질 높은 언론 응원하는 언론 소비자가 늘어날수록, 한국 언론은 더 나아질 수 있습니다.

정파성은 있어도 좋습니다. 하지만, 언론의 품질은 높아져야 합니다. 이 변화를 이끌어 낼 가장 중요한 힘은 바로 우리, 언론 소비자에게 있습니다.

 언론인은 더 겸손해지길

한국 언론의 변화에 있어 열쇠는 언론 소비자가 쥐고 있지만, 변화를 이끌어가는 당사자는 역시 언론인입니다. 그리고 변화의 시작은 언론인의 자기 성찰에서 비롯됩니다. 그러나 안타깝게도, 대부분의 한국 언론인은 자기 성찰을 잘 하지 않는다는 평가를 받고 있습니다. 언론인들 스스로도 "(한국의) 언론인들은 자기 성찰력이 너무 떨어진다"[17]다고 고백하고 있을 정도입니다.

하지만, 한국의 지난 역사를 보면, 언론에 대한 대중의 평가를 직시하며 자신을 성찰한 언론인들도 있었습니다. '참된 언론'을 위해 독재 권력과 사주의 탄압과 회유에 맞섰던 언론인들이 대표적입니다. 그들은 큰 희생을 치렀지만 덕분에 한국 언론은 앞으로 나갈 수 있었습니다.

무엇이 잘못된 것인지 깨닫지 못하면 잘못을 고칠 수 없습니다. 이는 오늘날의 언론인들도 마찬가지입니다. 자기 성찰을 통해 과오와 실수, 한계 등을 깨닫지 못한다면, 언론 스스로는 아무것도 개선할 수 없기 때문입니다. 변화가 없다면, 더 나은 내일도 기대할 수 없습니다. 물론, 지금은 과거와 사정이 많이 다릅니다. 언론의 환경이나 언론인의 주체적 의식에도 차이가 많습니다. 그러나 자성이 필요한 것은 그때나 지금이나 차이가 없습니다. 또한 변화는 뜻있는 언론과 언론인으로부터 시작된다는 것도 마찬가지입니다.

그렇다면, 언론인들은 왜 스스로를 성찰하는 것이 어려울까요? 가장 근본적인 이유는 성찰을 위한 외부 자극이 적다는 것입니다. 언론과 언론인은 사회의 다른 분야와는 달리, 다른 사회 분야나 집단의 일상적인 감시나 견제는 물론이고, 조언과 비판도 거의 받지 않습니다. 그런 비판을 전달하는 주체가 바로 언론인데, 만약 언론이 자신에 대한 비판에 침묵하면, 비판이 제대로 공유되기는 어렵습니다.

　　게다가 언론인은 자신을 향한 비판을 언론계 안에서 공유하거나 사회에 알리는 데 매우 인색합니다. 자신의 치부를 매번 공개하고 싶지 않은 사람의 심리는 언론인도 마찬가지라서 그렇습니다. 하지만, 사회 모든 분야를 대상으로 쓴소리를 하는 언론인은, 자신을 향한 비판도 듣고 전할 각오를 해야 합니다. 표현의 자유는 언론과 언론인만의 특권이 아니라, 모든 시민의 기본권입니다. 지위고하를 막론하고 누가 하는 비판이든 언론을 향한 비판에 귀를 여는 게 언론인의 의무임을 언론인들은 기억해야 합니다.

　　디지털 시대에는 언론과 언론 소비자 사이의 관계도 크게 달라졌습니다. 지금의 사람들은 과거처럼 언론이 주는 정보를 수동적으로 받아들이는 존재가 아닙니다. 언론 소비자들은 디지털 네트워크를 통해 즉각적으로 서로의 생각과 의견을 공유하며, 아날로그 시대와는 다른 방식으로 뉴스를 소비하고 있습니다. 그들은 소셜 미디어와 댓글, 다양한 온라인 플랫폼을 통해 언론 보도에 곧바로 반응하고, 언론이 제시하는 정보의 신뢰도와 정확성을 평가합니다. 단순히 불만을 표출하는 데 그치지 않고, 더 나은 보도를 요구하기도 합니다.

　　만약 언론인들이 대중의 이런 변화에 능동적으로 대처하지 않는다면, 도태되기로 작정한 셈이나 다름없습니다. 언론인과 언론 소비자 사이의 역학 관계가 완전히 바뀌었기 때문입니다. 이처럼 변화된 관계 속에서 언론인의 겸손은 신뢰를 얻는 가장 중요한 첫걸음입니다. 사람들 사이의 의사소통 수단과 방식이 혁명적으로 바뀐 디지털 시대에는 언론이 언론 소비자의 목소리에 귀를 닫아서는 안 됩니다. 무엇보다도 소비자들의 목소리에는 언론인이 인정받고 생존할 수 있는 중요한 단서가 들어 있습니다. 언제나 소비자들은 언론의 성쇠를 결정해온 주체입니다. 따라서 그들이 제기하는 비판과 지적은 단순한 불만이 아닙니다. 개별 언론은 물론, 언론 전반이 제구실을 하며 발전하게 하는 귀중한 피드백입니다.

언론인의 도덕률과 규범의 관점에서도, 언론인은 겸손해야 합니다. 미국의 언론인 제임스 베넷James Bennet은 "아무것도 모른다는 겸손에서 출발하는 저널리즘이 더 가치 있다"고 말했습니다.[18] 이는 언론인들은 확신보다 호기심을, 자신의 지식보다 의심을 우선해야 한다는 뜻이기도 합니다. 아무리 선한 의도를 가진 언론인이라도 자신의 의로움에 대한 확신은 진실에 다가가는 데 방해가 될 수 있습니다. 언론인은 항상 자신의 지식과 경험을 의심하며, 겸손한 자세로 사실을 탐구해야 한다는 말입니다.

더구나 우리는 더 이상 대중 미디어의 전성기 속에 살고 있지 않습니다. 전통 언론에서 대중을 향해, 한 방향으로만 이어지던 수직적 소통의 시대는 지나갔습니다. 이제는 수많은 디지털 네트워크를 통한 수평적 의사소통의 시대입니다. 이 시대에 걸맞은 언론인의 덕목은 대중 앞에서 겸손한 것입니다.

오늘날 한국 언론인들은 과거 어느 때보다 힘든 환경에서 일하고 있습니다. 그러나 그럴수록 자신을 돌아보고, 겸손함을 잃지 않는 것이 중요합니다. 자기 성찰은 언론인들이 직면한 모든 문제를 푸는 출발점입니다. 전통 언론인들은 자신의 보도가 얼마나 공정하고 정확한지, 대중에게 얼마나 신뢰를 줄 수 있는지를 끊임없이 되돌아보고, 실수를 인정하고 바로잡는 용기를 가져야 합니다. 잘못을 고치는 것은 언론의 신뢰를 회복하고, 대중과의 관계를 더욱 견고히 하는 중요한 과정입니다. 신흥 언론인들도, 당장은 겸손과 성찰의 필요성을 느낄 수 없겠지만, 질적 도약을 원한다면 스스로를 성찰하며 겸손해져야 합니다.

'나의 지식이 얼마나 부족하고, 나의 생각이 얼마나 편향적이며, 내가 얼마나 이기적인지' 스스로 성찰하는 언론인들이 한국 언론의 밝은 미래를 만들어갈 것이라 믿습니다. 몇 해 전 한 신문 칼럼의 첫머리에는 이런 말이 있었습니다. "언론이 남을 비판할 때처럼 자신을 돌아본다면 존경받지 않으려야 않을 수 없을 것이다."[19] 이 말을 저 역시 언론인들에게 전하고 싶습니다.

자성 없이는 미래도 없습니다. 오늘의 잘못을 직시하지 않는다면, 내일은 더욱 어두워질 것입니다. 하지만, 스스로를 돌아보는 용기와 겸손함을 가진 언론인은 결코 길을 잃지 않을 것입니다. 그들은 자신과 언론에 대한 성찰을 통해 더 나은 미래와 언론을 만들어 나갈 것입니다. 이제, 언론을 소비하는 우리도 겸손한 언론인을 격려하고 응원하며 함께 그 길을 걸어야 할 때입니다. 이 책이 우리 모두에게 깊은 성찰과 의미 있는 변화를 이끄는 계기가 되기를 진심으로 바랍니다.

주

프롤로그: 진실과 거짓, 언론의 빛과 그림자

1   이 말은 소크라테스가 직접 남긴 말은 아니다. 그의 철학을 전한 제자 플라톤
    의 책 『변론Apology』에 나오는 말이다. 플라톤은 이를 '무지(無知)의 지(知)'
    로 개념화했다. 자신의 무지를 깨닫는 것은 자신에 대한 깊은 이해를 나타내
    는 동시에 새로운 지식을 추구하는 출발점이 된다는 의미다. 또한, 인간의 지
    식에는 한계가 있으며, 이를 인정하는 것이 더 큰 지혜로 나아가는 첫걸음이
    라는 것을 뜻한다.

2   '정보 마찰'의 개념은 정보의 불완전성과 획득 비용으로 인해 경제 행위자들
    간의 거래나 상호작용에서 발생하는 마찰을 설명하는 용어로, 여러 경제학자
    에 의해 발전되어 다양한 분야에서 사용되고 있다.

1장 '너 자신을 알라', 언론에 관한 환상

1   Kovach, B. & Rosenstiel, T., The elements of journalism, revised and
    updated 3rd edition, 2014: What news people should know and the
    public should expect. Crown. p. 54.

2   김사승, 『현대 저널리즘』, 커뮤니케이션북스, 2013.

3   지난 수십 년간 미디어 대학에서의 언론학 교육, 시민 단체의 언론학교, 공공

기관의 언론인 재교육 등이 시도되었으나, 전체 언론인 가운데 교육 대상의 비중이 매우 적고 대부분 초보적인 기능 교육에 그쳤다. 또한 현직 기자들을 대상으로 국내외 교육이나 연수 프로그램도 시행되지만, 이를 경험한 언론인은 극소수다. 결과적으로, 도제식 교육을 보완하려는 이런 시도들은 실질적 성과를 내기 어려웠다.

4 도제적 조직 문화를 유지해온 한국의 전통 언론은 교육은 물론, 뉴스룸 내부의 의사소통에서도 큰 애로를 겪고 있다. 한 연구에 따르면, 선배 언론인들은 "후배들을 가르쳐 주려 해도, 그들이 대화마저 부담스러워해 의견조차 나누기 힘들다"고 토로하는 반면, 후배 세대 기자들은 뉴스룸의 의사소통을 "관례화된 일방적·폭력적 커뮤니케이션"으로 인식하고 있다. 박영흠 & 서수민, 「뉴스룸 내부 커뮤니케이션 개선 방안 연구」, 한국언론진흥재단, 2023(8), 1~178쪽.

5 양상우, 『감춰진 언론의 진실, 경제학으로 읽는 뉴스 미디어』, 한울아카데미, 2023, 124·127쪽.

6 17세기 유럽의 한 저널리스트의 언급이다. 미첼 스티븐스, 이인희 옮김, 『뉴스의 역사』, 커뮤니케이션북스, 2010, 159쪽.

7 언론자유위원회Commission on Freedom of the Press, 1947.

8 양상우, 앞의 책, 122~133쪽.

9 세 미디어의 기사 원문은 다음과 같다. 출처: Gentzkow, M., and Shapiro, J. M., "Media Bias and Reputation", Journal of Political Economy 114(2), 2006, pp. 280~316.

Fox News: In one of the deadliest reported firefights in Iraq since the fall of Saddam Hussein's regime, US forces killed at least 54 Iraqisandc apturedeightotherswhilefendingoffsimultaneousconvoyambushesSunda yinthenortherncityofSamarra.

The New York Times: American commanders vowed Monday that the killing of as many as 54 insurgents in this central Iraqi town would serve as a lesson to those fighting the United States, but Iraqis disputed the death toll and said anger against America would only rise.

Al Jazeera: The US military has vowed to continue aggressive tactics after saying it killed 54 Iraqis following an ambush, but commanders admitted they had no proof to back up their claims. The only corpses at Samarra's hospital were those of civilians, including two elderly Iranian visitors and a child.

10   Downs, A., An Economic Theory of Democracy, Harper and Row, 1957, p. 207 · 212.

2장 언론이 전하는 '진실'의 특징

1   학술 문헌 검색 사이트인 Google Scholar에서 'truth'를 검색하면, 관련 문헌의 수는 400만여 건에 이른다. 또한, 영어 'truth'는 한국어에서 '진리'와 '진실'로 구별되지만, 이 책에서는 이런 구별 없이 'truth'의 포괄적 개념을 '진실'이라는 용어로 사용한다. 이는 특정 상황의 사실뿐만 아니라 보편적 진리까지 아우르며, 언론이 전달해야 하는 '참된 것'을 폭넓게 설명하기 위함이다.

2   하이데거, 마르틴.『존재와 시간』. 이기상 옮김. 서울: 동서문화사, 2015.

3   "진실의 기능은 감춰진 사실들을 밝혀내고 그 사실들 사이의 올바른 관계를 정립시키고 사람들이 행동할 수 있는 근거로 삼을 현실의 그림을 만드는 것이다." 출처: Walter Lippmann, Public Opinion, New York: Harcourt, Brace and Company, 1922, p. 89.

4   사람들에게 극도의 슬픔과 고통을 주는 진실의 경우, 보도를 회피하는 예외적 상황도 물론 있다.

5   유사한 이론으로는 '사회적 구성주의Social Constructivism'도 있다. 두 이론은 모두 지식과 진실이 절대적이지 않으며, 사회적 상호작용을 통해 형성된다고 강조한다. 또한, 지식과 진실이 단순히 외부에서 주어지는 것이 아니라, 사회적 과정에서 능동적으로 구성된다고 본다. '사회구성주의'는 사회적 진실 형성에, '사회적 구성주의'는 개별 인간의 지식 형성에 초점을 둔다.

6   라틴어 원문은 "Verum ipsum factum". 관련된 비코의 어록 가운데는 "Verum et Factum reciprocantur seu Convertuntur(Truth and fact are reciprocated or converted)"도 있다. 출처: Verene, D. P., Vico's science of imagination, Cornell University Press, 1991.

7   토마스 쿤은 이런 변화를 '과학 혁명'이라고 불렀다. 쿤이 말한 패러다임은 한 시대의 사회 전체가 공유하는 이론·법칙·지식 및 사회적 믿음과 관습을 통틀어 일컫는 개념이다. 쿤은 패러다임이 한 시대의 세계관과 과학적 진실에 관

한 사람들의 인식을 지배한다고 역설했다. 토마스 쿤. 김명자·홍성욱 옮김, 『과학혁명의 구조』, 까치, 2013.

8 Gaye Tuchman, Making News: A Study in the Construction of Reality, New York: Free Press, 1980.

9 Edward S. Herman & Noam Chomsky, Manufacturing Consent: The Political Economy of the Mass Media, New York: Pantheon Books, 1988.

10 이때, 사회의 범주는 인류 전체가 될 수도, 또는 구성원이 둘 이상인 집단이 될 수도 있다.

11 V. Ferm, "Consensus Gentium", in Dictionary of Philosophy, ed. D. D. Runes, New York: Philosophical Library, 2010, p. 123.

12 하버마스는 이런 상태를 '이상적 담화 상태ideal speech situation'라고 불렀다. 그가 얘기한 '이상적 담화 상태'란, ① 물리적 혹은 심리적 강압을 포함한 모든 비이성적인 강제의 영향이 없고 ② 담화의 참여자들은 서로의 주장을 이성과 증거에 의해 평가할 수 있으며 ③ 이성적 합의를 획득하려는 의욕만을 지닌 상태를 뜻한다.

13 Rescher, N., Pluralism: Against the Demand for Consensus, Oxford University Press, 1995.

14 코바치, B., & 로젠스틸, T. (2014).『저널리즘의 기본 원칙』(이재경 역, 제3판). 한국언론진흥재단. 60쪽.

15 저널리즘적 진실을 '정확성'으로 제시할 때, 언론학자들이 제시하는 진실에 관한 철학적 이론은 진실이 '어떤 상황을 정확하게 표현하는 진술'을 뜻하는 대응(對應)이론(Correspondence theory)과 '체계 전체에 적절하게 부합하는 진술'을 뜻하는 정합(整合)이론(Coherence theory)이다. [표 1. 진실에 관한 이론] 참고.

16 코바치, B. & 로젠스틸, T., 앞의 책, 65쪽.

17 김사승, 앞의 책.

18 코바치, B. & 로젠스틸, T., 앞의 책, 62쪽.

19 실제 아메리카대륙을 처음 발견한 것은 1000년경의 북유럽 노르만인이다. 콜럼버스의 업적은 유럽에서 아메리카대륙으로 가는 서인도 항로의 발견이다.

20 아메리카대륙에서는 말이 대략 1만여 년 전 멸종됐고, 16세기 스페인에 의해 군마로 다시 들어왔다. 영화나 소설 등의 작품에 등장하는 아메리카대륙의 야

생마들은 버려진 군마들이 번식한 것이라고 한다.

21 독도 문제와 관련해 지리적·심리적 거리가 가까운 일본의 시마네 등 3개의 현의 주민과 리즈메이칸 대학의 학부생을 대상으로 한 설문 조사 결과에 따르면, 설문에 응답한 이들 지역 주민 중 67%가 독도를 일본 영토라고 답했다. 김미경, 「일본 국민들의 영유권 인식 조사: 일본 서남부 지역을 중심으로」, 『아시아 리뷰』 4(2), 2015, 205~237쪽.

3장 변함없는 뉴스, 진화하는 뉴스 시장

1 이 장의 내용은 양상우, 앞의 책, '3장 뉴스 시장의 발전과 저널리즘의 변천', '4장 민주주의를 위한 뉴스 미디어의 역할' 내용을 인용 및 요약한 것이다.

2 두산백과, '저널리즘'. (참조 날짜: 2024년 6월 24일). https://terms.naver.com/entry.nhn?docld=1139006&cid=40942&categoryld=31754.

3 이인희, 『뉴스 미디어 역사』, 커뮤니케이션북스, 2013.

4 스티븐스, 미첼, 이인희 옮김, 『뉴스의 역사』, 커뮤니케이션북스, 2010. 16쪽.

5 마셜 맥루한, 김성기·이한우 옮김, 『미디어의 이해』, 민음사, 2002.

6 스티븐스, 앞의 책, 37쪽.

7 Drucker, Philip., The Northern and Central Nootkan Tribes, Washington D.C., 1951. 양상우, 앞의 책 37쪽에서 재인용.

8 Nambiar, P. K. and T. B. Bharathi, "Kanakagiri" Village Survey Monographs 6, Delhi, 1964. 양상우, 앞의 책 38쪽에서 재인용.

9 대중 미디어 시대에는, 뉴스 소비자에 대한 뉴스 공급자(신문과 방송)의 힘이 뉴스 공급의 과점을 바탕으로 그 전후의 시대에 견줘 더 컸다고 할 수 있다.

10 이재경, "독자가 에디터인 시대, 기자는 진실 검증", 『신문과 방송』 8월호, 한국언론진흥재단, 2012, 50~56·53쪽.

11 James Hamilton, All the News that's Fit to Sell, Princeton University Press, 2004, p. 37.

12 최초의 정규 라디오 방송은 1920년 미국에서 시작됐다. 그로부터 20년 만인 1940년에는 미국 가정의 라디오 보급률이 80%를 넘었다. 텔레비전의 보급 속도는 이보다 더 빨랐다. 1936년 세계 최초의 정규 텔레비전 방송(BBC)이 나온 지 24년 만인 1950년 미국 가정의 텔레비전 보급률은 90%에 이르렀다. 양상우, 앞의 책, 75쪽.

13 Abernathy, P. M., "The Rise of a New Media Baron and the Emerging Threat of News Deserts", Center for Innovation & Sustainability in Local Media, University of North Carolina at Chapel Hill, 2016.

14 Whitaker, E., "What History Teaches Us: How Newspapers Have Evolved to Meet Market Demands", Center for Innovation & Sustainability in Local Media, The University of North Carolina at Chapel Hill, 2019. https://www.cislm.org/what-history-teaches-us-how- newspapers-have-evolved-to-meet-market-demands/

15 탐사저널리즘은 일반적으로 19세기 말~20세기 초 미국의 머크레이커 (muckraker) 의 활동이 그 기원이다. 이들은 산업화의 문제와 부패를 고발하며 탐사보도의 초기 형태를 보여주었다. 현대적 의미의 탐사보도는 1970년대 이후 본격화되었다.

16 Just, M., Levine, R. and Regan, K., "Investigative Journalism Despite the Odds: Watchdog reporting continues to decline", Columbia Journalism Review 41(4), 2002, pp. 102~105.

17 McChesney, R., The Problem of the Media: US communication politics in the twenty- first century, NYU Press, 2004, p. 81.

18 Gans, H. J., Democracy and the News, Oxford University Press, 2003, p. 1.

19 Lewis A., "Democracy and the Free Press: Are they Incompatible?", Bulletin the American Academy of Arts and Sciences: 49 – 63, 1997, p. 62.

20 Kovach, B. & Rosenstiel, T., The elements of journalism, p. 20.

21 Corneo, G., "Media capture in a democracy: The role of wealth concentration", Journal of Public Economics 90(1-2), 2006, pp. 37~58.

22 Stiglitz, J. E., "Toward a taxonomy of media capture" in In the Service of Power: Media Capture and the Threat to Democracy, edited by A. Schiffrin, Center for International Media Assistance, 2017, pp. 9~17.

23 Gentzkow, M., Glaeser, E. L., & Goldin, C., The Rise of the Fourth Estate. How Newspapers became Informative and Why it Mattered. In Corruption and Reform: Lessons from America's economic history,

University of Chicago Press, 2006, pp. 187~230.

24 Petrova, M., "Inequality and Media Capture", Journal of Public Economics 92(1-2), 2008b, pp. 183~212.

25 Lazarsfeld, P., Berelson B. and Gaudet H., The People's Choice: How the voter makes up his mind in a presidential campaign, Columbia University Press, 1944.

26 Hovland, C. I., Lumsdaine, A. A. and Sheffiled, F. D., Experiments in Mass Communication, Princeton University Press, 1949.

27 McCombs, M. E., and Shaw, D. L., "The Agenda-Setting Function of Mass Media", The Public Opinion Quarterly 26(2), 1972, pp. 176~187.

28 Iyengar, S. and Kinder, D. R., News that Matter, University of Chicago Press, 1987.

29 사회학자 어빙 고프만Erving Goffman의 '프레임 분석'에서 발전한 이론이다. Goffman, E., Frame Analysis: An essay on the organization of experience, Harvard University Press, 1974.

30 Cohen, B. C., The Press and Foreign Policy, Princeton University Press, 1963, p. 13.

31 벵트 홀름스트룀은 거래나 의사결정을 하는 한쪽 당사자가 다른 쪽 당사자보다 더 많은 정보나 중요한 정보를 가지고 있는 정보의 비대칭 상황에서 계약을 맺는 주체들의 최적 의사결정에 관한 계약 이론 연구에 기여한 공로로 2016년 노벨 경제학상을 받았다. 본문에서 소개한 이론은 '주인-대리인 이론Principal-agent theory'으로 널리 알려져 있다.

32 Prat, A., "The Wrong Kind of Transparency", American Economic Review 95(3), 2005, pp. 862~877.

33 미국 정부는 1964년 8월 미 해군 함정이 북베트남의 통킹만에서 공격받았다고 발표한 뒤 이듬해 2월 북베트남에 대한 전면전을 개시했다. 그러나 1972년 통킹만 사건이 조작된 사실이 드러났다. 이 전쟁으로 베트남 민간인 200만 명, 북베트남군과 베트콩 110만 명, 남베트남군 20만~25만 명, 미군 5만 8,200명이 사망했다. 그러나 전쟁을 시작한 린든 존슨 대통령은 사건 발표 3개월 뒤 상대 후보를 486 대 52라는 압도적 표차로 누르고 재선에 성공했다. 2003년, 조지 W. 부시 대통령도 이라크의 대량 살상 무기를 이유로 전쟁을 시작했으나, 무기는 발견되지 않았다. 2016년 영국 정부의 조사에 따르면 애

초의 정보는 과장, 조작됐고, 전쟁으로 미군 4,487명, 영국군 179명, 이라크인 15만 명이 숨졌다. 그러나 부시 대통령 역시 개전 이듬해 재선에 성공했다.

4장 뉴스의 이상과 현실

1   Potter, A. & Soifert, S., Political bias in news trust: A study of the 2016 U.S. election, University of Michigan Press, 2017; MIT., COVID-19 misinformation and confirmation bias in social media, MIT., 2020; King's College London, Pandemic information and media trust during COVID-19, King's College London, 2020; Pew Research Center, Political polarization and media habits, Pew Research Center, 2020.

2   Stanford University, The polarization of trust in news during U.S. elections, Stanford University Press, 2021.

3   Lehigh University & Carnegie Mellon University, Social media, confirmation bias, and news consumption patterns, Lehigh University Press, 2020.

4   University of Pennsylvania, Political news consumption and trust in the digital age, University of Pennsylvania Press, 2019; Harvard University, News consumption and the 2016 U.S. presidential election, Harvard University Press, 2017.

5   탐사저널리즘은 일반적으로 19세기 말~20세기 초 미국의 머크레이커(muckraker) 의 활동이 그 기원이다. 이들은 산업화의 문제와 부패를 고발하며 탐사보도의 초기 형태를 보여주었다. 현대적 의미의 탐사보도는 1970년대 이후 본격화되었다.

6   최선규, 유수정, & 양성은. 「Contents: 뉴스 시장의 경쟁과 미디어 편향성: 취재원 인용을 중심으로.」 정보통신정책연구, 19(2), 2012. 69~92쪽.

7   Johnson, M. & Smith, L., Rational reporting and public trust in media: A study on objectivity, Columbia University Press, 2015; Brown, A. & Taylor, J., Trust in data-driven journalism: The role of logical presentation, University of Chicago Press, 2018; Davis, R. & Wilson, K., The impact of logical structure on news trust, University of Pennsylvania Press, 2020; Dupont, S. & Martin, P., Rationality

and trust in economic news: A study of logical reporting, Lyon Business School Press, 2021; American Press Institute, How logical reasoning impacts trust in news: A comprehensive study, American Press Institute, 2018; Mitchell, A. & Holcomb, J., Key attributes of trusted news: Findings from a national survey on media credibility, Pew Research Center, 2016; Newman, N. & Fletcher, R., "Emotional vs. rational news: A study on audience trust in media", Columbia Journalism Review, 2019.

8   최승영, "네이버에서 가장 많이 읽힌 뉴스, 대부분 '저질·연성화' 뉴스", 『한국기자협회보』 2021.02.22. https://www.journalist.or.kr/news/article.html?no=51067.

9   최승영, "네이버 뉴스 여론 독과점……정치 편향보다 더 큰 문제는 저질화-네이버 '많이 본 뉴스' 빅데이터 분석", 『기자협회보』 2020.11.11. https://www.journalist.or.kr/news/article.html?no=48422

10 박지은, '실검 보도' 사라진 자리 꿰찬 '온라인 커뮤니티 보도'. 『기자협회보』 2021.06.22. https://www.journalist.or.kr/news/article.html?no=49651

11 Boukes, M, Vliegenthart, R., "News Consumption and Its Unpleasant Side Effect: Studying the Effect of Hard and Soft News Exposure on Mental Well-Being Over Time", Journal of Media Psychology 29.3, 2017, pp. 137~147.

12 Downs, A. (1957). An Economic Theory of Democracy. Harper and Row; Posner, R. A., "Free Speech in an Economic Perspective", Suffolk University Law Review 20(1), 1986, pp. 1~54.

13 Gentzkow, M., and Shapiro, J. M., "Competition and Truth in the Market for News", Journal of Economic Perspectives 22(2), 2008a, pp. 133~154.

14 Patterson, T. E., Doing well and doing good, 2000. Available at SSRN 257395.

15 양상우 앞의 책, 184~185쪽.

16 Zaller, J., "Market Competition and News Quality Paper" presented at the 1999 Annual Meetings of the American Political Science Association, 1999.

17 Cagé, J., "Media Competition, Information Provision and Political Participation: Evidence from French local newspapers and elections, 1944-2014", Journal of Public Economics Vol. 185, 104077, 2020.

18 Pattinson R. & Cole H., "Matt Hancock's secret affair with aide Gina Coladangelo is exposed after office snogs while Covid raged on", The Sun, 25 Jun 2021. https://www.thesun.co.uk/news/15388014/matt-hancock-secret-affair-with-aide/

19 클린턴 대통령에 대한 탄핵안은 당시 공화당 55명, 민주당 45명으로 100명이었던 상원의원 가운데, 두 가지 탄핵 사유 중 '사법 방해'에는 50명, '위증'에는 45명이 찬성해 가결 정족수(2/3)인 67표를 넘기지 못했다

5장 언론 자유 사상의 '숨은 그림'

1 부정·무시·왜곡은 어떤 주의나 주장이 도그마화하는 과정에서 나타나는 전형적인 특징이다.

2 원문은 다음과 같다. "Thoug hall the winds of doctrine were let loose to play upon the earth, so Truth be in the field, we do injuriously, by licensing and prohibiting, to misdoubt her strength. Let her and Falsehood grapple; whoever knew Truth put to the worse, in a free and open encounter?"

3 Milton, John, The Areopagitica, 2006[1644]. [Reprinted in Ideas of the First Amendment, Vincent Blasi(ed.). Saint Paul, MN: Thomson/ West, pp. 56~93]. 이 책의 부제는 '검열 없는 출판의 자유를 위해 영국 의회를 상대로 작성한 존 밀턴의 연설문'이다.

4 원문은 다음과 같다. "Give me the liberty to know, to utter, and to argue freely according to conscience, above all liberties." (앞의 책).

5 문종대, 「존 밀턴의 언론 자유 사상: 이성과 자유의지, 그리고 관용」, 『한국언론학보』 48(1), 2004, 337~361·344쪽.

6 위르겐 하버마스Jürgen Habermas는 진실의 원형原形은 사람들이 이성만에 의해 자유롭게 생각과 주장을 교환하는 환경에서 컨센서스를 이룬 것이라고 주장했다.(☞ p. 66. '진실에도 무게가 있다' 참고)

7 Jefferson, T., From Thomas Jefferson to Edward Carrington. Memorial

Edition,6:57, 1787. 원문은 다음과 같다. "The basis of our governments being the opinion of the people, the very first object should be to keep that right; and were it left to me to decide whether we should have a government without newspapers or newspapers without a government, I should not hesitate a moment to prefer the latter."

8 제퍼슨의 어록은 'Freedom of the Press - Thomas Jefferson'(https://famguardian.org/Subjects/Politics/ThomasJefferson/jeff1600.htm) 참고.

9 밑줄 친 부분의 원문은 다음과 같다. "……But I should mean that every man should receive those papers and be capable of reading them."

10 방송이나 녹음 시 잔향감을 주려 만든 방에서는, 소리가 메아리가 되어 돌아오듯, 인터넷 공간에서 자신과 유사한 생각을 가진 사람들과만 소통하면서 점차 편향된 사고를 갖는 현상.

11 인터넷 정보 제공자로부터 맞춤형 정보만을 받은 이용자가 다양한 정보를 접하지 못하고 선별된 정보에만 갇히는 현상.

12 제퍼슨은 또 언론은 왕이나 권력자만이 아닌 모든 형태의 사회적 간섭에서도 자유로워야 한다고 생각했다.

13 Mill, J., On Liberty , 2006[1859]. (Reprinted in ideas of the First Amendment Edition). Saint Paul. 원문은 다음과 같다. (괄호 안은 본문의 인용에서 생략한 부분.) "The peculiar evil of silencing the expression of opinion is, that it is robbing the human race; posterity as well as the existing generation; (those who dissent from the opinion, still more than those who hold it.) If the opinion is right, they are deprived of the opportunity of exchanging error for truth: if wrong, they lose, what is almost as great a benefit, the clearer perception and livelier impression of truth, produced by its collision with error."

14 앞의 책. 본문의 문구는 다음의 원문을 압축해 표현한 것이다. "If all mankind minus one, were of one opinion, and only one person were of the contrary opinion, mankind would be no more justified in silencing that one person, than he, if he had the power, would be justified in silencing mankind.".

15 미국 연방대법원 대법관 올리버 홈즈Oliver W. Holmes(1841~1835)가 1919년 언론·출판 등의 자유를 제한하는 표준으로 제시한 원칙. 표현의 자

유가 국가기밀을 누설하거나 타인의 명예 또는 사생활의 비밀을 침해하는 경우, 법원이나 관계기관이 사법·행정 조처로 이를 억제하려 할 때 사용하는 기준이다. 이 원칙은 존 스튜어트 밀의 '위해 원칙Harm principle'을 기초로 세워진 것이다.

16 원문은 다음과 같다. "Congress shall make no law respecting an establishment of religion, or prohibiting the free exercise thereof; or abridging the freedom of speech, or of the press; or the right of the people peaceably to assemble, and to petition the Government for a redress of grievances."

17 미국에서 연방 차원에서 흑인에게 투표권이 허용된 것은 1870년 노예제 폐지 때였지만, 주에 따라 다양한 방식의 차별이 여전히 존재했고 1965년에야 미국 전역에서 흑인의 투표가 가능해졌다. 여성의 투표는 1919년 제1차 세계대전 종전 직후 수정헌법 19조가 의회를 통과하며 가능해졌다.

18 허버트 알철, 강상현·윤영철 옮김, 『지배 권력과 제도언론』, 나남, 1993, 55쪽.

19 제2조와 관련해서는 '개인의 권리'라고 보는 학자들도 있다. 원문은 다음과 같다. "A well regulated Militia, being necessary to the security of a free State, the right of the people to keep and bear Arms, shall not be infringed."

20 Declaration of the Rights of Man and of the Citizen.(Wikipedia)

21 허버트 알철, 앞의 책, 58쪽.

22 허버트 알철, 앞의 책, 59쪽.

23 프랑스에서도 여성의 참정권은 1946년에야 주어졌다.

24 미국의 수정헌법 1조 제정 당시 미국 전역의 노예는 70만 명에 이르렀고 19세기 중반에는 320만 명에 이르렀다. 권홍우. "오늘의 경제소사/3월 14일-엘리 휘트니". 『서울경제』 2006.03.14. https://www.sedaily.com/NewsView/1HV4YMQNWM.

25 Yanagizawa-Drott, D., "Propaganda and Conflict: Evidence from the Rwandan genocide", The Quarterly Journal of Economics 129(4), 2014, pp. 1947~1994.

26 그러나 '마녀 사면법'은 법안을 낸 의원의 법안 홍보 관련 규정 위반을 이유로 2023년 취소됐다. "Plans to pardon witches dropped", Scottish Legal News, 2023.11.27. https://www.scottishlegal.com/articles/plans-to-

pardon-witches-dropped.

6장 부끄러움을 모르는 언론, 묻히는 진실

1   이 일화는 『모니퇴르』를 "당시 파리의 최대 신문"이라고 전하지만, 구독자가 3천 명 정도였던, 파리의 14개 신문(전체 구독자 약 6만 5천 명) 중 하나였을 뿐이다.(Montgomery, D. H., 2020). Montgomery, D. H. (2020.06.19). "Episode 22: French Press. Siècle", http://thesiecle.com/episode22/.)

2   각 날짜의 헤드라인들은 전해지는 문헌들에 따라 조금씩 다르다.

3   Montgomery, D. H. (2020.06.19). Episode 22: French Press. http://thesiecle.com/episode22/.

4   『모니퇴르』의 우화를 AI로 확인하면, 'Clova-X'와 'ChatGPT 3.5'는 역사적 사실로, 'ChatGPT 4o'부터는 역사적 사실이 아닌 '만들어진 이야기'라고 답한다.

5   "거짓말을 반복하다 보면 결국 진실이 된다"는 나치 독일의 계몽선전장관 요제프 괴벨스의 어록들이 출처 불명임에도 진실처럼 회자되는 것과 유사하다.

6   진성호, "창간특집-명 기사 명 논설(1) 1920년 창간 첫해", 『조선일보』 2001.03.07. https://www.chosun.com/site/data/html_dir/2001/03/07/2001030770352.html.

7   일제강점기 조선총독부 기관지로 발행되던 한국어 일간신문. 영국인 배설裵說Ernes Thomas Bethell이 1904년 7월 18일 창간한 『대한매일신보大韓每日申報』를 일제가 사들여 국권침탈 직후인 1910년 8월 30일부터 '대한' 두 자를 떼고 『매일신보每日申報』로 이름을 바꿨다.

8   고상민, "전두환 사망, 반성도 사죄도 없이 떠났다……역사 단죄받은 정치군인", 『연합뉴스』 2021.11.23. https://www.yna.co.kr/view/AKR20211123063951001

9   김미나, "학살자 전두환, 반성 없이 죽다", 『한겨레』 2021.11.23. https://www.hani.co.kr/arti/politics/politics_general/1020392.html.

10 "[사설] 현대사 아픔과 갈등, 굴곡, 논란 안고 떠난 전두환 전 대통령". 『조선일보』 2021.11.24. https://www.chosun.com/opinion/editorial/2021/11/24/W75XTSN7EFB4PHEYMG54BZMW6Y/.

11 박지은, "전두환 체제 구축에 협조한 언론인 면면 살펴보니". 『기자협회보』

2021.11.30. http://www.journalist.or.kr/news/article.html?no=50537.

12 정식 명칭은 '부정 청탁 및 금품 등 수수의 금지에 관한 법률(청탁금지법)'이 다. 2015년 3월 공포된 뒤, 1년 6개월의 유예 기간을 거쳐 2016년 9월 28 일부터 시행됐다. 2011년 김영란 당시 국민권익위원장이 처음 제안한 법이 어서 '김영란법'이라 불린다. 당초 공직자의 부정한 금품 수수를 막겠다는 취 지로 제안됐지만 입법 과정에서 적용 대상이 언론인, 사립학교 교직원 등으로 확대됐다.

13 이영환, "언론계 촌지, 어제와 오늘", 『미디어오늘』 2002.02.28. https:// www.mediatoday.co.kr/news/articleView.html?idxno=16358. 1990년대 에는 서울시청, 노동부, 보건사회부 등의 출입기자단이 기자들에게 촌지를 전 하는 창구의 구실을 한 사건들이 잇따라 드러나 국민적 지탄을 받았다.

14 장호순, "쟁점: 출입처 기자실−폐지해야 한다", Archived 2016년 3월 10일− 웨이백 머신, 『신문과 방송』 1999년 9월호.

15 김현빈, "김영란, 언론·사립학교 포함 과잉입법 아니다", 『한국일 보』 2015.03.10. https://www.hankookilbo.com/News/Read/ 201503101017326157.

16 성한표, "[미디어 전망대] 김영란법이 언론 자유 위축시킨다고?", 『한겨레』 2015.03.16. https://www.hani.co.kr/arti/society/media/682491.html

17 "[사설] 검사·경찰·언론인 엮인 '김영란법' 위반, 개탄스럽다", 『한겨레』 2021.07.01. https://www.hani.co.kr/arti/opinion/editorial/1001612.html

18 이혜리, "대법, 송희영 전 조선일보 주필 '접대 의혹' 일부 유죄 취지 로 파기", 『경향신문』 2024.03.12. https://www.khan.co.kr/article/ 202403121059001.

19 김혜리, "검찰, '김만배와 돈거래' 전직 언론인 2명 불구속 기소", 『경향신문』 2024.08.07. https://www.khan.co.kr/article/202408070936001.

20 이용인·양상우·강남규, "삼풍대참사 1백 일 되돌아본다", 『한겨레』 1995.10.09. https://www.hani.co.kr/arti/legacy/legacy_general/ L282194.html.

21 윤용철, "매몰 377시간 만에 구출된 박승현 양, 국내 최장 시간으로 기록", MBC뉴스 1995.07.15. https://imnews.imbc.com/replay/1995/nwdesk/ article/1956300_30705.html.

1 Jefferson, T., From Thomas Jefferson to Charles Yancey, 1816. Memorial Edition 14:38. 원문은 "Where the press is free, and every man able to read, all is safe."

2 Jefferson, T., From Thomas Jefferson to William Green Munford, 1799. Memorial Edition. 10:114. 원문은 "To preserve the freedom of the human mind······and freedom of the press, every spirit should be ready to devote itself to martyrdom.")

3 야당 정치인이었을 때와 권력자가 되었을 때, 언론에 대한 제퍼슨의 태도가 달라졌다고 말하는 이들도 있다. 그러나 이런 판단은 일면적이다. 제퍼슨은 대통령이 되기 전에도 언론에 대한 실망을 드러냈고, 대통령에서 물러난 1809년 이후에도 언론을 개탄했다.

4 Knudson, J. W., Jefferson and the Press: Crucible of Liberty, University of South Carolina Press, 2006.

5 민주공화당(Democratic-Republican Party)은 훗날 민주당(Democratic Party)으로 이어졌으며, 연방당(Federalist Party)은 제퍼슨 재임 후 소멸했다. 오늘날 공화당(Republican Party)은 1854년 반노예제 세력이 창당한 별개의 정당이다.

6 Jefferson, T., From Thomas Jefferson to M. Pictet, 1803. Memorial Edition. 10:357. 원문은 "Our newspapers, for the most part, present only the caricatures of disaffected minds. Indeed, the abuses of the freedom of the press here have been carried to a length never before known or borne by any civilized nation."

7 Jefferson, T., From Thomas Jefferson to John Norvell, 1807. Memorial Edition 11:418. 원문은 "nothing can now be believed which is seen in a newspaper. truth itself becomes suspicious by being put into that polluted vehicle."

8 Jefferson,T., From Thomas Jefferson to James Monroe, 1811. Memorial Edition 13:59. 원문은 "Our printers raven on the agonies of their victims, as wolves do on the blood of the lamb."

9 Jefferson, T., From Thomas Jefferson to James Monroe, 1816.

Memorial Edition. 14:430. 원문은 "From forty years' experience of the wretched guess-work of the newspapers of what is not done in open daylight, and of their falsehood even as to that, I rarely think them worth reading, and almost never worth notice."

10 Brodie, F & Jefferson, T., "Thomas Jefferson, An Intimate History", W.W. Norton. 1974, p. 349.

11 송원형·김은정, "채동욱 검찰총장 婚外아들 숨겼다", 『조선일보』 2013.09. 06. https://www.chosun.com/site/data/html_dir/2013/09/06/ 2013090600272.html.

12 Baker, C. E., "Scope of the First Amendment Freedom of Speech", UCLA Law Review 25(5), 1978, pp. 964~1040 · 974.

13 Schauer, F., "The Role of the People in First Amendment Theory", California Law Review 74(3), 1986. pp. 761~788.

14 1843년 출간된 책의 원제목은 "Les Journalistes: Monographie de la Presse Parisienne"(1843)이다. 이 책에서 언급하는 발자크의 어록들은 한글 번역서인 『기자의 본성에 관한 보고』(지수희 옮김, 서해문집, 1999)와 『기자 생리학』(류재화 옮김, 페이퍼로드, 2021)에서 인용했으며, 일부 인용은 독자들이 더 쉽게 이해할 수 있도록 원래의 뜻 안에서 표현을 다듬었다.

15 『기자의 본성에 관한 보고』의 감역자 서문에서 윤호미(당시 『조선일보』 출판국 부국장)는 "160여 년 전 프랑스의 작가가 본 신문기자들의 세계가 어쩌면 오늘 우리의 얘기와 이렇게 같을 수 있을까"라고 썼다.

16 경제학자들이 뉴스 미디어의 보도 속성을 이해하는 근본적 관점이다. 양상우, 앞의 책, 41쪽 참고.

17 언론의 당파성과 관련한 경제학적 이론과 견해는 양상우, 앞의 책 참고.

18 재닛 쿡의 기사 '지미의 세계Jimmy's World'는 1980년 9월 28일에 『워싱턴 포스트』에 보도됐다. 이 기사는 1981년 4월에 퓰리처상을 수상했으나, 그해 10월에 날조된 것이었음이 밝혀져 수상이 취소됐다.

19 Tocqueville, A., Democracy in America(1835): Historical-Critical Edition, vol. 1. Liberty Fund.

20 앞의 책, p. 281. 원문은 "It is pitiful to see what a flood of coarse insults, what petty, malicious gossip, and what coarse slanders fill the newspapers that all serve as organs of the parties."

21 앞의 책, p. 281. 원문은 "Most often [the press]," he says, "feeds on hate and envy; it speaks more to passions than to reason; it spreads falsehood and truth all jumbled together ……"

22 언론의 '보도 재량'과 관련해서는 많은 학자가 설명한 바 있다. 대표적으로는 "특정 사안에 대한 언론의 보도는 사람들로 하여금 그 사안이 중요하다고 믿게 만든다"는 '의제 설정 이론Agenda setting theory'과 "언론이 어떤 사안을 특정한 프레임에 담아 보도해 뉴스를 접하는 이들의 여론 형성에 영향을 미친다"는 '프레이밍 이론Framing theory'이 있다. 이를테면, '코비드 19'로 사회적 거리 두기가 한창일 때 노동단체나 종교단체의 대규모 거리 집회에 대한 사람들의 의견은 이 집회를 '집회의 자유' 문제로 볼지, '공공의 안전' 문제로 볼지에 따라 달라질 수 있다. 이때 언론이 어떤 프레임으로 접근하느냐는 사람들의 생각과 판단에 큰 영향을 끼친다.

23 "relating to a situation in which people are more likely to accept an argument based on their emotions and beliefs, rather than one based on facts." Cambridge Dictionary, 'Post-truth', https://dictionary.cambridge.org/dictionary/english/post-truth.

24 Kavanagh, J., & Rich, M. D. (2018). Truth Decay: An Initial Exploration of the Diminishing Role of Facts and Analysis in American Public Life. RAND Corporation.

25 Luigi Zingales, "The Real Lesson From Brexit(Irrationality? No, Mistrust!)", 2016.06.29. https://promarket.org/the-real-lesson-from-brexit/

8장 한국 언론의 현주소

1 지금의 신문과 유사한 최초의 신문은 1605년 프랑스와 독일의 접경 지역 스트라스부르(Strasbourg)에서 등장했다. 최초의 일간지는 1702년 영국에서 나온 『데일리 쿠란트(Daily Courant)』다.

2 '따옴표 저널리즘'은 기자가 발언을 검증하거나 분석하지 않고 그대로 인용해 보도하는 방식이다. 발언의 진위를 확인하지 않기 때문에 독자를 오도할 위험이 있다. "말했다"는 표현을 많이 사용하는 데서 유래해 'said 저널리즘'이라고도 불린다.

3   이정호, 「한국 언론의 취재원 변화 연구-1991년과 2021년 조선일보 한겨레 신문을 중심으로」, 건국대학교 언론홍보대학원, 2021.

4   모토들의 원문(영어 기준)은 다음과 같다. "Without the freedom to criticize, there is no flattering praise", "Comment is free, but facts are sacred", "Democracy Dies in Darkness", "All the News That's Fit to Print", "We deliver news, not noise"

5   이를테면, 2023년 6월 2일 당시 이관섭 대통령실 국정기획수석은 국민의 힘 당협위원장 워크숍에 참석해 한국 언론이 좌파로 '기울어진 운동장'이라고 평가했고, 이와는 정반대로, 2021년 11월 16일 당시 강훈식 더불어민주당 대통령선거대책위원회 정무조정실장은 KBS의 한 시사 프로그램에 출연해 한국 언론이 우파에 '기울어진 운동장'이라고 말했다. 이런 상반된 인식과 주장은 지금도 여전히 반복되고 있다.

6   Constant, J., "The Trouble with South Korea's 'Fake News' Law", The Diplomat 2021.08.26. https://thediplomat.com/2021/08/the-trouble-with-south-koreas-fake-news-law/.

7   Wikipedia. Mass media in South Korea. https://en.wikipedia.org/wiki/Mass_media_in_South_Korea(2024.04.27. 확인)

8   금준경, "언론보다 유튜브를 더 신뢰하십니까", 『미디어오늘』 2024.04.28. https://www.mediatoday.co.kr/news/articleView.html?idxno=317642

9   Benton, J. (2024, November 4). The Washington Post isn't alone: Roughly 3/4 of major American newspapers aren't endorsing anyone for president this year. Nieman Lab.

10   국경 없는 기자회는 2002년부터 전 세계 18개 비정부기구와 150여 명 이상의 언론인 · 인권운동가 등을 상대로 언론 및 표현의 자유와 관련한 설문을 토대로 180개 국가의 언론 자유 정도를 나타내는 언론자유지수와 순위를 매년 발표하고 있다.

11   이명재, "언론 제자리 찾기, '언론'에게만 맡길 수 없는 이유", 『미디어 오늘』 2020.12.19. http://www.mediatoday.co.kr/news/articleView.html?idxno=210913

12   윤수현, "한국, 언론자유지수 42위로 아시아 1위", 『미디어스』 2021.04.20. https://www.mediaus.co.kr/news/articleView.html?idxno=211755.

13 23년이 아니라 22년인 이유는 2011년에는 한국이 조사 대상에서 빠진 때문
이다.

14 권경성, "WP 전성기 이끈 마틴 배런 '정치인들에게는 이익이 곧 진실'", 『한
국일보』 2021.06.09. https://n.news.naver.com/mnews/article/469/
0000609625?sid=102.

15 '폴리틱스politics'와 '저널리스트journalist'의 합성어. 언론인 출신으로서 정
치권에 투신하거나 정치적인 활동을 하는 인물을 지칭한다.

16 노지민, "허리 굽혀 사과한 박민 KBS 사장 "편파 보도 기자·PD 즉각 업무
배제", 『미디어오늘』 2023.11.14. https://www.mediatoday.co.kr/news/
articleView.html?idxno=313805

17 시사주간지 『시사저널』의 조사다. 『시사저널』은 1989년부터 매년 '누가 한
국을 움직이는가'라는 설문 조사를 진행해 결과를 발표한다. https://www.
sisajournal.com/moveKorea/?type=move2023.

18 신흥 언론 가운데 근래의 특종 보도는 좌파 성향의 유튜브 채널 〈서울의 소
리〉가 단연 눈길을 끌었다. 지난 2022년 대선을 앞두고 터진 당시 윤석열 후
보의 부인 "김건희와 기자의 7시간 대화 녹취 공개", 2023년 말 "김건희 여사
의 디올 백 수수 몰카 사건", "김건희의 새벽 산책을 찍은 블랙박스 영상", 그
리고 "대통령실 선임행정관 김대남의 인터뷰" 등 세간의 이목을 집중시키는
보도를 잇달아 했다.

19 벤 샤피로(Ben Shapiro), 찰리 커크(Charlie Kirk), 애딘 로스(Adin Ross),
넬크 보이즈(Nelk Boys) 등은 그 대표적 사례다.

20 대중적 관심이 큰데도 전통 언론이 외면하거나 방치하는 사안을 대상으로 생
생한 사실 보도를 하는 유튜브 채널들도 있다. 이를테면 구독자가 70만명이
넘는 1인 유튜브 채널 '빨간 아재'는 '이재명 재판' 상황들을 매번 취재해 전한
다. 물론 이런 유튜브 채널들의 취재 분야나 대상은 한계가 명확하다.

21 여기서 유튜브 채널 구독자 수는 플레이보드 2025년 4월 22일 기준.

22 사람사는 세상 노무현재단, "한국 언론, 소멸해야 한다? 이미 소멸됐다
(알릴레오 북's 시즌 54회)", 2024.03.29. https://www.youtube.com/
watch?v=so5tbHADIVU

1   양상우, 앞의 책, 150쪽.

2   북유럽의 스칸디나비아 모델과 한국의 미디어 바우처 제도는 제도의 취지에 서 차이가 있었다. 전자가 언론 전반에 대한 '지원'에 초점이 맞춰져 있다면, 후자는 건강한 보도를 하는 언론에만 혜택을 몰아주자는 뜻이 담겨 있었다.

3   양상우, 앞의 책, 90쪽.

4   세계 각국의 가짜뉴스 규제 동향은 다음의 문헌을 참고.

(1) OECD. (2024). Facts not fakes: Tackling disinformation, strengthening information integrity. OECD Publishing. https://doi. org/10.1787/ff96d19f-en

(2) UNESCO. (2023). Action plan on combatting disinformation and misinformation through media and information literacy. United Nations Educational, Scientific and Cultural Organization. https://www.unesco. org/en/node/171517

(3) Funke, D., & Flamini, D. (2019). A guide to anti-misinformation actions around the world. Poynter Institute. https://www.poynter.org/ ifcn/anti-misinformation-actions/

5   소크라테스 재판에 참여한 배심원의 정확한 수는 전해지지 않지만, 501 명의 남자 배심원이 당시 아테네의 법적 규범이었다.(Wikipedia, "Trial of Socrates")

6   '1장 7번 주석' 참고.

7   양상우, 앞의 책, 135~148쪽. 언론을 연구한 경제학자들의 연구에 따르면, 검증 가능한 사실만이 담기지 않는 뉴스의 속성, 뉴스 공급자들의 욕망과 인 간적 한계, 혹은 뉴스에서 진실보다 만족을 원하는 뉴스 소비자들의 태도 등 이 언론의 편향을 낳는다. 같은 맥락의 내용은 이 책의 앞부분에서 다양한 사 례를 설명한 바 있다.

8   양상우, 앞의 책, 227~231쪽. Groseclose, T. and Milyo, J., "A Measure of Media Bias", The Quarterly Journal of Economics 120(4), 2005, pp. 1191~1237.

9   양상우, 앞의 책, p. 176, 177.

10 2024년 11월 치러진 미국의 대통령 선거 때는, 그간 민주당 후보를 지지해왔

던 『워싱턴 포스트』와 『로스앤젤레스 타임스』 등이 특정 후보 지지 선언을 보류했다.

11 양상우, 앞의 책, 217~220쪽.

12 트럼프 지지자들을 포함한 미국의 일부 보수 진영에서는 뉴욕타임스와 워싱턴포스트 등의 저널리즘 품질 자체에 대해 회의적인 시각을 보이기도 한다. 이들은 해당 언론들이 사실과 의견을 명확히 구분하지 않거나, 특정 진영에 유리한 보도를 반복함으로써 스스로 객관성과 신뢰를 훼손하고 있다고 비판한다.

13 언론의 정치적 편향도 때로는 유용하다고 말하는 학자들도 있다. 이들에 따르면, 좌파 정당과 우파 정당이 각기 우파 언론과 좌파 언론의 비판을 받게 되면, 더 중도적인 정책을 추구할 동기를 갖게 된다. 즉, 비판적 보도가 많을수록 정당의 정치적 양극화는 감소해, 정치적으로 편향된 뉴스에도 유용한 사회적 기능이 있다는 것이다. 양상우, 앞의 책, 108·109쪽.

14 어떤 언론사는 이런 와중에 인터넷 서비스에 로그인 월login wall이나 페이 월 paywall(유료화)를 도입하는 경우도 있다. 로그인 월이나 페이 월은 독자에 대한 일종의 진입 장벽이라는 점에서, 기본적인 합리적 판단도 결여된 무모한 일이다. 평소에도 수익성 제고를 위한 이런 진입 장벽은 그에 따른 수요 변화 (탄력성)를 감안해야 할 사안이다. 더구나 매체 편향의 변화에 따른 유입 독자보다 유출 독자가 많은 가운데, 로그인 월이나 페이 월을 두는 것은 독자 감소를 또 한 번 자초하는 일이기 때문이다.

15 양상우, 앞의 책, 74·228쪽.

16 신흥 언론의 특종 보도는 대부분 제보자가 직접 출연해 폭로한다. 유튜브 채널 '서울의 소리'가 한 윤석열 전 대통령의 부인 김건희 여사의 '디올 백 수수' 보도 같은 경우가 대표적이다.

17 관훈클럽에서 주최한 토론회에서 나온 한 언론인의 언급.

18 https://www.economist.com/1843/2023/12/14/when-the-new-york-times-lost-its-way

19 안재승. "언론, 자유 아닌 책임을 말할 때다", 『한겨레』 2020.10.06. https://www.hani.co.kr/arti/opinion/column/964470.html.

언론본색

© 양상우, 2025

초판 1쇄 2025년 5월 22일 찍음
초판 1쇄 2025년 6월 10일 펴냄

지은이 | 양상우
펴낸이 | 강준우
인쇄 · 제본 | 지경사문화

펴낸곳 | 인물과사상사
출판등록 | 제17-204호 1998년 3월 11일

주소 | (04037) 서울시 마포구 양화로7길 6-16 서교제일빌딩 3층
전화 | 02-325-6364
팩스 | 02-474-1413

www.inmul.co.kr | insa@inmul.co.kr

ISBN 978-89-5906-801-2 03300

값 18,500원